▲ 표지 사진: 독도 동도에 하늘이 새겨준 한반도. 동도 북쪽에 위치한다.

대한·민국 독도
일본 논리의 종언

호사카 유지 · 세종대 독도종합연구소 지음

BM 책문

차례

새로운 판으로 인사드리며

독자 여러분께.

본서 『대한민국 독도』의 2010년 9월 초판 출판 이후 독도 문제로 인해 한일 관계가 크게 요동치는 사건들이 있었다. 여기에는 먼저 그 내용을 간략히 소개하여 새로운 판의 인사말로 대신하고 싶다.

독도 문제로 인해 한일관계가 크게 악화된 계기는 2011년 3월 17일 일본에서 일어난 동북 대지진이었다. 한국 측은 당시 일본의 지진과 해일 피해 복구를 위해 관민을 막론하고 일본을 지원했다. 한국 국민들이 자발적으로 모금을 하여 많은 모금을 동북 지방 피해 지역으로 보냈고 한국 정부도 지원 물자와 지원 요인들을 일본으로 급파했다. 당시 한국은 진심으로 일본을 도우려는 열기가 넘쳐 있었다. 그런데 3월말 일본 정부 문부과학성이 독도를 일본 영토로 기재한 고등학교 사회과 교과서를 대거 검정 통과시켰다. 이에 한국 측은 은혜를 원수로 갚는 일본을 용서할 수 없다고 느껴 태도를 바꾸기 시작했다.

이런 일본에 대한 반발의 일환으로 2011년 5월 한국 국회에서 독도 앞바다 1km 지점에 해양과학 기지를 건설한다는 법안이 통과되었다. 이에는 한국에 의한 독도 실효 지배를 강화한다는 목적이 있었다. 이어서 5월에는 국회 독도 특위 소속 한국 국회의원들 3명이 러시아 루트로 일본과 러시아가 영유권을 주장하고 러시아가 실효 지배하고 있는 쿠릴열도로 들어갔다. 러시아 루트로 쿠릴 열도에 들어간다는 행위는 러시아의 실효 지배를 인정하는 행위다. 바로 한국 국회의원들의 행위는 쿠릴 열도가 일본 섬이 아니라 러시아 섬이라고 일본 측에 주장하는 시위 행위가 되었다. 이런 한국 국회의원들의 행위에 일본정부가 크게 반발하기에 이르렀다.

그뿐만이 아니라 같은 5월 대한항공이 비행기의 신기종을 테스트 비행시킨다고 하여 인천~독도 간을 테스트 비행했다. 이에 일본 외무성이 산하 직원들에게 한 달 긴 대한항공을 이용하지 말 것을 지시하면서 한국 측에 항의를 표시했다. 물론 독도 상공은 한국의 방공식별구역

(KADIZ)이므로 외무성은 한국 정부에 정식적인 항의를 하지 못했다. 그렇지만 한일 간 독[도]

갈등이 증폭되어 갔다.

이어서 2011년 8월 1일 더욱 결정적인 독도 갈등이 일어났다. 일본 자민당 영토특위 소[속]

국회의원 3명이 김포공항을 통해 한국 입국을 시도한 사건이 일어난 것이다. 그들은 일본에[서]

기자회견을 갖고 울릉도를 방문하여 울릉도에 있는 독도박물관에서 한국의 독도 영유권 주[장]

을 비판하겠다고 공언한 바 있었다. 한국 정부는 그들의 한국 입국 시도를 '정치적 목적을 [가]

고 입국하려는 외국인에 대해 입국 거부할 수 있다'는 출입국관리법 조항을 들어 허락하지 [않]

았다. 일본 국회의원 3명은 9시간이나 김포공항에서 거듭 입국을 시도했으나 끝내 한국 입[국]

을 포기하여 일본으로 돌아갔다.

그 후 약 1년은 한일 관계의 중심적 화제가 위안부 문제였다. 그러나 한국 측이 원하는 [위]

안부 문제 해결을 일본 정부가 거부하는 가운데 2012년 8월 10일 한국의 이명박 대통령이 [한]

국 대통령으로는 처음으로 독도를 전격 방문했다.

이명박 대통령의 독도 방문이 새로운 계기가 되어 일본 측은 독도 문제를 국제사법재판소

(ICJ)로 회부하자고 한국측을 압박했으나 한국 정부는 일본 노다 요시히코 총리(당시)의 요[청]

서를 수령하지 않았다. 일본 정부는 독도 문제를 국제사법재판소로 단독 제소하겠다고 주[장]

하면서 압박의 수위를 높여갔다. 한국에 비교적 우호적인 일본 민주당 내각에서 독도 문제[가]

강하게 재연된 것이다. 현재의 독도 문제를 둘러싼 한일관계는 이때의 연장선상에 있다.

이후 일본은 2012년 12월의 중의원 선거에서 자민당이 압승하여 3년 반 만에 민주당으로부[

터 정권을 탈환했고 역사 수정주의자이자 강경 우파로 알려진 아베 신조가 다시 일본 총리[에]

취임하기에 이르렀다.

아베 총리는 일본의 독도 영유권 주장 강화를 목적으로 여러 가지 공약을 약속하여 현재[까]

지 갈등을 증폭시키고 있다.

본서는 위와 같은 일본 측 움직임을 담았고 초판에서 잘못되어 있었거나 부족했던 부분[을]

수정·보완했다. 본서를 읽으면서 독자 여러분들이 독도를 지키기 위해 대한민국 국민이 무엇[

을 하면 되는지를 조금이라도 생각해 주신다면 저자로서 무한한 기쁨이다.

2019년 3월

저자 **호사카 유지** 올[림]

『대한민국 독도』의
출판을 축하하며

　이번에 호사카 유지 교수님의 저서 『대한민국 독도』가 출판된 것을 진심으로 축하드린다. 내가 호사카 유지 교수님을 처음 만난 것은 2009년 11월 17일이었다. 그날 나는 세종대에서 교수님의 독도 연구를 지원하기 위한 작은 식전에 참가했고, 그 자리에서 처음 '호사카 유지'라는 실제 인물과 만났다. 그때 나는 '생각보다 작지만 단단한 체격과 내면의 힘이 넘쳐 보이는' 그와 마치 오래 전부터 알고 지내 온 사이처럼 반갑게 인사를 나누었다.

　유난히 독도 문제에 관심이 많은 나는 자주 언론에 보도되는 호사카 유지 교수님의 독도 관련 발언이나, 그가 발견한 자료를 소개하는 기사를 눈여겨보게 되었다. 한국인이 독도가 한국 땅이라고 외치는 것은 당연하지만, 귀화했다고 해도 일본인이었던 교수가 당당하게 독도를 한국 땅이라고 주장하는 모습에 신선한 충격을 느꼈기 때문이다. 그리고 일본인이었던 그가 독도가 한국 땅이라고 주장하니 더욱 믿음이 갔다.

　나는 독도 문제를 깊이 생각하는 한국인들이 많이 나타나기를 바란다.

왜냐하면 일본 측에서 독도 망언을 터뜨렸을 때는 우리 국민들이 모두 뭉쳐 일본에 대해 한 목소리를 내지만, 정작 며칠 지나면 다시 잊어버리기 때문이다. 그래서 나 같은 사람이 독도를 자주 외치면 우리 국민들이 독도를 항상 기억하여 올바른 목소리를 낼 것이라 생각해, 나는 '독도가 한국 땅'이라는 메시지를 보내기 시작했다. 뉴욕의 주요 일간지들과 타임스퀘어 옥외 전광판에 독도 광고를 낸 것도 미국인에게 알린다기보다 그것을 보는 우리 국민들이 독도 문제를 좀 더 깊이 생각해 줄 것을 바랐기 때문이다. 하지만 나는 나 자신이 독도지킴이라고 불리는 것을 별로 좋아하지 않는다. 나는 국민의 한 사람으로서 해야 할 행동을 하고 있을 뿐이기 때문이다.

그러던 2009년 어느 날, 우연히 호사카 유지 교수님이 '독도 시민강좌'를 연다는 인터넷 기사를 보았다. 수업이나 연구로 무척이나 바쁜 와중에도, 그는 '시민강좌'까지 열면서 독도 문제를 국민에게 알리려 하고 있었다. 그때 나는 독도를 홍보하는 입장에서 논리와 자료로 독도를 알리는 것도 상당히 중요하다고 생각해 그를 지원하기로 마음먹었다.

호사카 유지 교수님은 자신이 못하는 부분을 내가 하고 있다고 하면서 나의 지원이 매우 도움이 된다고 반갑게 환영해 주었다. 사실 나는 원래 세계의 석학들을 모아서 '독도 논문 페스티벌'을 열겠다고 공개적으로 말한 적이 있다. 나도 마지막에는 역사와 국제법의 논리로 독도 문제가 많이 해결될 것이라고 믿기 때문이다. 그리고 독도 문제를 해결하려면 우리 정부와 국민이 서로 힘을 합해야 한다고도 생각한다.

나는 호사카 유지 교수님이 이번에 『대한민국 독도』를 출간하면서 독도 문제의 상당히 핵심적인 부분을 극복했다고 느꼈다. 내가 그런 교수님의 학문적 업적에 조금이나마 도움이 되었다면 정말 기쁜 일이다. 앞으로 이 책을 영어와 일본어로 번역해 외국에서도 출판해야 한다고 생각한다.

　교수님과 이야기를 나누었을 때 그는 "나는 반일주의자가 아니다. 한일 우호를 간절히 원하는 입장에서 한일 간에 가시가 되어 있는 독도 문제를 해결해야 한다고 생각하고 있을 뿐"이라고 말했다. 나도 그의 생각에 깊이 동의한다.

　앞으로도 나는 내가 할 수 있는 분야에서 독도를 홍보하고, 교수님은 교수님이 할 수 있는 분야에서 독도 문제의 진실을 널리 알릴 수 있다면 얼마나 좋을까 생각한다. 다시 한 번 『대한민국 독도』의 출간을 축하드린다!

2010년 8월

가수 **김장훈**

근현대의 독도 문제에

새로운 발견과 전략으로 접근한 책

이 책의 저자 호사카 유지 교수와 나는 약 20년 전부터 알고 지낸 사이다. 현재의 '한일관계사학회'가 '한일관계사연구회'라는 이름으로 활동을 시작했을 무렵, 그는 초창기 멤버로 연구회에 참가해 발표나 토론을 했고, 모임에도 자주 참석했다. 당시 연구회에 드나들던 일본 출신 학자들 가운데 지금까지 한국에 남아 계속 연구하고 있는 사람은 아마도 호사카 유지 교수가 유일할 것이다.

호사카 유지 교수는 한일 관계를 전문적으로 연구해 온 학자로 잘 알려져 있었는데, 몇 년 전에 우리나라에 귀화하여 일본의 독도 영유권을 부정하는 논저를 다수 발표함으로써 더욱 유명해졌다. 그는 현재 내가 이사장을 맡고 있는 동북아역사재단의 자문위원이기도 하다. 그러므로 나는 그와 자주 만나 서로 도움이 되는 이야기를 나누고 있다.

그가 2009년에 집필한 『우리역사 독도』(책문)는 2009년 말에 동북아역사재단 독도연구소가 선정한 '제1회 독도수호상'을 수상한 작품이다. 이번에 출간된 『대한민국 독도』는 그 속편에 해당한다. 내가 추천사를 쓰기 위해 이 책의 원고를 훑어보았더니, 모든 장에 새로운 발견이나 견해가 담겨 있어서, 이 책이야말로 한국의 독도 영유권을 대폭 강화하는 데 많이 기여할 것이라고 느꼈다.

이 책은 1905년에 일어난 일본의 독도 침탈 사건을 기준으로 크게 1부와 2부로 나누어져 있다. 1부에서는 19세기 초부터 1905년 전후까지 독도와 열강의 관계를 다루었는데, 일본이 독도 영유권을 주장하기 위해 역사적 사실을 교묘히 왜곡하고 있는 사례들을 일본 측 자료를 이용해 반박하고 바로잡았다.

2부는 우리나라가 일제의 압제에서 벗어난 1945년 광복 이후의 독도 문제를 다루었다. 특히 샌프란시스코 평화조약과 이승만 대통령의 '해양주권 선언', 그리고 1965년에 체결된 한일협정을 통해 독도의 지위가 어떻게 변화했는지를 한국, 미국, 일본의 자료들을 총동원해 훌륭하게 규명했다. 독도에 관심을 가진 독자나 독도를 전문적으로 다루는 분들이 필독할 만한 내용이 담겨져 있다.

호사카 유지 교수는 이 책 9장에서 독도에 대한 전략을 고찰하면서, 우리 정부에 대해 여러 가지 제언을 피력했다. 그가 제안하는 방책은 현재 우리 정부가 일관되게 견지하고 있는 독도에 대한 '차분하고 단호한 외교정책'을 더 강하게 보완하는 데 도움이 될 것으로 보인다. 정책 당국이 충분히 검토하여 활용하기를 기대한다.

나는 이 책 『대한민국 독도』가 독도의 진실을 알고 싶어 하는 국내외의 독자들이 반드시 읽어야 할 필독서로서 강력히 추천하는 바이다.

2010년 8월

동북아역사재단 이사장 **정재정**

경술국치 100년째 되는 해,
일본의 독도 영유권 논리는 죽었다

이 책은 『우리 역사, 독도』(2009, 책문)의 후속편이다. 『우리 역사, 독도』에서는 한일관계사를 중심으로 울릉도와 독도의 역사를 19세기 초까지 살펴보았기 때문에, 이 책에서는 19세기 이후부터 지금까지 우리가 주목해야 할 독도 관련 쟁점을 다루었다.

이 책을 집필하면서 독도 문제를 오랫동안 연구해 온 나조차도 놀랄 만한 새로운 사실들을 많이 찾아낼 수 있었기에, 그 결과를 독자와 함께 나누게 되어 무척 행복하다. 이 작업을 진행하면서 나는 일본의 독도 영유권 논리를 거의 100퍼센트 가까이 극복했다는 자부심을 갖게 되었다. 물론 평가는 독자 여러분의 몫이다.

이 책은 역사적 흐름과 쟁점에 따라 2부 9장으로 구성되어 있다. 먼저 1부에서는 대한제국이 선포한 '칙령 제41호'에 대한제국의 영토로 언급된 석도(石島)가 나오는데, 이 섬이 바로 독도라는 사실을 새롭게 증명하는 데 초점을 맞추었다. 그리고 일본 스스로가 독도 영유권을 부정했음을 보여 주는 일본 정부의 공식 문서인 '태정관 지령문' 등에 대해 새롭게 조명했고, 그 문서가 지금까지도 법적으로 유효하다는 점을 밝혔다.

일본은 공식 문서인 해군성 『수로지』에 역사적으로 독도는 '한반도의 영역에 포함되어 있지 않았다.'고 주장했는데, 이것은 독도뿐만이 아니라 울릉도까지 노리던 당시 일본이, 자국이 작성한 한반도 지도에서 독도와 울릉도를 의도적으로 제외한 데서 비롯되었다는 점을 밝혔다.

또한 일본은 자국이 1905년 이전부터 독도를 주인이 없는 땅으로 생각하고 있었기 때문에, 1905년에 독도를 시마네현에 편입시킨 것은 침략이 아니라 일본의 정당한 주권행위였다고 주장해 왔다. 이 책에서는 이 부분에 주목하면서 일본이 주장한 '한반도의 영역'을 상세히 살펴봄으로써 일본의 왜곡된 논리를 극복했다. 그리고 1905년에 일본이 독도를 시마네현에 강제로 편입시킨 것에 대해서도, 당시의 역사적 배경을 재검토해 한국이 일본에 항의할 수 있는 상황이 아니었다는 명백한 증거를 찾았다.

2부에서는 제2차 세계대전이 끝난 뒤에, 연합국과 일본이 샌프란시스코 평화조약을 체결하면서 불거진 독도의 지위문제에 대해 정리했다. 일본은 당시 미국이 '독도는 일본 영토'라고 확정했다면서 독도 영유권을 주장하지만, 나는 여러 가지 자료를 수집하고 분석한 결과 일본의 주장에 심각한 결함이 있다는 새로운 증거를 찾아냈다. 다시 말해서, 미국이 견해가 다른 연합국과 합의하지 않고 '독도는 일본 영토'라는 내용을 한국 정부에만 보냈다는 것이다. 그 내용은 2010년 5월에 교육부 산하 동북아역사재단 독도연구소의 내부학습모임에서 발표했고, 6월 9일에 '세종대 독도 종합연구소 시민강좌'를 통해 일반인들에게도 소개했다. 언론에서도 이 사실을 보도해 많은 국민들이 알게 되었지만, 상세한 근거자료는 이 책에 처음으로 공개하는 것이다.

일본이 지금까지 독도 영유권 논리의 핵심으로 간주했던 것이 샌프란시스코 평화조약 초안 작성에 참여한 미국의 견해이기 때문에, 우리가 이것을 극복했다는 것은 큰 의미가 있다. 또한 나는 일본 정부가 공개한 1965년 할일협정문서들 가운데 최근에 비밀이 해제된 문서들을 읽어나가면서 일본의 독도 영유권 논리가 심각한 결함이 있음을 밝혀냈다. 다시 말해서, 일본이 이승만 라인, 즉 평화선을 일부 수용한 사실이 드러났고, 일본은 독도 문제를 국제사법재판소에 회부하는 것을 포기함으로써 결국 독도를 실질적으로 포기했다는 사실 등을 상세히 다루었다.

이 책은 마지막 부분에서 샌프란시스코 평화조약이나 한일협정을 토대로 하여 현재의 독도 문제를 살펴보았다. 그리고 정부가 공표하는 공식 견해를 잘 작성해야만 일본의 독도 영유권 논리와 도발행위를 중단시킬 수 있으리라 전망하면서, 앞으로 우리가 견지해야 할 바람직한 독도 전략까지 제시했다.

이 책이 출판되기까지 믿고 기다려 주신 출판사 책문의 이호준 주간과, 자료 수집에 물심양면으로 지원해 주신 가수 김장훈 씨께 깊이 감사

드린다. 그리고 항상 독도 연구에 적극적으로 협력해 주신 동북아역사재
단 정재정 이사장님과, 미국 관련 자료 수집에 협력해 주신 김필규 교수
님께도 진심으로 감사의 마음을 전한다.

2010년 8월 여름

호사카 유지

제  부

경술국치까지의 독도

이 책에 앞서 출판된 『우리 역사 독도』(2009, 책문)에서, 필자는 신라가 우산국을 합병한 6세기부터 19세기 초까지의 한일관계사를 통해 독도의 역사를 살펴보았다. 그 기간에 독도는 우산도라는 명칭을 얻었고, 17세기 말에는 안용복이 우산도가 일본에서 말하는 마쓰시마(松島(송도) : 지금의 독도)라는 사실을 확인했다. 일본의 에도 막부는 마쓰시마가 일본의 영토가 아니라는 사실과 조선땅인 울릉도의 속도임을 인정해 1696년에 일본인들의 울릉도 도해를 금지했다.

그 뒤 조선조는 3년에 한 번 정도 울릉도 등지에 관리를 파견해, 그 수역을 순회하면서 외적이 침입하지 못하도록 방비했다. 그런데 1800년대에 들어서면서 조선조는 1842년부터 약 40년 정도 울릉도 등지에 관리를 파견하지 않았다. 이 틈을 타 일본인들은 다시 울릉도와 독도로 왕래하기 시작했다. 이 책은 이런 상황에 놓인 울릉도와 독도 이야기로 시작된다.

1장 독도와 '대한제국 칙령 제41호'

고종, 공도 정책을 이주 정책으로 바꾸다

조선은 울릉도 분쟁이 수습된 17세기 말부터 약 100년 동안 3년에 한 번씩 울릉도 등지에 관리들을 파견했다. 이 기간 동안 조선은 울릉도와 독도를 잘 지켜냈다. 그런데 19세기에 접어들면서 조선은 1842년부터 약 40년 정도 울릉도 등지에 관리를 파견하지 않았다. 조선은 1511년경에도 약 180년간이나 울릉도에 관리를 파견하지 않아 조일 간 영토 분쟁의 빌미를 제공한 적이 있었다. 그런데 19세기 초에 이르러 조선은 과거의 잘못을 되풀이하게 된 것이다. 업무 태만의 결과가 일본인의 울릉도 침입으로 연결된다는 교훈을 쉽게 잊어버린 조선은 도둑들에게 문을 열어 놓고도 시종일관 무관심했다.

1868년, 일본에서는 메이지 유신이 일어나 무사정권 에도 막부(江戸幕府)가 몰락했다. 새로 들어선 메이지 정부는 서양식 부국강병을 추진하고 사농공상의 신분 제도를 폐지해 일본의 근대화를 서둘렀다. 메이지 정부는 조선에게 서계(書契 : 외교문서)를 보내, 일본에서 새 정권이 출범했

＊ 도쿠가와 요시노부[德川慶喜, 1837～1913년]. 에도 막부의 15대이자 마지막 장군으로서 에도성의 문을 열어 신정부군을 무혈 입성시키고 대정봉환(大政奉還)을 통해 천황에게 대권을 돌려주었다.

고 천황을 중심으로 한 체제가 확립되었다고 통보했다. 하지만 당시 조선의 실권을 쥐고 있던 흥선대원군은 일본이 서양과 같은 이적(夷狄)이 되었다고 판단해 서계 수용을 거듭 거부했다. 그러나 1873년에 대원군이 실각하고 고종의 친정(親政)이 시작되자, 일본은 그것을 계기로 조선을 무력으로 개항시키려 했다.

일본은 1875년에 강화도로 군함 운요호[雲揚號]를 파견해 강화도 남단 초지진에서 무력 충돌을 일으켰다. 이 사건을 계기로 조선은 1876년 2월 '조일수호조규(朝日修好條規 : 강화도 조약)'라는 불평등 조약을 맺고 개항한다.

그러면 당시 독도를 둘러싼 정세는 어떻게 돌아가고 있었을까? 일본 정부는 1870년과 1877년에 울릉도와 독도를 조사한 뒤에, 이미 에도시대에 이 두 섬이 자국의 영토가 아니라 조선의 섬이라고 결론 내린 공문을 확인했다. 그런데 비슷한 시기에 일본의 한 민간인이 '마쓰시마'라는 새 섬을 발견했으니 개척하고 싶다는 건의를 외무성에 올렸다.

이 건의서를 접수한 일본 외무성은 내무성과 시마네현에 울릉도와 독도에 대한 조사를 의뢰했다. 바로 위에서 언급한 1877년에 내려진 결론은 이런 조사의 결과였다. 일본 외무성은 1880년에 군함 아마기[天城]를 울릉도로 파견해 민간에서 보고한 "마쓰시마"는 조선의 울릉도임을 확인했다.

그러면 이 무렵 조선조는 독도에 대해

❋ 군함 아마기

❋ 흥선대원군(1820~1898년)
고종의 아버지로 본명은 이하응(李昰應)이다. 1843년에 흥선군으로 봉해졌지만, 안동 김씨의 견제가 심해지자 일부러 파락호 행세를 했다. 1863년 철종이 승하하고 자신의 아들 고종이 왕위에 오르자 대원군이 되었고, 고종의 섭정이 되어 안동 김씨를 숙청했다. 외세를 강력히 배척하는 쇄국정책을 주도했으나 1873년에 최익현의 탄핵을 받아 실각했으며, 1882년에 임오군란을 주도해 잠깐 권세를 회복하는 듯하지만 결국 장기 집권에 실패하고 은퇴한다.

❋ 강화도 사건(1875년). 강화도 남단 초지진에서 조선군과 교전한 일본군이 남하하여 영종도의 영종성을 공격하고 있다.

어떤 정책을 시행하고 있었을까? 울릉도와 독도 등지에 대한 정책은 15세기 초부터 실시되어 온 '공도 정책', 즉 울릉도에 사람을 거주시키지 않고 섬을 비워 놓는 정책이었다. 그런데 울릉도에 일본인들이 많이 거주하고 있다는 보고가 고종에게 전달되었다. 사태를 좌시할 수 없다고 느낀 고종은 15세기 초에 시작된 울릉도 공도 정책을 약 480년 만에 '이주 정책'으로 바꾸었다. 이렇게 해서 조선은 울릉도 등지에 대한 정책을 전면적으로 수정하게 되었다.

그렇지 않아도 동해에 서양 선박들과 일본 선박들이 자주 출몰하는 상황에서 고종은 더 이상 울릉도를 비워둘 수 없다고 판단한 것이다. 울릉도로 들어온 일본인에 대해『고종실록』에 실린 기록을 살펴보자.

✦ 고종(1852~1919년)
조선 제26대 왕이자 대한제국 초대 황제

통리기무아문(統理機務衙門)에서 아뢰기를,
"방금 강원 감사(江原監司) 임한수(林翰洙)의 장계(狀啓)를 보니, '울릉도 수토관(鬱陵島搜討官)'의 보고를 하나하나 들면서 아뢰기를, '간심(看審 : 자세히 확인해 살핌)'할 때 어떤 사람이 나무를 찍어 해안에 쌓고 있었는데, 머리를 깎고 검은 옷을 입은 사람 7명이 그 곁에 앉아 있기에 글을 써서 물어보니 대답하기를, (자신들은) 일본 사람인데 나무를 찍어 원산(元山)과 부산(釜山)으로 보내려 한다.'고 하였습니다. 일본 선박의 왕래가 근래에

빈번하여 이 섬에 눈독을 들이고 있으니 폐단이 없을 수 없습니다. 청컨
대 통리기무아문으로 하여금 품처(稟處)하게 하소서.' 라고 하였습니다.
봉산(封山)은 원래 중요한 곳이니 수토(搜討 : 알아내거나 찾기 위해 조사하는
것)할 때도 정식(定式 : 격식이나 방식)이 있습니다. 그런데 저 사람들이 암
암리에 나무를 찍어서 남몰래 실어가는 것은 변금(邊禁)에 관계되므로
그냥 두어서는 안 됩니다. 이 사실을 가지고 서계(書契)로 작성하여 동래
부(東萊府) 왜관(倭館)에 내려 보내어 일본 외무성(外務省)에 전달하게 할
것입니다.
하지만 생각해 보면 이 섬은 망망한 바다 가운데 있으니 그대로 텅 비워
두는 것은 대단히 소홀한 조치입니다. 그 형세가 요해지(要害地 : 요충지)
로 삼을 만한 곳은 아닌지, 방수(防守 : 막아서 지킴)를 빈틈없이 해야 할 곳
이 아닌지 종합적으로 두루 살펴서 처리해야 할 것입니다. 부호군(副護
軍) 이규원(李奎遠)에게 울릉도 검찰사(鬱陵島檢察使)의 벼슬을 내려 그로
하여금 가까운 시일에 빨리 가서 철저히 헤아려 보고 의견을 정리해 수
계(修啓)하여, 아뢰고 복계(覆啓 : 임금에게 복명하여 아뢰는 것)하도록 하는 것
이 어떻겠습니까?' 하였다. (중략) 모두 윤허하였다.

- 『고종실록』 고종 18년(1881년) 5월 22일조

1881년, 울릉도 수토관(搜討官)은 일본인들이 울릉도의 나무를 벌채
해 배로 원산과 부산에 보내려 한다는 사실을 알게 되었다. 그들의 불
법적인 행위를 엄격히 단속해야 한다고 생각한 수토관은 외교문서를
작성해 부산 왜관을 통해 일본 외무성으로 전달하겠다고 고종에게 보
고했다. 이어서 수토관은 울릉도의 전략적 가치를 두루 살필 것을 권
하면서 그 담당자로 부호군 이규원(李奎遠)을 추천하니, 고종은 그 의견
을 받아들인다. 하지만 조선조는 일본인들의 울릉도 침탈 행위가 본격
화된 뒤에야 이런 조치를 취했기 때문에, 울릉도를 장악하려는 일본인
들의 침탈 행위는 쉽게 수그러들지 않았다.

수토관의 의견을 받아들여 이규원을 '울릉도 검찰사'로 임명한 고종은 이규원이 울릉도로 떠나기 전에 그를 면담했다. 멀리 울릉도로 떠나는 이규원을 격려하면서 그에게 왕의 명령을 전하기 위해서였다. 그런데 이 두 사람의 대화는 독도의 역사적 명칭을 '우산도'에서 '독도'로 바꾸는 계기가 되었다. 이제 그 과정을 살펴보기로 하자.

✿ 고종과 이규원의 대화 (『고종실록』)

고종과 이규원의 대화에 나오는 우산도

일본인들은 한국이 '독도의 옛 이름이 우산도였다.'고 주장하는 근거가 뭐냐고 비판한다. 그들은 우산도란 울릉도의 또 다른 이름일 뿐이지 석도(石島)나 독도가 아니라고 주장하기 때문에, 이 문제를 확실히 해 두지 않으면 안 된다.

우선 고종과 이규원의 대화를 보면, 우산도에 대한 두 사람의 인식에 큰 차이가 있었다는 것을 알 수 있다. 그것을 알아보기 위해 『고종실록』에 나오는 두 사람의 대화문(『고종실록』 '고종 19년(1882년) 4월 7일조'에서 인용)을 살펴보자.

검찰사(檢察使) 이규원(李奎遠)을 소견(召見)하였다. 사폐(辭陛 : 먼 길을 떠나는 신하가 왕께 하직 인사를 올리는 것)를 하였기 때문이다. (고종이) 하교하기를,

"울릉도(鬱陵島)에는 근래에 다른 나라 사람들이 아무 때나 왕래하면서 제멋대로 편리를 도모하는 폐단이 있다고 한다. 그리고 송죽도(松竹島)와 우산도(芋山島)는 울릉도의 곁에 있는데 서로 떨어져 있는 거리가 얼마나 되는지 또 무슨 물건이 나는지 자세히 알 수 없다. 이번에 그대가 가게 된 것은 특별히 가려 차임(差任 : 임명)한 것이니 각별히 검찰하라. 그리고 앞으로 읍(邑)을 세울 생각이니, 반드시 지도와 함께 별단(別單)에 자세히 적어 보고하라."고 하였다.(『고종실록』권19, 1882년 4월 7일조)

전체 원문 :　初七日。召見檢察使李奎遠。辭陛也。教曰："鬱陵島, 近有他國人物之無常往來, 任自占便之弊云矣。且松竹島, 芋山島, 在於鬱陵島之傍, 而其相距遠近何如, 亦月何物與否未能詳知。今番爾行, 特爲擇差者, 各別檢察。且將設邑爲計, 必以圖形與別單, 詳細錄達也。"奎遠曰："芋山島卽鬱陵島, 而芋山古之國都名也。松竹島卽一小島, 而與鬱陵島, 相距爲三數十里。其所産卽檀香與簡竹云矣。"教曰："或稱芋山島, 或稱松竹島, 皆《興地勝覽》所載也 而又稱松島、竹島, 與芋山島爲三島統稱鬱陵島矣。其形便一體檢察。鬱陵島本以三陟營將, 越松萬戶, 輪回搜檢者, 而擧皆未免疎忽。只以外面探來, 故致有此弊。爾則必詳細察得也。"奎遠曰："謹當深入檢察矣。或稱松島, 竹島, 在於鬱陵島之東, 而此非松竹島以外, 別有松島, 竹島也。"教曰："或有所得聞於曾往搜檢人之說耶?"奎遠曰："曾往搜檢之人, 未得逢著。而轉聞其梗槪矣。")

고종은 이규원을 맞이한 자리에서 최근 울릉도에 타국 사람들이 왕래하면서 문제가 생겼다고 말한다. 이 '타국 사람들'이란 바로 일본인들을 가리킨다. 그리고 고종은 "송죽도(松竹島)와 우산도(芋山島)는 울릉도의 곁에 있는데 서로 떨어져 있는 거리가 얼마나 되며 무슨 물건이 나는지 자세히 알아보라."고 명령했다. 여기서 고종이 말한 송죽도란 울릉도에서 동쪽으로 2킬로미터 떨어진 현재의 죽도를, '우산도'란 현재의 독도를 가리킨다. 고종은 『세종실록지리지』(1454년), 『동국여지승람』(1481년), 『신증동국여지승람』(1530년)이나 『동국문헌비고』(1770년), 『만기요람』(1808년), 그리고 각종 지도 등을 통해 '우산도', 즉 '독도'의 존재를 알고 있었던 것으로 보인다. 고종은 이들 관찬서를 통해 동해에는 '우산도와 울릉도'가 있고 '우산도는 일본이 말하는 마쓰시마(松島 : 독도)'라는 사실을 인식하고 있었다. 특히 그 내용이 명기된 『만기요람』은 고종이 항상 옆에 두고 애독한 관찬서라고 한다.

이어서 고종은 "앞으로 읍(邑)을 세울 생각이니, 반드시 지도와 함께 별단(別單)에 자세히 적어 보고하라."고 덧붙였다. 울릉도에 사람을 이주시켜 마을을 설치한다는 고종의 결심을 나타낸 말이다. 조선조는 18세기에는 3년에 한 번씩 울릉도에 관리를 파견했지만, 1842년부터 약 40년 정도 관리를 파견하지 않았다. 그런데 이제 고종은 기존의 울릉도 정책에 대해 파격적인 개혁을 예고한 것이다. 그런데 이런 고종에게 이규원은 다음과 같이 대답했다.

이규원이 아뢰기를,
"우산도는 바로 울릉도이며 우산(芋山)이란 바로 옛날 우산국의 국도(國都) 이름입니다. 송죽도는 하나의 작은 섬인데 울릉도와 떨어진 거리는 3수십 리(里)쯤 됩니다. 여기서 나는 물건은 단향(檀香)과 간죽(簡竹)이라고 합니다."라고 하였다.

이규원은 "우산도는 바로 울릉도"라고 고종의 말에 반박했다. 이규원은 우산도라는 명칭이 '울릉도 본도'를 가리키는 말로 알고 있었던 것이다.『우리 역사, 독도』에서 상세히 밝혔듯이, 울릉도에 살던 사람들을 모두 육지로 데려오는 쇄환정책이 15세기 중반에 마무리될 때까지, 울릉도의 명칭에는 약간의 혼란이 있었다. 육지 사람들은 울릉도를 '울릉도, 무릉도, 우릉도' 등으로 불렀지만, 울릉도민들은 자신들이 사는 '우산국의 본도(지금의 울릉도)'를 '우산도'라고 부르고 있었다. 이규원은 『태종실록』이나 『세종실록』 등에 나타난 섬의 명칭 혼란에 대해 어느 정도 알고 있었지만, 그는 우산도를 울릉도의 또 다른 명칭으로 인식하고 있었다.

이어서 이규원은 "'우산'이란 옛날에 존재했던 나라의 수도 이름"이라고 하면서 신라에 복속되기 이전의 우산국에 대해 언급했다. 그런데 이런 이규원의 말을 뒷받침할 수 있는 문헌적 근거는 어디에 있는가? 찾아보니『세종실록』에 다음과 같은 기록이 있었다.

> 강원도 감사 유계문이 아뢰기를, "무릉도의 우산은 토지가 비옥하고 산물도 많사오니, 동서남북이 각각 50여 리로 사면이 바다이며 석벽으로 둘러싸여 있고 또 선박이 정박할 만한 곳도 있사오니, 청컨대 백성을 모집하여 이를 채우고 만호수령을 두게 되면 실로 장구지책이 될 것입니다."라고 하였으나 윤허하지 않았다.
>
> - 『세종실록』, '세종18년(1436년) 윤6월 갑신조'

이와 같이 강원도 감사 유계문이 말한 '우산'이 무릉도(울릉도 본도) 안에 있는지 무릉도 밖에 있는 섬인지는 분명하지 않다. 하지만 이규원은 이 기록을 토대로 '우산'이란 울릉도 즉 우산국의 수도였다고 생각한 것 같다. 그런데 이규원의 우산도 인식은 현재 일본인들이 한국의 독도 영유권 주장을 비판하는 논리와 대단히 유사하다. 일본 외무성 웹사이트에 나오는 "다케시마 문제"라는 웹페이지를 보면 '우산도'에 대해 다음과 같은 문장이 나온다.

조선의 다른 고문헌에 나와 있는 '우산도'에 관한 기술을 보면, 그 섬에는 많은 사람들이 살고 있으며 큰 대나무가 자라고 있다는 점 등 다케시마(현재 일본인들이 독도를 부르는 이름)의 실제 모습과는 다른 점을 서술하고 있으며 오히려 울릉도를 상기시키는 내용이라 할 수 있습니다.

- 일본 외무성 웹사이트의 "다케시마 문제" 웹페이지

　　한국은 독도의 역사적 명칭을 '우산도'라고 주장해 왔다. 하지만 일본은 우산도란 울릉도의 또 하나의 이름일 뿐이라고 주장하는 것이다. 이규원의 주장이 일본의 주장과 맥을 같이 하고 있다는 점에서 철저한 규명과 극복이 필요했는데, 이 문제에 관해서는『우리 역사, 독도』에 자세히 언급하였다.

　　결론적으로 울릉도에 가기 전에, 울릉도와 독도에 대한 이규원의 인식에는 분명 문제가 있었다. 우선 그는 '우산은 왜가 말하는 송도(松島 : 마쓰시마＝독도)'라는 글이『숙종실록』,『동국문헌비고』,『만기요람』등 조선의 관찬서에 실려 있다는 사실에 대해 잘 몰랐던 모양이다. 그런데 이규원이 고종에게 '우산도는 바로 울릉도'라고 단정했기 때문에 그때까지 조선에서 형성되어 온 '우산도 ＝ 송도(＝ 마쓰시마 ＝ 독도)'라는 공식이 무너지기 시작했다. 왜냐하면 고종이 이규원의 말을 일단 받아들였기 때문이다. 고종도 조선조 초기에 울릉도의 명칭이 명확하지 않았다는 사실을『태종실록』이나『세종실록』등을 통해 알고 있었기 때문으로 판단된다.

✛ 죽도
울릉도에서 동쪽으로 약 2킬로미터 떨어져 있는 작은 섬이다.

　이 문제를 살펴보기 전에 먼저 고종과 이규원이 언급한 '송죽도'에 관해 알아보자. 이 '송죽도'라는 이름은 고종과 이규원의 대화에만 나온다. 이규원은 송죽도가 작은 섬이고 울릉도와의 거리가 '3수십 리'라고 주장한다. '3수십 리'를 '30리쯤'으로 번역한 한국의 국문 사이트나 서적들이 많지만, 따지고 보면 그 번역은 정확하지 않다. 만일 이규원이 굳이 '30리쯤'이라고 말하려 했다면, 그는 '3수십 리'가 아니라 '30여리(약 12킬로미터)'라고 했을 것이다. 그런데 그는 '3수십 리'로 말했다. 이 말은 '30리부터 수십 리까지의 거리', 다시 말해서 '30리부터 약 50리까지의 거리'로 보는 게 타당하다.

　그런데 조선의 1리가 약 0.4킬로미터이므로, 3수십 리란 약 12킬로미터에서 20킬로미터 정도의 거리가 된다. 이 거리는 울릉도에서 독도까지의 거리(87.4킬로미터)보다는 짧고, 울릉도에서 바로 동쪽 옆에 있는 죽도(죽서도)까지의 거리(약 2킬로미터)에 비하면 매우 먼 거리다. 죽도는 울릉도에서 항상 눈으로 확인할 수 있고, 눈으로 보기에도 매우 가까운 곳에 있다는 느낌을 준다. 그러므로 이규원이 말한 '3수십 리', 즉 12킬로미터에서 20킬로미터 정도 떨어진 섬이 될 수는 없다. 이렇게 볼 때 이규원이 주장한 '송죽도'는 결국 독도를 의미한다. 멀리 보이는 독도를 이규원이 대략 '3수십 리' 떨어져 있다고 말한 것이다.

좀 더 정확히 말하면, 이규원은 울릉도 옆에는 송죽도밖에 없다고 알고 있었다. 그렇기 때문에 울릉도로 떠나기 전에 이규원은 송죽도를 죽도와 독도가 혼합된 개념으로 인식하고 있었다. 거리는 죽도보다 훨씬 떨어져 있지만, 그 명칭이 죽도와 유사하다는 점에서 이규원은 전해들은 이야기를 토대로 송죽도에 대한 이미지를 그리고 있었던 것이 아닌가 생각된다. 그의 말에 고종은 다음과 같이 대답한다.

하교하기를,
"우산도라고도 하고 송죽도라고도 하는데 다 『동국여지승람(東國輿地勝覽)』에 실려 있다. 그리고 또 송도·죽도라고도 하는데 우산도와 함께 이 세 섬을 통칭 울릉도라고 하였다. 그 형세에 대하여 함께 알아볼 것이다."

이 고종의 하교는 약간 애매모호하게 보이지만 고종은 "송도·죽도라고도 하는데 우산도와 함께 이 세 섬을 통칭 울릉도라고 하였다."고 결론을 내렸다. 고종의 이 말은 울릉도란 송도, 죽도, 우산도 등 세 섬을 통칭하는 이름이라는 뜻이다. 여기서 고종이 다시 말한 우산도가 울릉도 본도를 의미한다는 것은 이어지는 이규원의 다음과 같은 말로 확인된다.

삼가 깊이 들어가서 살펴보겠습니다. 어떤 사람들은 송도(松島)와 죽도 (竹島)는 울릉도의 동쪽에 있다고 하지만 송죽도 밖에 따로 송도와 죽도 가 있는 것은 아닙니다.

이규원은 울릉도 동쪽에 있는 것은 죽도·송도라는 두 섬이 아니라 송죽도라는 섬 하나만이라고 주장하면서 자신의 의견을 끝까지 굽히지 않았다. 이규원의 이 말과 고종의 하교를 비교해 보면, 고종은 우산도란 울릉도의 옛 이름이라는 이규원의 말을 인정한 것으로 보인다. 고종은 처음에는 울릉도라는 명칭을 울릉도 본도에 한정하고, 송죽도(지금의 죽도), 우산도(지금의 독도) 등을 별개의 섬으로 언급했다. 하지만 마지막에는 이규원의 주장을 어느 정도 수용하면서 울릉도를 우산도, 죽도, 송도 등 세 섬의 통칭이라고 말을 바꿨다. 이규원의 주장대로 '우산도'라는 명 칭을 '울릉도 본도'를 가리키는 것으로 받아들인 것이다.

또 고종이 말한 송도(松島)는 일본인들이 불렀던 독도의 일본명 마쓰 시마[松島]의 한국어 발음이다. 이처럼 그는 독도가 조선에 속한다고 확 실히 알고 있었던 것이다. 이렇게 해서 우산도라는 독도의 명칭은 역사 속으로 사라지게 되었다.

이규원, 성인봉에 올라가다

이규원이 고종 앞에서 우산도는 울릉도의 옛 이름이라고 고집을 피 웠지만, 울릉도로 건너간 뒤에는 고종의 명령, 즉 울릉도의 옆에 있는 송죽도와 우산도를 발견하려고 많은 노력을 기울였다. 그는 배를 타고 울릉도 본도를 돌면서 울릉도 주변에 섬이라고 할 만한 것은 죽도(竹島) 와 도항(島項 : 관음도)뿐이라고 기록했다. (신용하, 「독도영유권 자료의 탐구」 제3권,

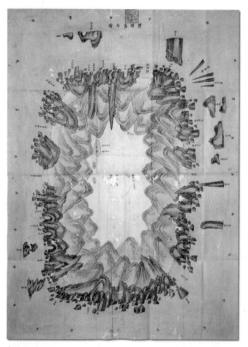

* 울릉도 외도

2000, 32쪽) 그가 작성한 지도인 '울릉도 외도(鬱陵島外圖)'에는 죽도와 도항이 울릉도 동쪽에 그려져 있다. 그러나 도항(지금의 관음도)이 두 개의 바위로 그려져 있어 정확하지는 않다.

그런데 울릉도 주변을 조사하던 이규원은 고종이 말한 죽도가 울릉도 동쪽으로 약 2킬로미터 거리에 있는 섬이라는 것을 알게 되었다. 또한 도항(島項)은 관음도(觀音島)나 깍새섬으로 불리지만, 울릉도와 무척 가까이 있어서 울릉도에 붙어 있는 곳 같은 섬으로 인식되어 '섬의 목덜미'라는 도항(島項)이라는 명칭이 붙은 듯하다.

도항은 현재는 관음도라고 표시되는 경우가 많다. 사실 필자와 울릉도 소재 독도박물관 학예사 이재완 씨가 2009년 6월 말경에 울릉도와 관음도가 서로 잘 보이는 장소로 가서 사진 촬영을 했는데, 울릉도와 관음도는 거의 떨어져 있지 않을뿐더러 두 섬 사이의 수심도 무척 얕다는 사실을 알게 되었다. 울릉도와 관음도 사이의 공간을 담아내기 위해 대나무 숲을 헤쳐 가며 겨우 내려갔는데, 사람의 발길이 100년 이상 닿지 않은 듯했다.

이렇게 확인한 결과, 울릉도와 관음도 사이의 거리는 30미터 정도라는 사실을 확인할 수 있었고, 바위들이 많아 관음도는 울릉도와 연결되어 있는 섬이라고 해도 과언이 아니었다. 그러므로 일본인들이 관음도를 관음기(觀音崎)라고 부르고 섬이라기보다 곳으로 간주한 것이다. (박병섭 외, 2007, 152쪽)

그런데 이규원은 고종이 말한 우산도, 즉 송도(松島)를 발견하지 못했다. 이규원은 '송죽도'가 울릉도와 3수십 리(12~20킬로미터)의 거리에 있다고 알고 있었지만 죽도는 2킬로미터밖에 떨어져 있지 않았다. 그래서 그는 그보다 더 멀리 떨어진 곳에 고종이 말한 우산도나 송도가 존재할지도 모른다고 생각해 성인봉에 올라갔다. 하지만 성인봉 정상에서도 이규원은 우산도(송도, 독도)를 찾지 못했다. 그 사실을 그는 다음과 같이 『울릉도 검찰일기』에 기록했다.

사방을 둘러보았지만 바다에는 한 점의 도서(島嶼)도 없었다.

1694년에 울릉도를 조사한 장한상은 성인봉에 올라 독도를 목격했다. 하지만 이규원은 독도를 보지 못했다.

성인봉 정상에 올라간 뒤에도 이규원은 '우산도란 울릉도의 옛 이름' 이라는 관점을 바꾸지 않았던 모양이다. 이 때문에 일본은 그가 말

✳ 울릉도와 관음도 사이의 모습
거리는 30미터 정도이고 바다에
작은 바위들이 많고 깊이가 거의
없어서 관음도(도항)는 울릉도와
연결되어 있는 섬으로 보인다.

한 내용들을 한국의 독도 영유권 주장을 비판하는 재료로 활용하고 있다. 이규원의 우산도 인식은, 우산도가 독도를 뜻한다는 개념이 확립되기 이전에 조선조가 우산도를 어떻게 인식하고 있었는지를 그대로 보여 준다.

이규원은 우산도와 울릉도의 이름이 명확하게 정리되기 전이었던 조선조 초기까지의 기록만을 읽었기 때문에, 그 뒤『세종실록 지리지』등을 통해 울릉도와 우산도(독도)가 두 개의 서로 다른 섬으로 확인된 과정에 대해서는 모르고 있었던 것이다. 이규원은 약 480년 만에 울릉도에 정식으로 사람을 거주시키는 데는 공로가 있었지만, 독도의 명칭 변화에 대한 정확한 역사 인식이 결여되어 있었다.

고종과 이규원의 재회

이규원은 울릉도에서 두 달 정도 임무를 수행하고 돌아온 뒤 다시 고종을 만났다. 다음은 두 사람이 재회해서 나눈 대화다.

울릉도 검찰사(鬱陵島檢察使) 이규원(李奎遠)을 불러서 만나 보았다. 복명(復命)하였기 때문이다. 하교하기를,

"서계(書契)와 별단(別單 : 왕에게 올리는 주 보고서에 덧붙인 것)은 이미 열람했고 지도(地圖)도 보았다. 산 위에 있는 나리동(羅里洞)이 넓기는 넓은데 단지 물이 없는 것이 흠이다. 그 속에 나무들이 하늘이 안 보이게 꽉 들어서 있던가?"라고 하니 이규원이 아뢰기를,

"나리동 산 위에 따로 넓은 평지가 펼쳐져 있어 이른바 천부(天府)의 땅이라 할 수 있습니다. 그러나 산기슭에서 얼마 멀지 않은 곳에 있는 크고 작은 냇물들이 모두 복류(伏流)인 것이 하나의 큰 흠이었습니다. 나무들이 하늘을 찌를 듯이 꽉 들어서서 종일 걸어도 햇빛이 스며들어오

는 것을 볼 수 없었습니다."라고 하니 하교하기를,

"만일 고을을 설치한다면 서너 곳 중에서도 나리동이 적당할 만하다."
라고 하니 이규원이 아뢰기를,

"진(鎭)이나 읍(邑)을 설치하자면 나리동이 아니고는 할 수 없습니다."
라고 하였다. 하교하기를,

"그 골짜기 안에 300호(戶)가량 들어앉을 곳이 왕왕 있다 하는데, 과연
그러한가?"라고 하니 이규원이 아뢰기를,

"골짜기 안에 100~200호 가량 들어앉을 만한 곳은 6, 7곳입니다. 그런
데 개척한 뒤 여러 골짜기에 바다를 막을 곳이 없다는 게 문제입니다."
라고 하였다. (중략)

"우리나라 사람이 많이 들어가 약재도 캐고 배도 만들던가?"라고 하니
이규원이 아뢰기를,

"호남인(湖南人)이 가장 많은데 전부 배를 만들거나 미역과 전복을 따고
있었으며, 그 외에 다른 지방 사람들은 모두 약재 캐는 일을 주로 하였
습니다."라고 하였다. 하교하기를,

"일본인이 푯말을 박아 놓고 송도(松島)라 한다는데, 그들에게 말을 하
지 않을 수 없다."라고 하니 이규원이 아뢰기를,

"그들이 세워 놓은 푯말에는 송도라고 하였습니다. 송도라 한 데 대해
서는 이전부터 서로 말이 있었습니다. 그러니 일차로 하나부사 요시타
다[花房義質]에게 공문(公文)을 보내지 않을 수 없으며, 일본 외무성(外務
省)에도 편지를 보내지 않을 수 없습니다."라고 하니 하교하기를,

"이 내용을 총리대신(總理大臣)과 시임(時任) 재상들에게 이야기하라. 지
금 보니 한시라도 등한히 내버려 둘 수 없고 한 조각의 땅이라도 버릴
수 없다."라고 하니 이규원이 아뢰기를,

"이 전교를 일일이 총리대신(總理大臣)과 시임 대신(時任大臣)들에게 알
리겠습니다. 설사 한 치의 땅이라도 바로 조종(祖宗)의 강토인데 어떻게
등한히 내버려 둘 수 있겠습니까?"라고 하였다. (후략)

- 『고종실록』, 19권, '19년(1882년) 6월 5일조'

이규원은 문서와 지도를 작성해 조정에 미리 제출했고 고종은 그것을 이미 봤다고 했다. 다시 만난 두 사람은 울릉도에 진과 읍을 만드는 적합한 장소에 관한 이야기, 이미 울릉도에 출입하고 있는 조선인들 가운데는 호남사람들이 가장 많다는 사실, 일본인들이 울릉도에 들어와 '송도(松島)'라는 푯말을 세웠다는 사실, 일본 외무성에 항의서를 전달해야 한다는 이야기 등을 나누었다.

이규원이 마지막에 "설사 한 치의 땅이라도 바로 조종(祖宗)의 강토인데 어떻게 등한히 내버려둘 수 있겠습니까?"라고 하면서 울릉도 사수(死守)의 결의를 내세웠다. 그런데 고종과 이규원의 재회 기록에는 우산도, 즉 독도의 이야기가 포함되어 있지 않다. 이때 고종의 관심은 오로지 울릉도 본도에 설치하려는 진과 읍에 집중되어 있었기 때문인 듯하다.

일본이 노린 울릉도와 독도의 어업자원

19세기에 접어들어 조선조가 울릉도 관리를 소홀히 했기 때문에, 1883년에는 일본인들이 울릉도에 254명이나 거주하고 있었다. 이 놀라운 사태는 조선과 일본이 합의하여 울릉도에 무단 거주한 254명의 일본인이 모두 일본으로 돌아가는 것으로 일단락되었다. 이렇게 울릉도에 무단 거주하던 일본인들은 조선 정부의 항의를 받아 쫓겨났지만, 그 뒤에도 조선 정부의 허가를 받지 않고 울릉도로 건너오는 일본인들이 많았다.

하지만 같은 해에 조선과 일본은 '조선국 내에서의 일본 인민 무역 규칙'을 체결해, 조선 연해에서 조업하는 일본인들이 지켜야 할 '어업에 관한 규칙'에 합의했다. 그러므로 일본은 1883년에 조선과 일본이 규칙에 합의한 뒤에, 독도에서 일본인들이 어업 활동을 한 사실을 '독도에 대한 일본인들의 경영'이라고 표현하면서 일본인들이 1905년까지 독도를 실효지배했다는 근거로 내세우고 있다. 이에 일본 외무성 연구관이었던 가와카미 켄조[川上健三]의 주장(川上健三, 1966, 194~203쪽)을 게재하면서, 일본인이 독도를 실효지배했다는 그의 주장에 대해 하나씩 반박하기로 한다.

[가와카미의 주장]

1880년 9월, 군함 아마기를 파견해, 문제의 '마쓰시마'는 울릉도와 동일한 섬이라는 사실이 판명되었기 때문에, 한때 일본을 시끄럽게 한 마쓰시마 개척 건은 그 뒤 거론되지 않았다. 하지만 실제로는 일본의 산음(山陰) 지방 주민 가운데는 당시 공도로 남아 있던 울릉도로 몰래 건너가는 사람들이 있었다. 1881년에 수토관이 심의 · 검사했을 때 일본인 7명이 울릉도에서 벌목에 종사하고 있다는 사실이 드러나, 같은 해 7월에 조선 정부는 일본 외무성에 울릉도에 대한 도항 금지를 요청했다. 1883년 3월, 메이지 정부는 이 요청에 응해, 지방장관 명의로 일본인의 울릉도 도항 금지에 대해 성명을 내고 일본 국민들에게 주의를 환기시켰다. 한편 메이지 정부는 1883년 10월 내무성 관리 등을 울릉도에 파견해, 그곳에 거주하고 있던 일본인 254명을 일본으로 데리고 왔다.

가와카미의 글을 보면 울릉도에 불법 체류하고 있던 일본인이 얼마나 많았는지를 알 수 있다. 이 글의 핵심은 일본인들이 조선 영토인 울릉도에 불법으로 상륙하여 활동했다는 것이다. 가와카미의 주장으로 다시 돌아가 보자.

하지만 그해에는 조일 양국이 '조선국 내에서의 일본 인민 무역 규칙'을 체결해, 일본 어민은 이 무역 규칙에 따라 정식으로 조선 연해에서 조업할 수 있게 되었고, 강원도에 속해 있던 울릉도 출어도 가능하게 되었다. 이어서 1889년 11월에는, 이 무역 규칙 제41관의 시행 세칙인 '조일양국통어(通漁)규칙'이 성립되어, 양국 해변에 왕래하여 어로활동을 하는 자들의 어업세금, 단속에 관한 규칙이 확정되었으므로, 그 뒤 어부들은 이 규칙에 입각해 출어하게 되었다.

여기서 1889년에 조일 간에 제정된 '조일양국통어규칙'의 주요 조문은 다음과 같은 내용이었다.

[조일양국통어규칙]

양국 정부는, 일본 메이지 16년(1899년) 7월 25일, 조선 개국 492년 6월 22일, 양국의 전권대신이 협의·결정한 조선국 무역 규칙 제41관에 의거하여 양국 해변을 왕래하며 고기를 잡는 사람을 위해 어업세를 정해 단속 규칙을 정한 바 아래와 같다.

제1조

양국 의정 지방의 해변 3리(일본 해리의 계산 방법을 따름. 이하 이것에 준한다.) 이내에서 어업을 하려는 양국 어선은, 그 배의 방수, 소유주의 주소·성명 및 탑승 인원수를 상세히 기록해 그 선주 혹은 대리인으로부터 제출된 원서를 인정해, 일본 어선은 일본 영사관을 거쳐 개항장 지방관청에, 조선 어선은 의정 지방의 군 혹은 구 사무소에 제출하여, 해당 선박의 검사를 거쳐 면허 감찰을 받아야 한다. 단, 면허 감찰은 어업할 때 반드시 휴대해야 한다.

(중략)

제6조

양국 지방관서의 관리는, 이 규칙을 집행하기 위해 필요하다고 인정될 때는, 해당 지방 해변 3리 이내에 있는 상대국의 어선 내부를 검사하거나 이를 압류할 수 있다. 단, 조선 지방관이 일본 어선을 압류했을 때는, 그 취지를 가까운 일본 영사관에 통지하여 해당 규칙에 따라 처분을 요구해야 한다.

(중략)

제11조

이 규칙에 의거하여 처분해야 할 자는 '일본 해변에 있어서는(일본 해역에서 일어난 문제는)' 일본 지방재판소의 결정에 맡기고, '조선국 해변에 있어서는(조선 해역에서 일어난 문제는)' 그 지방관으로부터 가까운 일본 영사관에 고소하여 그 결정에 맡겨야 한다.

(후략)

1899년 11월 12일
일본국 대리공사 곤도 마나스케
조선국 교섭통상사무 민종묵

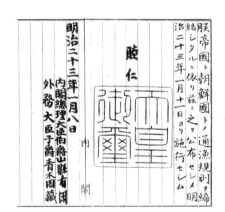

✤ 조일양국통어규칙1
1890년 1월 8일, 당시 총리 야마가타 마리토모[山県有朋]와 외상 아오키 슈조[青木周蔵]가 1889년 12월 20일에 조선과 일본 간에 체결된 '조일양국통어규칙'을 메이지 천황 무쓰히토[睦仁]에게 보고했고, 무쓰히토가 이 규칙을 공포하여 1890년 1월 11일부터 시행하도록 한 기록이다.

朝日兩國通漁規則

大日本國政府ハ日本明治十六年七月二
十五日兩國全權大臣ノ協議訂定セル朝鮮
國貿易規則第四十一款ニ據リ兩國海濱
二往來捕魚スル者ハ爲メニ漁業稅ヲ定
ム取締規則ヲ立ルノ必要トシテ日本政
府ハ代理公使近藤眞鋤ニ委任シ朝鮮政
府ハ督辦交涉通商事務閔種黙ニ委任シ

大朝鮮國政府ハ朝鮮開國四百九十二年六月二十
二日兩國貿易規則第四十一款ニ據リ兩國
海濱ニ往來捕魚スル者ハ爲メニ漁業稅ヲ
定ル取締規則ヲ立ルノ必要トシテ

各委命ヲ奉シテ會議立スル各條左ノ
如シ

第一條　兩國議定地方ノ海濱三里（朝鮮
里）ノ内ニ於テ漁業ヲ營
マントスル兩國漁船ハ其船ノ間數ヲ
有スルノ住所姓名及乘組人員ヲ詳記シ
其船主若クハ代理人ヨリ願書ヲ認メ
日本漁船ハ其領事官ヲ經テ開港場地
方廳ノ朝鮮漁船ハ其議定地方ノ郡區役
所ニ差出シ該船ノ檢査ヲ經テ免許鑑
札ヲ受クヘシ
但シ免許鑑札ハ漁業ノ時必ラス携
帯スヘシ

＊ 조일양국통어규칙2
조일양국통어규칙의 서문과 제1조(불평등 조항)

ルモノハ貸者者共ニ該鑑札ニ相當
スル稅額ニ二倍ノ罰金ニ處シ其捕獲物
ヲ沒收ス

第十條　兩國議定地方ニアラサル海濱
三里以内ニ於テ魚介ヲ捕獲シタルモ
ノハ漁船漁具及其捕獲物ヲ沒收ス

第十一條　此規則ニ據テ處分スヘキ者
ハ日本國海濱ニ於テハ日本地方裁判
所ノ裁斷ニ歸シ朝鮮國海濱ニ於テハ
其地方官ヨリ最寄日本領事官ニ告訴
シ其裁斷ニ歸スヘシ

第十二條　此規則實行ノ後更ニ增減ス
ヘキ事項出來スルトキハ雙方協議改
正スルヲ得漁業稅ニ至テハ此規則調
印ノ日ヨリ二年間施行ノ後漁利ノ有
無ヲ看テ再ヒ改正スヘシ
茲ニ雙方記名調印シ右確實ナルヲ證
スル者也

大日本國明治二十二年十一月十二日
代理公使　近藤眞鋤　印

大朝鮮國開國四百九十八年十月二十日
督辦交涉通商事務閔種黙　印

＊ 조일양국통어규칙3
조일양국통어규칙의 제11조(불평등 조항)와 제12조

위의 '조일양국통어규칙'은 명백한 불평등 조항인데, 가장 문제가 되는 부분은 제1조와 제6조, 그리고 제11조다. 제1조에서 일본인이 조선 연해에서 어업 허가를 얻을 경우 조선에 있는 일본 공사관이 일괄적으로 접수하고 그것을 조선에 통보하는 것으로 되어 있지만, 조선인이 일본 연해에서 어업을 할 때는 개별적으로 일본의 지방관청에 신청해야만 했다. 당시에는 대부분의 조선인들이 일본어를 잘 몰랐기 때문에, 조선인들은 어업허가 신청을 거의 하지 못했다. 사실상 당시 일본의 지방관청에 일본 연해에서의 어업 활동 허가원을 제출한 조선인은 한 사람도 없다. 그리고 나머지 두 항목은 조선에 대한 일본의 치외법권(治外法權)을 규정하고 있다.

제6조는 규칙을 위배했다고 판단되는 상대국 어선에 대한 검사·압류권을 규정한 항목이다. 그런데 조선 지방관이 일본 어선을 압류했을 때는 가까운 일본 영사관에 그 사실을 통지하여 해당 규칙에 따라 처분을 요구해야 하는 것으로 되어 있다. 즉 규칙을 위반한 일본 어선에 대해서는 조선 측의 판단으로 처벌하지 못하게 되어 있었다. 뿐만 아니라 제11조는 일본의 치외법권을 명확하게 인정하고 있다.

즉 제11조는 "이 규칙에 의거하여 처분해야 할 자는 '일본 해변에 있어서는(일본 해역에서 일어난 문제는)' 일본 지방재판소의 결정에" 맡긴다고 함으로서, 일본 영해에서 조선인이 규칙을 어길 경우 일본이 재판한다고 명시했다. 하지만 "'조선국 해변에 있어서는(조선 해역에서 일어난 문제는)' 그 지방관으로부터 가까운 일본 영사관에 고소하여 그 결정에 맡겨야 한다."고 규정함으로써, 조선 영해에서 일본인이 규칙을 어길 경우에는 조선의 재판권을 부정하고 있다.

이런 식으로 일본의 치외법권을 인정한 '조일양국통어규칙' 체결로 인해 불법 행위를 해도 기본적으로 처벌을 받지 않는다고 생각한 일본인들의 울릉도·독도에 대한 횡포가 갈수록 심해졌다. 이 규칙은 주로

✤ 메이지 천황 무쓰히토

일본인을 위한 규칙이었다. 당시 조선인은 일본 연해까지 어로 활동을 하러 가지 않았기 때문이다. 그러므로 1889년에 조선과 일본이 체결한 '조일양국통어규칙'은 결국 일본인들의 불법 어로 활동을 조장하는 결과를 낳았다.

이런 불평등 규칙은, 독도가 대한제국의 영토인 줄 알면서도 대한제국에 통보하지 않은 채 독도에서 강치 잡이를 계속한 나카이 요자부로와 같은 사람들을 등장시켰고, 1905년에 일본은 나카이 요자부로의 불법 행위를 오히려 무인도에 대한 선점 행위로 둔갑시켜 독도를 시마네현에 편입시켰다. 그러므로 1905년에 일본이 독도를 시마네현에 편입한 것은 '조일양국통어규칙'의 치외법권 조항을 악용한 불법 행위다. 이런 이유 때문에 일본은 독도 편입을 비밀리에 진행해야 했다. 다시 말해서, 1905년 당시 일본은 자국에게 일방적으로 유리하게 제정된 '조일양국통어규칙'을 기반으로 대한제국의 영해를 지배한 채 고기잡이를 마음대로 할 수 있었다. 또한 대한제국에서 문제 삼지 않으면 독도와 같은 섬은 임의로 처리할 수 있는 특권을 누리고 있었다. 그렇기 때문에 일본은 자신들이 불평등 조약을 통해 누리고 있던 사실상의 '동해 지배권'을 남용하여 불법으로 독도를 시마네현에 편입시켜 버렸다.

당시 일본이 동해를 불법적으로 지배했다는 것을 보여 주는 또 하나의 근거는, 1876년에 조선과 일본이 체결한 강화도조약(조일수호조규) 제7조다. 이 조약은 일본에게 일방적으로 유리하게 작성되어 대표적인 불평등조약으로 알려져 있다.

조일수호조규(강화도 조약) 제7조
조선국 연해의 도서, 암초들은 사전 조사를 거치지 않으면 매우 위험함으로 일본국의 항해자는 자유롭게 해안을 측량할 수 있고, 도서, 암초

등의 위치와 깊이 등을 조사해 도지(圖誌)를 편제하여 두 나라 선객으로
하여금 위험을 피하게 하여 안전하게 항해할 수 있도록 해야 한다.

이 강화도조약 제7조에 따르면, 일본은 조선의
연안과 도서 등을 마음대로 조사·측량할 수 있는
권리를 갖고 있었다. 이 조항을 근거로 일본은 독도
뿐만 아니라 울릉도까지 측량하여 독도에 대해서는
편입 조치를 취한 것이다.

✤ 비고의 풍자화
청일전쟁 전야의 조선과 중국.
(『TOBAE』제34호, 1888년 7월)

계속되는 일본인들의 울릉도·독도 도둑 행위

이렇게 일본은 자국에게만 유리하게 제정한 '조일양국통어규칙'과
'강화도조약'으로 조선(대한제국)의 영해를 불법적으로 침탈하고, 더 나
아가 독도를 자국의 영토로 편입하기까지 했다. 그러면 여기서 다시
가와카미의 글로 돌아가 보자.

1883년에 (울릉도에 거주하던) 일본인들이 모두 일본으로 송환 조치된 뒤
에 울릉도로 다시 도항하게 된 시점은, 1900년 부산 영사관 대리의 현지
조사 보고에 따르면, 1891년 이후라고 한다. 하지만 1888년 8월 조선 정
부가 울릉도에 상륙해 집을 짓고 있던 일본인 30명의 퇴거를 요청한 사
실로 볼 때, 1891년 이전에도 울릉도에 도해하는 일본인들이 있었던 것
같다.

이 글로 미루어 볼 때, 일본인들은 1883년에 자국으로 송환 조치된 뒤에도 계속 불법으로 울릉도에 거주했다는 사실을 알 수 있다. 일본은 이런 울릉도 불법 침입을 울릉도에 대한 일본인의 경영으로 부르고 실효지배의 예로 왜곡하고 있다. 하지만 당시 조선 정부가 일본인 퇴거 명령을 내렸기 때문에 울릉도에 대한 경영이나 실효지배의 예로 주장하는 것은 매우 잘못된 일이며, 불법 체류와 도둑 행위의 예로 우리가 강력히 비판해야 할 내용이다. 다시 가와카미의 글을 살펴보자.

독도는 메이지 초기 일본인이 울릉도 도항을 개시한 즈음에 일본에서 주목받기 시작한 것 같다. 구마모토[熊本]현 아마쿠사[天草]군 후타에[二江]정에 거주하던 나카우라 고헤이지[中浦小平次] 씨의 조부 나카우라 이헤이지[中浦伊平次] 씨는, 1883년 가을에 잠수도구를 이용해 울릉도에서 조개와 해초를 채취했다. 그는 일본으로 돌아가는 길에 독도에 들러 4~5시간 작업해 전복 1,200여 관과 강치 3마리를 포획했고, 오키섬을 경유해 귀향했다고 한다. 그것이 사실이라면 메이지시대가 시작(1868년)된 이후의 독도경영으로는 가장 오래된 것이다.

1890년에는 미에[三重]현 시마[志摩]군 거주의 오구무라 세이스케[奧村淸助] 씨의 조부 하마구치 세에베에[浜口淸兵衛] 씨는 영국으로부터 구입한 최신식 잠수도구를 이용해 울릉도에서 전복이나 우뭇가사리 등을 채취했고, 1891년과 1892년에도 같은 방법으로 조업했다. 그리고 1893년에도 울릉도에 나갔는데 그때는 잠수도구를 이용하지 않고 해녀 30여 명 등 합계 50명을 데려갔다. 이때 울릉도로 왕복하던 중에, 혹은 울릉도에 머물던 중에 독도에서도 전복이나 해조를 채취했는데 강치 사냥은 하지 않았던 모양이다.

여기서 가와카미는 울릉도뿐만 아니라 독도도 일본인들이 경영했다고 왜곡하고 있다. 그리고 이런 이야기는 객관적인 사실에 입각한 내용이라기보다 모두 청취에 입각한 이야기들이다. 얼마든지 꾸며서 만들어낼 수 있는 내용이므로 신뢰성을 의심할 수밖에 없는 것들이다.

뿐만 아니라 이런 청취 내용들이 만일 사실이라고 해도, 독도를 조선령으로 믿고 있던 당시 일본 어부들 가운데 다수가 조선에 신고도 하지 않고 어떤 허가도 받지 않는 채 독도에서 불법적으로 어로 행위를 한 셈이다. 그러므로 이런 불법 어로 행위는 경영이나 실효지배의 예로 볼 수 없다. 앞에서 언급했듯이, 1889년에 제정된 '조일양국통어규칙'으로 일본은 사실상 치외법권을 누렸다. 그렇기 때문에 일본인들은 조선 연해에서 조업할 때 조선 측에 신고하지 않았다는 이유로 적발되어도 결국 처벌받지 않았기 때문에 불법적인 조업을 마음대로 자행했던 것이다. 이것이 바로 일본이 주장하는 경영과 실효지배의 진실이다.

1904년 일본 정부에 독도에 대한 '영토 편입 및 대하(貸下)원'을 낸 오키섬의 나카이 요자부로[中井養三郎]도 처음에는 독도에서의 강치 잡이를 조선에 신고하려 했다. 그 이유는 다른 경쟁자들을 배제하여 독도에서의 강치 잡이 권리를 독점하기 위해 조선국에 정식으로 허가를 얻으려 했기 때문이었다. 당시 나카이도 독도를 조선령이라 생각하면서도 조선 측에 신고하려 하지 않았다. 이런 상황이야말로 당시 일본인들이 동해를 불법으로 점거하고 있었던 증거가 분명하다. 그럼에도 불구하고 가와카미는 일본인들이 독도를 불법으로 침탈한 예를 일본인에 의한 독도경영과 실효지배의 예로 계속 제시하고 있다. 다시 가와카미의 글로 돌아가 보자.

상기 이외에 생존하고 있는 오키 거주 울릉도 도항 관계자에 대해 청취 조사한 결과에 따르면, 1897년에는 오키섬 치부[知치군 마노 데쓰타로[眞 野鉄太郎] 씨가 교역을 위해 범선을 타고 울릉도에 도항했다. 그는 왕복 하는 도중에 독도에서 해초, 조개 등을 채취하고 강치 사냥도 했다. 오 키 섬의 온지[隱地]군 고카무라[五箇村]에 거주하는 이시바시 마쓰타로[石 橋松太郎] 등도 소형 어선으로 독도에 출어해 강치 사냥을 했다.

이와 같이 메이지시대가 시작된 뒤 일본인의 독도경영은 지금까지 판 명된 것만으로 볼 때, 1883년의 도항은 별개로 한다 해도 적어도 1890년 쯤까지 거슬러 올라간다. 처음에는 울릉도에 갔다 오는 도중이나, 울릉 도를 근거지로 하여 독도에서 주로 전복 등을 채취했다. 그러다가 1897 년쯤부터는 독도에서 강치 사냥을 하기 위해 오키섬에서 독도에 직접 도해하게 된 것이다. 다만 당시에는 그 규모가 작았으며, 개발이 질서 있게 이루어졌다고는 할 수 없다.

이런 내용은 모두 객관성이 없는 청취조사이므로 믿을 만한 것이 못 된다. 특히 가와카미는 독도에 대한 일본인들의 실효지배를 증명하기 위한 목적으로 청취조사를 실시했기 때문에, 자신의 의도에 맞지 않은 결과는 보고에서 제외했을 가능성이 높다.

그러면서도 그는 1897년부터 1903년까지 6~7년 동안에 대해서는 일 본인들의 '독도경영' 사례를 제시하지 못했다. 이 시기에는 러시아가 울릉도를 장악한 시기이므로 오히려 일본인들보다 대한제국 사람들이 독도경영에 활발하게 나섰다고 볼 수 있다. 『고종실록』에는 1896년 9 월에 조선이 러시아인에게 울릉도에서의 벌목 등 특권을 부여했다는 기록이 남아 있다.

1896년이라고 하면 고종이 대한제국 건국을 선포하기 1년쯤 전이다. 당시 조선은 격동기를 지나고 있었다. 여기서 당시의 한반도 정세를 파악하기 위해 1880년 이후 한반도에서 일어난 주요 사건을 정리해 보면 다음과 같다.

1882년에는 임오군란이 일어나 흥선대원군이 이끄는 위정척사파가 일시적으로 정권을 장악했지만, 흥선대원군은 얼마 지나지 않아 청나라로 납치되었고 청나라 군대가 서울에 주둔하게 되었다.

1884년에는 조선의 급진적 개화파가 갑신정변을 일으켰지만, 청나라 군대의 공격으로 개화파 정권이 3일 천하로 무너져 김옥균 등이 일본으로 망명했다. 그 뒤 약 10년간 조선은 청나라의 간섭을 받게 되었다.

1897년 고종은 주변 강대국들이 후퇴하고 러시아가 친 조선 정책을 취함에 따라 '대한제국'을 선포하고 황제가 되었다.

당시의 상황을 보면 1897년부터 1903년까지는 일본이 한반도에서 후퇴했기 때문에, 일본인들도 울릉도나 독

✱ 미우라 고로[三浦梧郎 : 1847~1926년]
일본 구 초슈번의 군인으로, 명성황후를 암살할 목적으로 공사가 되어 조선에 부임했다.

✱ 비고의 풍자화2
조선을 노리는 3국
(『TOBAE』 제1호, 1887년 2월)

✤ 고종 황제

도에서 활동하지 않았다는 것을 알 수 있다. 이런 상황적 증거는 결국 일본인들이 독도를 대한제국의 영토로 인식하고 있었다는 사실을 보여 준다. 좀 더 상세히 말하면 1897년부터 1903년까지 약 6년간은 역사학계에서 '공백의 6년간'이라고 규정하고 있다. 청일전쟁과 명성황후 시해 사건으로 청나라와 일본이 한반도에서 물러났고 러시아는 조선에 대해 우호적이었던 기간이다. 이 기간 동안 일본은 대한제국의 영토에서 물러났다. 이 시기에 일본인들이 독도를 전혀 침탈하지 않았다는 사실은, 일본이 독도를 대한제국의 영토로 인정하고 있었다는 것을 여실히 증명한다.

한편 가와카미는 믿을 수 없는 이야기라고 하면서도 다음과 같은 한인의 이야기를 인용했다.

고 홍재현의 말 : 울릉도 개척 당시 울릉도에 사는 사람들은 금방 이 섬(독도)을 발견하여 미역과 전복을 채취하기 위해, 혹은 강치를 잡기 위해 (홍재현 씨를 포함하여) 많은 사람들이 독도에 출어했다. (가와카미, 1966년, 187쪽)

이런 청취 결과만 봐도 당시 한인이 독도경영을 했다는 증거는 충분하다. 한인이 독도를 경영했다는 기록은 문헌으로 남아 있지 않을 뿐이지, 1897년부터 1903년까지 일본인의 독도경영 기록이 없는 시기에 한인들이 울릉도에서 독도로 출어했을 가능성은 매우 높다.

고종의 '울릉도 군도론'과 대한제국 칙령 제41호

1897년 고종은 조선 국호를 '대한제국'으로 개칭하고 자신은 대한제국 황제로 즉위했다. 한편 청일전쟁에서 패배한 청나라는 조선에서 후퇴했고, 명성황후를 시해한 일본은 이 사건을 문제 삼은 대한제국의 민중들이 봉기하는 바람에 어쩔 수 없이 물러나게 되었다. 결국 조선은 청나라와 일본의 세력이 한반도에서 물러난 상황에서, 러시아 또한 조선에게 직접적인 위협을 가하지 않았던 호기를 맞이한 것이다. 그렇기 때문에 고종은 강대국들의 간섭이 일시 중지된 상황을 이용해 대한제국을 출범시킨 것이다.

당시 고종 황제는 울릉도를 3개 섬으로 구성된 군도로 보았다. 이것이 말하자면 고종 황제의 '울릉도 군도론'이고, 그의 생각은 '1900년의 대한제국 칙령 제41호'에 그대로 반영되었다. 왜냐하면 칙령이란 왕의 명령(여기서는 황제의 명령)이므로 고종 황제의 생각이 가장 잘 반영된 명령이 대한제국의 칙령이기 때문이다. 이것을 확인하기 위해 1889년 8월 17일에 조선의 법규 교정소 총재 윤용선(尹容善)이 고종에게 올려 재가를 받은 『대한국 국제』의 '칙령에 대한 규정'을 살펴보자.

대한국 국제(大韓國國制)

제1조 대한국(大韓國)은 세계만국에 공인된 자주 독립(自主獨立)한 제국(帝國)이다.

제2조 대한제국(大韓帝國)의 정치는 과거 500년간 전래되었고, 앞으로 만세토록 불변할 전제정치(專制政治)다.

제3조 대한국 대황제(大皇帝)는 무한한 군권(君權)을 지니고 있다. 공법에 이른 바 정체(政體)를 스스로 세우는 것이다.

제4주 대한국 신민이 대 황제가 지니고 있는 군권을 침손(侵損)하는 행위가 있으면 이미 행했건 행하지 않았건 간에 신민의 도리를 잃은 자로 인정한다.

제5조 대한국 대 황제는 국내의 육해군(陸海軍)을 통솔하고 편제(編制)를 정하며 계엄(戒嚴)과 해엄(解嚴)을 명한다.

제6조 대한국 대 황제는 법률을 제정하여 그 반포와 집행을 명하고 만국(萬國)의 공통적인 법률을 본받아 국내의 법률도 개정하고 대사(大赦), 특사(特赦), 감형(減刑), 복권(復權)을 한다. 공법, 이른바 율례를 자체로 정하는 것이다.

제7조 대한국 대 황제는 행정 각부(各府)와 각부(各部)의 관제와 문무관(文武官)의 봉급을 제정 혹은 개정하며 행정상 필요한 각 항목의 칙령(勅令)을 발한다. 공법에 이른바 치리(治理)를 자체로 행하는 것이다.

제8조 대한국 대 황제는 문무관의 출척(黜陟)과 임면(任免)을 행하고 작위(爵位), 훈장(勳章) 및 기타 영전(榮典)을 수여 혹은 박탈한다. 공법에 이른바 관리를 자체로 선발하는 것이다.

제9조 대한국 대 황제는 각 조약국에 사신을 파송주재하게 하고 선전(宣戰), 강화(講和) 및 제반 약조를 체결한다. 공법에 이른바 사신을 자체로 파견하는 것이다.

- 『고종실록』, 39권, '광무(光武) 3년(1899년) 8월 17일조'

　　이처럼 '대한국 국제(大韓國國制)' 제7조에는 "대한국 대 황제는 (중략) 행정상 필요한 각 항목의 칙령(勅令)을 발한다.'라고 규정했다. 즉 대한제국의 황제인 고종이 내린 명령이라고 확인한 것이다.

　　고종 황제는 1900년 10월 25일에 '칙령 제41호'를 윤허하고, 그것을 세계 각국에 알리기 위해 나라의 관보에 실었다. 또한 울릉도를 울도로 개칭하여 도감을 군수로 승진시켰고 제2조에 다음과 같이 규정했다.

勅令

勅令第四十號
外國語學校와醫學校와中學校卒業人을該學校에收用
논官制
第一條 外國語學校와醫學校와中學校에卒業호人은該學校
官을叙任在案호엿다가該校教官이有闕호時에 塡補홀時에
卒業生教官叙任호人으로特別試驗을經호야塡任홈이라
第二條 本令은頒布日로부터施行홈이라
御璽
光武四年十月二十五日
御押 御璽 奉
勅 議政府議政臨時署理贊政內部大臣 李乾夏

勅令第四十一號
鬱陵島을鬱島로改稱호고島監을郡守로改正호件
第一條 鬱陵島을鬱島로改稱호고島監을郡守로改正호件
第二條 郡廳位寘と台霞洞으로定호고區域은鬱陵全島와竹
島石島를管轄홀事
第三條 開國五百四年八月十六日官報中官廳事項欄內鬱陵
島以下十九字를刪去호고開國五百五年
勅令第三十六號
第五條江原道二十六郡의六字と七字로改正호고安峽郡下
에鬱島郡三字를添入홀事
第四條 經費는五等郡으로磨鍊호되現今間인즉吏額이未備
호고庶事草創호기로該島收稅中으로姑先磨鍊홀事
第五條 未盡호諸條と本島開拓을隨호야次第磨鍊홀事
附則
第六條 本令은頒布日로부터施行홀事
光武四年十月二十五日
御押
勅
議政府議政臨時署理贊政內部大臣 李乾夏

Imperial Edict No. 41

＊ 대한제국 관보에 실린 '대한제국 칙령 제41호' (1900년 10월 25일)

　대한제국은 울릉도 영역에 울도군(鬱島郡)이라는 새 명칭을 붙여 관할 구역을 정했으며, '대한제국 칙령 제41호'는 바로 고종 황제의 '울릉도 군도론'을 칙령으로 표현한 것이다. 고종 황제는 '대한제국 칙령 제41호'를 통해 울릉도 군도를 울도군으로 명명했다. 그리고 이규원과의 대화에서는 독도를 우산도 혹은 송도로 불렀지만, '대한제국 칙령 제41호'에서는 독도의 명칭을 석도(石島)로 표기했다. 이규원이 말한 내용, 즉 '우산도란 울릉도의 옛 명칭'이라는 내용을 수용하여 1882년 당시 고종은 독도를 일본 이름인 송도(松島)로 언급한 적이 있었다. 하지만 송도는 일본인들이 역사적으로 독도를 불렀던 마쓰시마(松島)의 한국 발음이고, 1880년대에 접어들어 일본에서 섬의 명칭이 혼란스럽게 되어 일본인들이 울릉도를 송도(마쓰시마)라고 부르기도 했기 때문에 고종 황제는 일본식 명칭인 송도를 버리고 '대한제국 칙령 제41호'에서는 독도의 이름을 석도(石島)라고 표기했다. 울릉도 이주 정책으로 인해 새로 울릉도에 거주하게 된 사람들이 독도를 돌섬으로 불렀고 돌섬을 한자로 표기하면 석도였기 때문이었다. 결국 1880년 이후 우산도라는 독도의 명칭은 역사에서 사라졌고 돌섬이 독섬으로 변했고 결국 독도로 정착되었다.

울릉도 본도에 대해서는 '대한제국 칙령 제41호'에서 '울릉 전도(全島)'라는 명칭을 사용하면서, 울도군에는 울릉 전도(울릉도 본도), 죽도, 석도(독도)가 포함되어 있다고 규정했다. 다시 말해서 과거 고종이 이규원과 대화하면서 '송도'라고 부른 섬이 '대한제국 칙령 제41호'에서는 '석도'라는 새로운 이름을 얻었다. 고종이 말한 송도라는 명칭은 『동국문헌비고』(1770년)나 『만기요람』(1808년)에 나오는 구절, 즉 "우산은 왜가 말하는 송도(松島 : 당시 일본인들이 부르던 이름으로 마쓰시마이며 지금 우리나라 독도)다."라는 문장에서 유래했다고 판단되기에, 송도 대신 사용된 석도는 바로 독도를 뜻한다.

일본은 석도란 울릉도 북동쪽에 있는 관음도(觀音島)라고 주장하지만 관음도는 깍새섬이나 도항(島項)이라는 명칭을 따로 갖고 있었기 때문에 새롭게 석도라는 이름을 붙일 필요가 없었다. (호사카 유지, "일본의 관인 고지도와 '울릉도 외도'가 증명하는 한국의 독도 영유권", 「일어일문학연구」 55집 제2권, 2005년)

이렇게 하여 대한제국은 '대한제국 칙령 제41호'를 관보에 실어 석도, 즉 독도를 대한제국의 영토라는 사실을 전 세계에 선포했다. 이것은 일본이 독도를 시마네현에 강제로 편입하기 5년 전의 일이었다.

메이지 정부와
독도

메이지 유신

❋ 페리 제독의 흑선
1853년 미국의 페리 제독이
함대를 이끌고 에도(도쿄) 남
쪽 우라카항에 나타나 에도 막
부에게 개국을 요구했다.

1868년, 약 270년간 집권했던 일본의 사무라이 정권 에도 막부가 막을 내렸다. 에도 막부가 무너지는 과정부터 메이지 정부가 확립되기까지 일련의 사건들을 메이지 유신이라고 한다.

에도 막부는 1853년에 무력으로 수교를 요구한 미국의 페리 제독 앞에 무릎을 꿇어 1858년에 미국, 영국, 프랑스, 러시아, 네덜란드 등과 잇달아 통상수호조약을 맺었다. 그런데 이 통상수호조약은 관세자 주권이나 일본 체류 외국인에 대한 재판권이 없는 불평등 조약이었다. 뿐만 아니라 당시 에도 막부의 대로(大老 : 장군 보좌역)들이 고메이[孝明] 천황(1846~1867년까지 재위)의 반대를 무시하고 서양 열강들과 멋대로 맺은 조약이었기 때문에, 이에 불만을 가진 일본 각지의 무사들은 막부를 타도하기 위해 움직이기 시작했다.

결과적으로 존왕양이파(尊王攘夷派), 즉 천황을 신봉하여 서양과 주변 국가를 적으로 보는 세력이 에도 막부를 타도하는 데 성공하여 막부는 신세력에게 무혈로 에도성을 넘겨주었다. 그 뒤 에도 막부는 1867년에 대정봉환(大政奉還)을 통해 천황에게 대권을 돌려주었다.

이에 새로운 집권 세력인 존왕양이파는 천황의 친정이 옛날처럼 복원되었다고 하여 '왕정복고(王政復古)'를 선언해, 1868년 근대화와 부국강병을 목표로 하는 메이지[明治] 정부가 출범하게 되었다.

메이지 정부는 일본의 근대화, 서양화, 그리고 부국강병정책을 추진했는데 이들의 기반이 된 초슈번[長州藩 : 지금의 야마구치현(山口 縣)]과 사쓰마번[薩摩藩 : 지금의 가고시마현(鹿兒島 縣)]은 17세기 초까지는 임진왜란을 일으킨 도요토미 히데요시[豊臣秀吉]의 신하들이었다. 이 두 번 출신의 실력자들은 메이지 유신 이후에 도요토미 히데요시의 조선 침략을 일본의 해외 웅비로 미화하기 시작했다. 그러므로 에도시대(1603~1867년)에 평화로웠던 조선과 일본의 관계는 메이지 유신을 전환점으로 악화되기 시작했다.

당시 조선의 실권자였던 흥선대원군은 일본이 서양과 같은 이적(夷狄)이 되었다고 생각해 새로 출범한 메이지 정부를 인정하지 않았다. 그 결과 조선은 메이지 정부가 보낸 서계[書契 : 외교문서] 수용을 계속 거부했고, 메이지 정부에서는 일본의 새 체제를 무시하는 조선을 무력으로 쳐야 한다는 정한론(征韓論)이 고조되었다.

이런 상황에서 1870년에 메이지 정부 최고 권력기관이었던 태정관(太政官 : Dajokan)이 외무성에게 '다케시마(울릉도)와 마쓰시마(독도)가 조선의 부속이 된 경위를 조사할 것'을 명령했다.

✴ 사이고 타카모리[西鄕隆盛]
메이지 유신의 3걸 가운데 한 사람. 정한론을 주장했지만 결국 반대에 부딪혀 하야했으며, 메이지 정부에 대항해 벌인 전투에서 패해 할복자살했다.

✴ 기도 타카요시[木戶孝允]
메이지 유신의 3걸 가운데 한 사람. 초슈번의 1인자로 강화도 사건을 주도했다.

태정관이란 무엇인가

그런데 당시 일본의 최고 권력기관이었던 '태정관'이란 어떤 기관인가? 현재는 존재하지 않는 기관인 태정관은 쉽게 말하면 일본 내각의 전신이다.

1867년에 에도 막부가 존왕양이파에게 에도성을 넘겨줌으로써 메이지 정부가 들어선 뒤, 신정부는 고대 천황제 복원을 선포하여 한때 형식적으로 8~9세기 율령체제 하에 존재했던 성부기관의 명칭을 부활시켰다. 천황 친정이 부활했다는 것을 천하에 알리기 위해 그런 조치를 내린 것이다. 당시 대장성(大藏省)이라는 명칭도 부활되어 2000년에 재무성이란 이름으로 바뀔 때까지 존속했다.

태정관이란 고대 일본의 율령체제에서 천황 직속의 최고 권력기관이었다. 메이지 유신 직후의 일본에는 국회와 헌법 등이 없었기 때문에, 일단 과거에 존재했던 천황 친정체제의 형식을 부활시킨 것이다.

태정관의 수반은 태정대신(太政大臣)이고 좌 · 우대신과 그 아래에 있는 참의(參議)가 태정관의 중추적인 역할을 맡았다. 이 태정관 아래에 관료조직인 성(省)과 청(廳)이 존재했다. 성청의 각 장관들은 보통 참의가 맡았기 때문에 태정관이 성청 전체를 통치하는 체제였다.

당시 일본에서는 행정 · 사법 · 입법이라는 3권이 아직 분립되어 있지 않았기 때문에, 태정관이 각 성청에 내린 명령은 절대적으로 따라야 하는 권위를 가진 명령이었다. 즉 메이지시대 초기에 태정관은 3권을 장악하는 강력한 권력기관이었다.

이런 일본의 태정관 제도는 내각제가 시행된 1885년까지 존재했다. 그 뒤 1889년에 '대일본제국헌법'이 제정되어 1890년에는 현재의 일본 국회에 해당하는 '제국 의회'가 개설되었다. 이렇게 태정관은 1885년에 폐지되었지만 태정관이 내린 명령은 태정관이 폐지된 뒤에도 유효했고, 태정관을 계승한 내각이 지켜야 할 명령이라고 헌법에 규정되었다.

1889년에 공포된 '대일본제국헌법(메이지헌법)'에는 위헌이 아닌 한 태정관이 발한 법령 등이 유효하다는 취지의 명문 규정이 들어갔다. (메이지 헌법 제76조 제1항)

'대일본제국헌법' 제76조 제1항
법률, 규칙, 명령 또는 어떤 명칭을 사용했건 간에 본 헌법과 모순되지 않는 현행 법령(태정관 법령)은 모두 따라야 한다.

따라서 1885년에 태정관이 폐지된 뒤에도 태정관에서 내린 각종 명령이나 포고 등은 효력을 지니게 되었다.

그러면 일본의 현행 '일본국헌법' (1946년 시행)은 태정관이 반포한 법령의 효력에 관해 어떻게 규정하고 있는가? 현행 '일본국헌법'에는 이에 대한 명문 규정이 없다. 하지만 일본이 내린 해석을 보면, '메이지헌법'에서 명령 사항으로 되어 있던 것들은 헌법에 위

✛ 메이지헌법 발포도
1889년 2월 11일, 메이지 천황 무쓰히토는 '대일본제국헌법(메이지헌법)'을 발포했다.

배되지 않는 한 '일본국헌법'에서도 명령의 효력이 있다고 되어 있다. 이에 대해 '메이지헌법'에서 법률 사항으로 되어 있던 것은 원칙적으로 1947년 12월 31일을 기한으로 그 효력이 정지되었다. ('"일본국헌법" 시행 때 실제로 효력을 갖는 명령 규정의 효력 등에 관한 법률' 제1조)

이 때문에 태정관이 내린 명령은 '메이지헌법'뿐만 아니라 현행 '일본국헌법'에서도 헌법에 위배되지 않는 한 명령으로서의 효력을 그대로 갖고 있는 것이다. 이것이 독도에 관한 태정관 분서들이 지금까지도

✤ 일본국헌법 발포
일본헌법의 발포는 메이지헌법을 개정하는 형식으로 이루어졌다. 쇼와 천황 히로히토[裕仁]가 인가하여 공포하는 형식이었다.

효력이 있음을 입증하는 근거다. 그러므로 그것을 잘 아는 일본 정부는 독도 영유권 문제가 일본에게 불리하게 돌아갈 가능성이 있는 '태정관 지령문'에 대한 국회에서의 질문에 대해 항상 '답변할 수 없다'고 답변을 거부하는 것이다.

메이지 정부 공문서 : 다케시마(울릉도) · 마쓰시마(독도)가 조선의 부속이 된 전말

이제 일본 연구자들이 깊이 연구하려고 하지 않거나 왜곡을 일삼는 문서에 대해 살펴보기로 하자. 먼저 1870년에 외무성 관리 사다 하쿠보[佐田白茅] 등이 쓴 『조선국교제시말내탐서(朝鮮國交際始末內探書)』에 수록되어 있는 「다케시마 · 마쓰시마가 조선의 부속이 된 전말(竹島松島朝鮮付屬ニ相成候始末)」이다.

이 문서는 1870년에 일본의 태정관이 다케시마(울릉도)와 마쓰시마(독도)가 조선의 영토가 된 경위를 조사하라는 명을 내린 데 대한 보고서다. 그러면 먼저 이 문서가 나온 배경부터 살펴보자.

메이지 정부가 출범한 당시 흥선대원군이 이끄는 조선은 메이지 정부에서 보낸 서계(외교문서) 수령을 거부했다. 새로운 메이지 정부 출범을 흥선대원군이 인정하지 않았기 때문이다. 그러므로 1870년 3월에 메이지 정부는 사다 하쿠보[佐田白茅], 모리야마 시게루[森山茂] 등을 조선에 파견했다.

✤ 부산 왜관 기념비
부산시 동구 초량동에 있다.

사다 하쿠보와 모리야마 시게루는 부산 왜관에서 조선과의 국교 수립을 위한 예비 교섭을 가졌다. 하지만 사다는 이때 메이지 정부를 인정하지 않으려는 조선 측의 태도에 분개했고, 4월에 일본으로 귀국한 뒤 메이지 정부에 조선을 무력으로 침공해야 한다고 정한론을 주장하기에 이르렀다.

한편 사다 등이 당시 태정관에게 보고한 내용에는 독도가 조선의 부속 도서라는 내용이 적힌 문서가 포함되어 있었다.

✤ 「조선국교제시말내탐서」 표지

✤ 부산 왜관도

조사를 맡은 사다 하쿠보[佐田白茅] 등은 이와 같은 보고서를 메이지 정부 태정관에게 제출했다. 여기에 기록되어 있는 내용을 살펴보면 다음과 같다.

> [다케시마 · 마쓰시마가 조선의 부속이 된 전말]
> 이 건에 대해서 마쓰시마[松島]는 다케시마[竹島]의 이웃 섬이지만 마쓰시마에 대해서 지금까지 게재된 공문서가 없다. 다케시마에 대해서는 겐로쿠[元祿]시대(1688~1703년) 이후에는 잠시 조선에 체류하기 위해 (사람을) 보내 두었으나 (그 뒤에는) 이전과 같이 무인도가 되었다. 대나무 혹은 대나무보다 굵은 갈대가 자라며 인삼 등이 자생한다. 그 외에 어로 활동도 상당히 활발하게 할 수 있다.

✤ 다케시마 · 마쓰시마가
조선의 부속이 된 전말

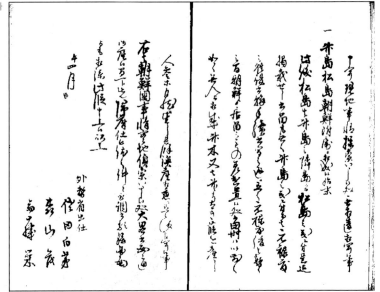

이 보고서의 내용을 보면 다케시마(竹島)는 울릉도를 가리킨다는 사실을 알 수 있다. 일본인들은 정부 차원에서는 1880년까지 울릉도를 다케시마라고 부르고 있었다. 이 문서에는 겐로쿠시대(1688~1703년) 다케시마(울릉도)에 조선인들이 잠시 거주했다가, 그 뒤 다시 무인도가 되었고 대나무, 갈대, 인삼 등이 나고 어업도 가능하다는 것 등이 적혀 있다. '겐로쿠시대에 조선인들이 잠시 거주했다.'는 말은 1692년부터 1696년까지 안용복을 비롯한 조선의 어부들이 울릉도에 들어가 어업을 했다는 사실을 가리키고 있다. 이런 기술로 보아 여기서 언급된 다케시마는 울릉도를 가리키고 있다는 것을 충분히 알 수 있다.

그리고 일본 정부는 1880년까지 독도를 마쓰시마(松島)라고 부르고 있었다. 그런데 일본 학자들은 이 문서에 나오는 마쓰시마는 독도가 아니라고 억지 주장을 편다. 마쓰시마가 독도라면 이 문서로 메이지 정부가 독도를 조선의 영토로 인정한 셈이 되므로 일본 학자들은 온갖 왜곡논리로 이 문서에 나오는 마쓰시마가 독도가 아님을 입증하려 하고 있다.

문서를 보면, 마쓰시마(독도)에 대해서는 공문서가 없다고 나오는데 그것은 독도에 대한 사다 하쿠보 등의 조사가 미흡했다는 것을 나타낸다. 에도시대의 고문서 가운데는 독도인 마쓰시마에 대한 언급이 남아 있지만 그런 고문서는 17세기 말과 1830년대에 집중되어 있기 때문에, 사다 하쿠보 등은 그런 고문서를 찾지 못했던 것으로 보인다.

사다 하쿠보 등이 고문서에 나타난 마쓰시마에 대해 제대로 조사했다면, 마쓰시마(독도)가 조선의 영토라는 인식이 17세기 이후 일본인들의 공통된 인식이었다는 것을 알게 되었을 것이다.

문서에 나타난 마쓰시마에 대해 현재 일본 학자들은 이것이 무슨 섬인가에 대해서는 결론을 내리지 않는다. 다만 독도일 가능성이 없다는 식으로 회피성 언급만을 되풀이하고 있다.

그리고 일본 학자들 가운데는 1882년에 울릉도 검찰사로 임명된 이규원이 울릉도를 조사했을 때 독도를 목격하지 못했기 때문에, 조선조가 독도를 자신의 영토로 삼은 적이 없다고 주장하는 사람들도 있다. 그렇게 주장하는 대표적인 학자는 일본 다쿠쇼쿠(拓殖) 대학의 시모조 마사오(下條正男) 교수다. 그의 주장은 다음과 같다.

[시모조의 주장]

이 보고서의 표제에 있듯이 사다 하쿠보는 다케시마(울릉도)와 마쓰시마가 조선의 부속이 되었다고 했지만, 그것을 설명한 이 문장은 정확성이 결여되어 있었다. 다케시마(울릉도)에 대한 설명은 문제없지만 마쓰시마에 대해서는 '지금까지 게재된 공문서가 없다.'고 하여 조선의 부속 섬이라고 말한 근거를 제시하지 못했기 때문이다.

그리고 마쓰시마는 독도를 뜻하는데 이 보고서에 기재된 마쓰시마가 독도라면 그것을 이 보고서에서 거론한 것 자체가 이상하다. 왜냐하면 독도는 과거 조선령이 된 역사적 사실이 없고 영토 분쟁의 대상이 된 적도 없기 때문이다.

이와 같이 사다 하쿠보의 이 보고서는 오해의 소지가 있기 때문에, 그 뒤에 한일 국교정상화 교섭 중에 독도 귀속 문제가 부각되었을 때 한국 측은 이 보고서를 가리켜 일본 측도 독도를 조선령으로 보고 있었다는 증거로 삼아 왔다.

하지만 한국 측 주장에는 무리가 있다. 사다 하쿠보가 1870년 시점에서 독도는 '조선의 부속이 되었다.'고 주장한 것이라면 조선 정부도 당연히 그렇게 인식했을 것이다. 그러나 이규원이 울릉도 답사를 실시한 1882년 5월의 시점에서도 조선 측이 울릉도의 속도로서 인식한 섬은 울릉도 옆에 있는 소도(죽서)까지였고 독도에 대해서는 그 존재조차 모르고 있었기 때문이다.

-下條正男, 『다케시마는 한일 어느 쪽의 것인가(竹島は日韓どちらのものか)』, 2004년, 117~118쪽

이와 같이 시모조 마사오는 마쓰시마(독도)가 조선의 부속이 된 역사가 없다고 주장하고 있다. 하지만 마쓰시마(독도)는 에도시대에 '다케시마 안에 있는 마쓰시마[竹島內松島]', '다케시마 근처에 있는 마쓰시마[竹島近處松島]' 등의 말로 울릉도의 부속도서로 인식되고 있었다. (가와카미, 1966년, 75쪽) 그렇기 때문에 울릉도가 조선의 부속으로 결론이 난 17세기 말 이후에도, 울릉도는 물론이고 그 부속도서인 독도도 조선령으로 인식되고 있었다는 사실은 누가 봐도 명백하다.

그리고 1882년에 울릉도로 파견된 이규원이 독도를 몰랐다고 하지만 이규원을 울릉도로 보낸 고종은 독도를 '우산도'라고 하여 이규원에게 울릉도와 죽도(울릉도 동쪽 약 2킬로미터 거리에 있는 소도), 우산도(독도) 등 3개 섬에 대한 조사를 명했다. 그렇기 때문에 고종의 인식을 무시하고 이규원의 인식만을 강조하는 것은 또 하나의 왜곡이라 하지 않을 수 없다.

그러면 울릉도의 이웃 섬 가운데 마쓰시마라는 명칭을 가진 섬은 무엇인가? 그것은 독도밖에 없다. 울릉도에서 동쪽으로 2킬로미터 정도 떨어진 섬은 마쓰시마라고 불린 적이 없고 죽서 혹은 죽도라고 불렸기 때문에, 이 문서에서 말하는 울릉도의 부속도서이자 이웃 섬은 독도밖에 없다.

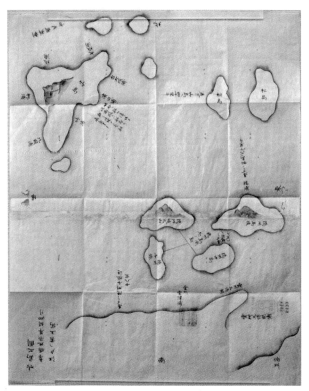

✱ 돗토리번이 18세기에 에도 막부에 제출한 죽도 지도. 마쓰시마[松島 : 독도]가 잘 기재되어 있다.

결론적으로 사다 하쿠보 등은 마쓰시마(독도)에 대한 조사를 제대로 못했지만 그들이 '다케시마(울릉도)와 마쓰시마(독도)가 조선 부속'이라는 사실을 인정한다는 전제 하에 조사했다는 점, 즉 독도를 조선의 영토로 인정했다는 것은 움직일 수 없는 사실이다.

태정관 지령문(1877년)에 언급된 독도

* 태정류전(太政類典)
「일본해 내 다케시마 외 일도를 판도 외로 정한다(日本海内竹島 外一島ヲ版 図外ト定ム)」가 들 어 있는 공문서집 표지

현재 대부분의 일본 학자들은 메이지시대 초기에 외무성이 독도를 '조선 부속', 태정관이 독도를 '일본 영토 외'로 인정한 공식 문서가 존재한다는 사실에 대해 거의 언급하지 않는다. 일본의 독도 영유권 주장에 절대적으로 불리하기 때문에 일부러 은폐하고 있는 셈이다. 그것이 바로 앞에서 언급한 1870년의 '조선국교제시말내탐서'와 여기서 언급할 1877년의 이른바 '태정관 지령문'이다.

1877년에 태정관은 동해 내 '다케시마(竹島) 외 일도(外一島)'는 일본과 관계가 없다고 하면서, 독도가 조선 영토라는 사실을 인정한 바 있다. 그 경위를 살펴보면 다음과 같다.

일본 내무성은 1876년에 시마네현(島根県)의 지적(地籍)을 조사했다. 이때 시마네현은 울릉도와 독도를 시마네현의 지도와 지적에 포함시켜도 되는지 내무성에 문의했다. 내무성은 시마네현 자체의 조사 결과에 따라 포함시키는 것이 타당하다고 판단되면 포함시키라고 답했다. 이에 시마네현은 두 섬의 역사를 조사하여 내무성에 보고했다. 그 보고서를 보면 시마네현은 '다케시마(울릉도) 외 일도(外一島)'에 대해 에도시대에는 일본의 영토가 아니었다는 사실을 인정하면서도, 시대가 바뀌었기 때문에 자기 현의 지적에 포함해도 되는지를 물어보고 있다. 즉 현재 독도 영유권을 주장하고 있는 시마네현은 1877년까지는 독도를 일본의 영토로 인식하지 않았음을 알 수 있다.

내무성은 시마네현의 조사와 자신들의 조사 결과를 태정관에 제출하여 두 섬의 귀속에 대해 물었다. 내무성은 17세기 말에 에도 막부가 조선과 주고받은 문서들, 특히 17세기 말에 일어난 조일 간의 울릉도 분쟁인 '다케시마(울릉도) 일건(竹島一件)'의 기록들을 조사했다. 그 결과 두 섬의 귀속에 관한 문제는 이미 1699년에 끝난 문제로, 내무성은 울릉도와 독도가 일본 영토가 아니라는 사실을 인정하게 되었다. 하지만 영토에 포함시킬지 여부는 중요한 문제이므로 내무성은 태정관에게 최종 결정을 의뢰한 것이다.

이에 태정관은 '다케시마 외 일도는 본방(일본)과 관계가 없다(本邦關係無之)'는 것을 명심할 것'이라고 결론을 내렸고, 그 결론을 「일본해 내 다케시마 외 일도를 판도 외로 정한다(日本海內竹島外一島ヲ版図外ト定ム)」라는 문서로 정리해 1877년 3월 29일 내무성에 하달했다. 여기서 '일본해'란 '동해'를 가리키는 일본말이다. 내무성은 같은 내용을 외무성에 보냈고 시마네현에도 하달했다.

내무성에서는 태정관의 지령을 「일본해 내 다케시마 외 일도 지적편찬방사(日本海內竹島外一島地籍編纂方伺)」라는 문서에 정리해 보관했다. 그러므로 시마네현은 당시 태정관의 지령을 받은 입장이므로 다케시마(울릉도)와 외 일도(마쓰시마 : 독도)가 일본 영토가 아니라 조선 영토라는 것을 숙지하고 있었으며, 일본 외무성도 마찬가지였다.

✱ 공문록(公文錄)
「일본해 내 다케시마 외 일도 지적편찬방사(日本海內竹島外一島地籍編纂方伺)」가 들어 있는 공문서집 표지

태정관 지령문의 본문

「일본해 내 다케시마 외 일도를 판도 외로 정한다(日本海內竹島外一島ヲ版図外ト定ム)」의 번역문은 다음과 같다.

3월 29일(10년 : 메이지 10년, 1877년)

「일본해 내 다케시마(竹島) 외 일도(外一島)를 판도 외로 정한다」

내무성의 조회

다케시마(울릉도) 소할(所轄)의 건에 대해 시마네[島根]현으로부터 별지로 조회가 있어 조사한 바, 해당 섬의 건은 겐로쿠[元祿] 5년(1692년) 조선인이 입도(入島)한 이래 별지 서류에 진술한 대로 겐로쿠 9년(1696년) 정월 [제1회] 이전 정부가 (조선 측과) 의견을 교환하기 위해 [제2회] 역관에 서장을 보내 [제3회] 해당국을 왕래하여 [제4회] 본방(일본)의 회답 및 구상서 등에 있듯이 겐로쿠 12년(1699년)에 서로 왕복이 끝나 본방과 관계가 없는 것으로 결론이 났다고 들었습니다. 하지만 (영토) 판도의 취함과 버림은 중대한 일이므로 별지 서류를 첨부해 확인하기 위해 이것을 여쭈어 봅니다.

3월 17일 내무성

조회의 취지인 다케시마 외 일도(독도)의 건은 본방(일본)과 관계가 없는 것으로 명심해야 한다.

3월 29일

위의 내용은 17세기 말 "다케시마(울릉도)"와 "외 일도(독도)"가 '일본 영토'가 아니라는 사실을 확인하고 있다. 그런데 일본의 일부 학자들은 독도가 일본의 영토가 아니었다고 언급했다 해도, 그것이 조선의 영토가 되었다는 의미는 아니라고 강변한다. 그리고 "외 일도"는 '다른 한 섬'이라는 뜻인데 그 섬이 독도라고 단정할 수는 없다고 주장한다.

하지만 울릉도는 17세기 말에 '조선의 울릉도'로 인식되어 조선령으로 확정되었다. 그것을 태정관 지령문에서는 '(울릉도가) 일본 영토 외부에 있다.'고 우회적으로 표현했을 뿐이다. 17세기 말에도 에도 막부 는 울릉도를 조선의 영토로 인정하 면서도 '다케시마(울릉도)에 대한 도 해를 금지한다.'는 우회적 표현을 사용했다. 그렇기 때문에 1877년에 도 일본외 표현 방법은 마찬가지였 다고 봐야 한다.

그리고 "외 일도"를 독도라고 단 정할 수 없다는 일본 측의 반박에 는 이 문서에 붙은 별지문서가 확 실한 답을 준다. 「일본해 내 다케시 마 외 일도를 판도 외로 정한다」라 는 문서의 4~5쪽에는 다음과 같은 내용이 나온다.

✤ 「일본해 내 다케시마 외 일도 를 판도 외로 정한다」의 첫 번째 페이지

(그 섬은) 이소타케시마[磯竹島] 또는 다케시마[竹島]라고 칭하여 오키국의 북서 120리 정도에 있다. 둘레가 약 10리 정도인데 산이 준험(峻險)해 평 지는 별로 없다. 그리고 강이 세 줄기 흐르고 폭포가 있다. 하지만 계곡 이 깊고 조용하며 수목과 대나무가 주밀(綢密)해 그 원천을 알지 못할 정 도다. 눈에 자주 띄는 식물은 소나무, ○○, 동백나무, 떡갈나무, 오동나 무, ○○○, 동물로는 물개, 고양이, 쥐, 참새, 비둘기, 오리, ○○, 제비, 매, ○○, 박새 등이며, 기타 모래나 바위 등이 녹청색이다. 어패류는 하 나하나 거론할 수 없을 정도로 많다. 이들 가운데 물개(강치)와 전복이 물산 중 최고품이다. 전복을 잡기 위해 저녁에 대나무를 바다에 던져 아 침에 이것을 끌어 올리면 나뭇가지와 이파리에 전복이 상당히 많이 붙

어 있다. 그 맛은 매우 뛰어나다. 그리고 물개 한 마리로 몇 두(斗 : 일본의 1두는 약 1.8리터)의 기름을 얻을 수 있다.

다음에 일도(섬 하나)가 있는데 마쓰시마(松島)라고 부른다. 둘레(周圍)는 약 30정(町 : 1정은 약 109미터, 30정은 약 3.3킬로미터)인데 다케시마와 동일한 항로에 있고 오키섬에서 80리 정도 떨어져 있다. 나무나 대나무는 드물고 물고기와 짐승을 잡을 수 있다.

太政類典

鹿一頭低ク數斗ノ油ヲ得ヘシ次ニ一島アリ松島
ト呼ブ周回三十町許竹島ト同一線路ニアリ隠岐
ヲ距ルコト八十里許樹竹稀ナリ亦鳥獣ヲ産ス永禄中伯
耆國會見郡米子町商大屋陵大谷ト甚吉航シ
越後ヨリ歸リ颶風ニ遇ヒ此地ニ漂流遂ニ全
島ヲ巡視シ顧ルニ魚貝ニ富ル蔵リ歸國ノ日驗使
安倍四郎五郎将ニ戦命セ申ニ一図ニ彼地ヲ介シテ
後渡海セントシ請フ安倍氏ヨリ江戸ニ紹介シテ許可ノ
書ヲ得タリ實ニ元和四年五月十六日ナリ
從伯耆國米子竹島先年松嶋渡海ノ由
倭然ハ如其今度致渡海度ト状米子
町人村川市兵衛大屋甚吉申上付テ
達上聞候ハ之不可有異儀ノ旨被仰出

✷ 「일본해 내 다케시마 외 일도를 판도 외로 정한다」 5페이지

인용문의 첫 번째 단락은 다케시마, 즉 울릉도에 대한 설명이다. 그런데 두 번째 단락, 즉 밑줄 친 문장은 "외 일도"에 대한 설명이다. 일본의 거의 모든 학자들은 이 부분을 일부러 해석하지 않는다. 왜냐하면 이 인용문에서 "외 일도"를 "마쓰시마"라고 했는데, 그 둘레가 약 3.3킬로미터이며 오키섬에서 울릉도로 갈 때와 같은 항로에 있다고 했다. 또 그 섬과 오키섬의 거리가 80리인데 물고기와 짐승을 잡을 수 있다고 나와 있으니 분명 독도에 대한 설명이기 때문이다.

여기서 "외 일도", 즉 마쓰시마에 관해 좀 더 세밀하게 해석해 보자. 마쓰시마의 둘레가 약 30정(3.3킬로미터)이라고 했는데 이 말에 대해 살펴

보자. 먼저 이런 마쓰시마(독도)의 둘레에 대한 정보는 어디서 왔는가? 돗토리 현립 박물관의 '오다니 이효에 제출 다케시마 회도[小谷伊兵衛より差出候竹嶋之絵図]'에는 동일한 내용이 기재되어 있다. 이 회도는 돗토리번이 1696년 1월에 울릉도와 독도가 일본땅이 아니라는 보고를 에도 막부에 올렸을 때 작성해서 함께 올린 '울릉도·독도 회도'다. 이 회도를 보면, 마쓰시마의 동도 옆에 "마쓰시마의 외주(外周)는 30정(松嶋大回 り三拾町)"이라고 적혀 있다.

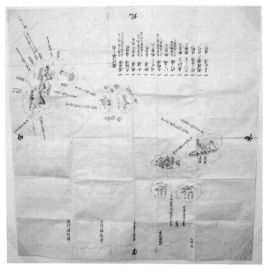

＊ 오다니 이효에 제출 다케시마 회도 전체도(1696년)

여기서 일본어의 '大回り'란 동도, 서도의 둘레를 각각 측량해서 합한 거리가 아니라, 동도와 서도를 하나의 섬으로 보고 두 섬이 마주보는 부분의 측면 길이를 제외해 크게 두 섬의 외주를 측량한 거리라는 의미다.

이 회도에 기재되어 있는 "마쓰시마의 외주는 30정"이라는 내용은 '태정관 지령문'(1877년)의 "외 일도"에 관한 기술 "다음에 일도(섬 하나)가 있는데 마쓰시마(松島)라고 부른다. 둘레(周圍)는 약 30정……"으로 연결된 모양이다.

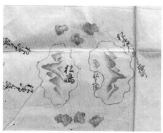

＊ '오다니 이효에 제출 다케시마 회도'의 마쓰시마 부분. 마쓰시마(독도)의 동도 오른쪽에 '松嶋大回り三拾町(마쓰시마의 외주는 30정)'이라고 적혀 있다. /돗토리 현립 박물관 소장, 8443호

그런데 태정관 지령문의 "외 일도"에 관한 내용을 내무성에 보고한 것은 시마네현이었다. 그리고 '오다니 이효에 제출 다케시마 회도'는 돗토리번에서 작성한 회도다. 현재 돗토리 현립 박물관에 소장된 이 회도의 내용이 왜 1877년에 시마네현에 전달되었고 내무성으로 보고되었을까?

돗토리헌의 역사를 찾아보면, 1877년에는 시마네현에 흡수된 상태였다. 1876년 8월 21일에 돗토리현은 시마네현에 합병되었고, 1881년 9월

12일까지 합병 상태가 지속되었다. 그러므로 내무성이 시마네현에 울릉도에 대해 조회한 1876년 10월 5일 시점에는 돗토리현은 존재하지 않았고 시마네현의 일부가 된 상태였다. 그러므로 시마네현은 당시 구 돗토리번의 자료를 관리하는 입장이었기 때문에, 내무성이 조회하자 구 돗토리번의 자료를 참고해 조사를 벌여 회답서를 작성해 내무성에 송부했는데 그 문서가 '태정관 지령문'에 포함된 것이다. 그러므로 '태정관 지령문'에 언급된 "외 일도"는 그 둘레로 볼 때, 확실하게 독도라고 볼 수 있다.

또 하나의 논점은 "외 일도", 즉 마쓰시마가 "오키섬에서 약 80리"라고 나와 있는 부분이다. 80리를 지상의 리(里 : 일본의 1리는 약 4킬로미터)로 생각할 때 80리는 320킬로미터가 된다. 그런데 오키섬과 독도 사이의 거리는 157.5킬로미터다. 그러면 여기서 말하는 마쓰시마는 둘레로는 독도라고 할 수 있지만, 오키섬과의 거리로 보면 지금의 독도라고 보기 어렵다.

그런데 오키~독도 사이의 거리가 80리라는 표현은 앞에서 언급한 '오다니 이효에 제출 다케시마 회도'에도 기재되어 있다. 이 회도에는 오키섬과 마쓰시마(독도) 사이에 "오키에서 마쓰시마에 도해 약 80리[隱岐より松島江渡海八十里程]"로 적혀 있다. 즉 태정관 지령문에 나오는 "외 일도(마쓰시마 : 독도)"의 둘레와 오키섬~독도(마쓰시마) 간의 거리는, 1696년 1월에 돗토리번이 에도 막부에 제출한 회도 등을 보면서 시마네현이 작성한 것이다.

뿐만 아니라 오키섬~독도(마쓰시마) 간의 거리가 80리라는 것은 1696년 1월에 돗토리번이 에도 막부에 보낸 '각서(覺)'에도 명확히 적혀 있다.

1696년 1월에 돗토리번이 에도 막부에 제출한 '각서'의 마지막 두 행에는 다음과 같이 쓰여 있다.

1. 후쿠우라(오키섬의 항구)에서 마쓰시마까지 약 80리[福浦より松島入江八十里程]

2. 마쓰시마에서 다케시마까지 약 40리[松島より竹島江四十里程]

17세기 말쯤에 오키섬에서 독도(마쓰시마)까지의 거리는 바로 80리로 알려져 있었다. '태정관 지령문'은 이런 문서들을 참고해 "외 일도"에 대해 언급한 것이다. 그러므로 약 80리란 오키섬과 마쓰시마(독도) 사이의 157.5킬로미터에 해당된다.

이처럼 일본은 당시 지상의 리(里)를 해상의 리(里)와 구별해서 사용하고 있었다. 17세기에 이미 해양국가가 된 일본은 해상의 리(里)에 대해서는 해리(海里)를 쓰고 있었던 것 같다. 현재 1해리는 1.852킬로미터이므로 80리(80해리)는 약 149킬로미터(1.852×80= 약 149)가 된다. 이 수치는 오키섬에서 독도까지의 실제 거리인 157.5킬로미터에 매우 가깝다.

그리고 '태정관 지령문'에서는 "외 일도"에 대해 설명하는 마지막 부분에, "나무나 대나무는 드물고 물고기와 짐승을 잡을 수 있다."고 했다. 이 기술도 독도에 대한 묘사다. 원래 독도에는 대나무는커녕 나무 자체가 거의 없다. 현재 독도에는 나무들이 약간 있지만 그것은 1945년 이후 한국인들이 심어 놓은 나무들이다. 그리고 지금도 독도 주변에는 물고기가 많고, 1877년 당시에는 짐승들, 즉 강치라는 작은 물개가 굉장히 많이 서식하고 있었다.

이것만 봐도 '태정관 지령문'에서 언급한 "외 일도"는 바로 '독도'라는 사실을 충분히 알 수 있다. 그렇다면 태정관이 "다케시마 외 일도"가 일본의 영토가 아니라고 못 박았으니, '울릉도와 독도'는 당시 일본 정부에서도 자국의 영토가 아니라고 확실히 알고 있었다는 것이다.

현재 일본 정부는 이런 사실을 잘 알고 있기 때문에 '태정관 지령문'

에 대해서는 '침묵'을 지키고 있다. 왜냐하면 태정관의 명령은 헌법에 위배되지 않는 한 현재까지도 유효하다는 것이 일본 내의 법적 해석이기 때문이다.

이미 언급했듯이 태정관의 명령은 1889년에 제정된 메이지헌법 하에서도 유효했다. 하지만 1905년 1월 28일에 일본 내각은 각료회의를 열어 독도를 무명, 무국적지(무주지), 무인도로 규정한 뒤에, 원래 울릉도에 붙여 부르던 다케시마라는 이름을 독도에 붙인 뒤에 독도를 시마네현에 편입하는 결정을 내렸다. 독도는 무명도 아니었고 무주지도 아니었다. 메이지 정부는 '태정관 지령문'을 무시한 채, 1905년에 독도를 무명이자 무주지로 규정해 시마네현으로 편입하는 속임수를 썼다.

이소타케시마[磯竹島] 약도

2006년 일본의 이시카와현[石川県] 가나자와시[金沢市]에 거주하던 우루시자키[漆崎] 목사는 일본 정부의 문서 은폐를 폭로했는데, 그 경위는 다음과 같다.

'태정관 지령문'에는 두 가지가 있는데, 모두 일본의 국립공문서관에 소장되어 있다. 하나는 「일본해 내 다케시마 외 일도를 판도 외로 정한다(日本海內竹島外一島ヲ版圖外ト定ム)」라는 문서이고, 다른 하나는 「일본해 내 다케시마 외 일도 지적편찬방사(日本海內竹島外一島地籍編纂方伺)」다. 두 문서는 내용이 거의 같지만, 전자는 태정관이 내무성에 하달한 원래의 문서이고 『태정류전(太政類典)』이라는 문서집 속에 들어 있다. 후자는 내무성이 '태정관 지령문'과 관계 문서를 정리해 『공문록(公文錄)』이라는 문서집에 보관해 놓은 것이다. 그리고 전자는 국립공문서관의 인터넷사이트에 들어가 확인할 수 있고 인쇄할 수도 있다.(http://www.digital.archives.go.jp/DAS/meta/MetSearch.cgi) 하지만 후자는 웹상에서는 이름만 검색할 수 있을 뿐, 그 내용을 확인할 수는 없다.

사실 2005년쯤에는 「일본해 내 다케시마 외 일도 지적편찬방사」 문서도 마이크로 필름자료로 공개되어 있었지만, 화상 상태가 매우 좋지 않아 국립공문서관을 직접 방문해 확인하기도 했다. 그런데 최근에는 화상자료 공개를 아예 중단한 것으로 보인다.

　뿐만 아니라 2005년에 필자가 일본 국립공문서관을 찾아 화상자료가 아닌 원본을 열람하고 싶다고 요청했을 때, 공문서관 직원이 원본이라고 말하면서 가져온 책은 사실 원본이 아니었다. 그 가짜 원본은 원본을 읽기 어려운 초서체로 바꿔 쓴 의도적인 필사본이었다.

　「일본해 내 다케시마 외 일도 지적편찬방사」가 들어 있는 『공문록』 전체를 '읽기 어려운 초서체'로 일부러 필사했다는 사실과, 일본 측이 그렇게 한 이유를 필자는 나중에야 알게 되었다. 그 이유는 원본에는 태정관이 '일본 영토 밖에 있다고 정한 두 섬'이 바로 '울릉도와 독도임을 나타내는 부도가 삽입되어 있었기 때문'이다. 그 부도는 '이소타케시마 약도[磯竹島略圖]'라는 명칭으로 울릉도, 독도, 그리고 오키섬의 위치를 표시해 놓은 지도였다.

✤ '이소타케시마 약도'

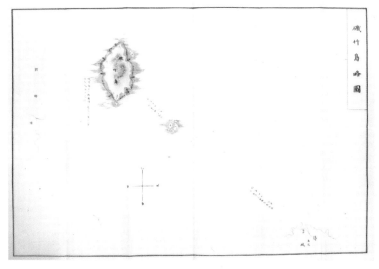

明治十年三月廿日　同廿七日　指令按

右開申候

参議　大隈　□□　大木

卿輔

別紙内務省伺日本海内竹島外一島地籍

編纂之件右者元禄五年朝鮮人入島以来

旧政府該国卜往復之末遂ニ本邦関係無

之相聞候段申立候上ハ伺之趣ニ依テ

取調可然哉

伺之趣書面

書面竹島外一島之義本邦関係無之義ト可相心得事

本邦ト関係無之事

太政官指令公文

＊ 대정관 지령문 필사본

明治十年三月廿日　本局

大臣
　参議
御中

別紙内務省伺日本海内竹嶋外一嶋地籍
編纂之件右ハ元禄五年朝鮮人入嶋以来旧
政府該國ト往復之末遂ニ本邦関係與之相聞
候段申立候上ハ伺之趣御聞置方ニ通御指令
相成可然哉此段相伺候也

御指令按
書面竹島外一嶋ハ義本邦関係無
之義ト可相心得事

❋「일본해 내 다케시마 외 일도 지적편찬방사」 진품 원본 1페이지

그 부도에는 독도가 2~3개의 암초들과 함께 두 섬(동도와 서도)으로 그려져 있고, 그 두 섬 위에 '松島(마쓰시마 : 독도)'라고 적혀 있다. 바로 이 부도야말로 '일본 영토 바깥'에 있는 것으로 결정된 두 섬이 다케시마(울릉도)와 마쓰시마이고, 마쓰시마가 독도라는 것을 확실히 보여 준다.

일본은 이 부도를 은폐하기 위해 문서 전체를 필사까지 해가면서 가짜 원본을 만들었고, 그것이 마치 진품 원본인 것처럼 내놓아 세인의 눈을 속이고 있는 것이다. 그리고 누군가가 진품 원본의 존재를 알게 되어 진품을 보여 달라고 신청해도 현재는 '상당한 이유가 없는 한 열람할 수 없다'는 말로 거절하고 있다. 일본은 독도가 자국의 영토라고 주장하면서 왜 이렇게 떳떳하지 못한 행동을 하는가?

＊ '이소타케시마 약도'의 마쓰시마(독도) 부분 확대도. 태정관이 일본 영토 바깥에 있다고 확정한 '외 일도(外一島)'인 마쓰시마(松島 : 독도)가 그려져 있다.

일본이 문서를 은폐하는 이유

2006년 9월, 《연합뉴스》와 필자는 1877년의 '태정관 지령문' 복사본을 몇 부 준비하여 중요한 부분에 빨간 표시를 한 뒤에, 일본 정부, 자민당, 민주당, 공명당, 사민당, 공산당 등에 보내, 메이지 정부가 '독도는 일본 영토 바깥에 있다.'고 결정한 내용에 대해 어떻게 생각하는지를 물었다. 거기에는 '태정관 지령문'이 작성된 경위에 대한 설명과 질의 등이 함께 들어 있었다.

그런데 그들 가운데 호의적인 답을 보내온 정당은 공산당뿐이었다. 공산당은 독도는 일본 영토라는 전제를 두었지만, "다케시마(독도)가 일본에 편입되었던 1905년은 일본이 한국을 침략하는 과정이었다는 것을 인정한다. 그러므로 이 문제에 대해 한일 양국은 마음을 열어 놓고 의논해야 한다."는 내용이 담긴 메일을 보내 왔다.

자민당에서는 답이 오지 않았기 때문에 《연합뉴스》의 김용수 편집국장이 직접 전화를 걸어봤더니, 그쪽 담당자는 "그 문서는 독도가 일본 영토 바깥에 있다고 했을 뿐 조선땅이라고 말하지는 않았다."고 신경질적인 반응을 보였다고 한다.

다른 정당들은 답장을 보내오지 않았다. 그러므로 김용수 편집국장이 일본 정부(외무성)에 직접 전화를 걸어 답변을 요청했지만, 두 달이 지나도록 답장이 오지 않았다. 그러므로 그는 주한 일본대사관에 요청해 '태정관 지령문'에 대한 질문에 일본 정부가 답변해 줄 것을 거듭 요청했다. 일본 정부는 이에 "이 문서의 존재는 알고 있지만 현재 조사하는 중이다."라는 짧은 답을 재한 일본대사관을 통해 메일로 통보했다.

《연합뉴스》는 오래전부터 알고 있었던 '태정관 지령문'을 지금까지도 조사하고 있다는 일본 정부의 답장은 사실상 그들의 난처한 입장을 말해 주고 있다고 판단해, "1877년에 일본 정부는 독도를 조선의 영토로 인정했다."는 취지의 뉴스를 내보냈다. 그로부터 3개월 뒤에 《연합뉴스》는 일본 정부에 다시 정식 답장을 요청했지만, 일본 정부는 또다시 "아직 조사 중"이라는 답변만을 보내 왔다. 결국 일본 정부는 '태정관 지령문'을 계속 조사할 것이고 아마도 100년 뒤에도 조사가 끝나지 않을 것으로 보인다.

2009년 1월에는 일본 국회에서 아소 타로[麻生太郎] 당시 일본 총리에게 '태정관 지령문'에 대한 질의가 있었다. 이에 아소 총리는 "이 문제는 영토 문제이므로 답변할 수 없다."고 답변을 피했다. 결국 일본의 독도 영유권 주장에 치명적이고 부정적인 영향을 주는 것이 바로 이 '태정관 지령문'이다.

독도를 일본의 고유 영토라고 주장하는 일본 측의 논리는, 1870년과 1877년의 문서로 인해 파탄날 것이 불을 보듯 뻔하다. 그럴 경우 일본은 1905년에 독도를 자국의 영토로 편입했다는 논리로 후퇴할 수밖에 없다. 이렇게 되면 1905년 이전에는 독도기 한국의 영토였을 가능성이 높고, 일본이 1905년에 한국으로부터 독도를 탈취했다는 논리가 형성되기 쉽다. 그러므로 일본 정부는 1877년의 '태정관 지령문'이 대중에게 알려지지 않도록 사실상 자유 열람을 금지하는 등 선진국이라 할 수 없을 만큼 비열한 태도를 취하고 있는 것이다.

2006년 9월 일본 정부에 보낸 질의문 전문

1. 일본 정부는 1877년의 독도와 관련된 '태정관 지령문'이 존재한다는 사실을 알고 있었습니까?
2. 알고 있었을 경우, 일본 정부는 독도 영유권 문제와 관련해 매우 중요한 문서인 이 '태정관 지령문'을 지금까지 왜 한 번도 언급하지 않았습니까?
3. 일본 정부는 '독도는 일본과 관계가 없다.'고 결론을 내린 '태정관 지령문'의 내용을 어떻게 평가합니까?
4. '태정관 지령문'은 17세기 말에 다케시마(울릉도)와 마쓰시마(독도)가 조선의 영토가 된 것을 명확히 하고 있으므로, '17세기 중반까지, 일본은 독도 영유권을 확립했다.'고 하는 현재까지의 일본 정부의 주장을 부정하고 있습니다. 즉 일본 정부의 독도에 대한 역사적인 실효지배의 주장이 허구가 되는 것인데 이에 대해 어떻게 생각합니까?
5. 1905년에 독도를 다케시마라고 명명해 시마네현에 편입한 각의 결정 문서는, 1877년의 '태정관 지령문'을 변경하는 문서임에도 불구하고, 전혀 '태정관 지령문'을 검토한 흔적이 없습니다. 이것은 의도적인 행위였는지, 그렇지 않으면 일본 내각의 무지였는지에 대해 묻고 싶습니다.

(일본어 원문)
1. 日本政府は、1877年の独島関連の『太政官指令文』が存在するという事実を知っていましたか。

2. 知っていた場合、日本政府は独島領有権問題と関連して非常に重要な文書であるこの『太政官指令文』を今までなぜ一度も言及されなかったのですか。

3. 日本政府は「独島は日本と関係がない」と結論付けた『太政官指令文』の内容をどのように評価されますか。

4. 『太政官指令文』は17世紀の末に竹島(=鬱陵島)と松島(=独島)が朝鮮のものとなったことを明確にしており、「17世紀半ばまでに、日本は独島領有権を確立した」と言う今までの日本政府の主張を否定しております。つまり、日本政府の独島に村する歴史的な実効支配の主張が虚構となるわけですが、これに対してどう考えられますか。

5. 1905年に独島を竹島と命名して島根県に編入した閣議決定文書は、1877年の『太政官指令文』を変更する文書であるにもかかわらず、一切『太政官指令文』を検討した形跡がありません。これは意図的な行為であったのか、それとも日本の内閣の無知であったのかに関してお聞きしたいです。「1905年、日本の閣僚会議における独島島根県編入決定に関する質疑書」

- 서울, 《연합뉴스》 김용수 편집국장 및 필자 소장, 2006년

이 질의서는 《연합뉴스》의 김용수 편집국장과 필자가 상의하여 작성한 문서다. 이 질의에 대해 일본 정부는 두 달 이상 회답을 미루다가 2006년 11월 초순쯤에 주일 일본대사관을 통해 《연합뉴스》 김용수 편집국장에게 다음과 같은 짧은 이메일을 보내 왔다.

'태정관 지령문'의 존재를 알고 있다. 이 문제에 대해서는 현재 조사하는 중이며 현 시점에서는 답변할 수 없다. 「일본정부답신」

- 서울, 《연합뉴스》 김용수 편집국장 및 필자 소장, 2006년

일본 정부는 질의 내용 5개 항목 가운데 첫 번째 질의에만 대답한 것이다. 나머지 4개 항목을 볼 때 일본 정부가 무엇에 대해 '답변할 수 없다'고 했는지 명확하다.

첫째, 일본 정부는 '태정관 지령문'의 존재를 알고 있으면서도 왜 지금까지 그것에 대해 한 번도 언급하지 않았는가?

둘째, 일본 정부는 '17세기 중반까지, 일본은 독도 영유권을 확립했다.'는 주장, 즉 '일본이 17세기 중반부터 독도를 역사적으로 실효지배해 왔다.'는 일본 정부의 주장이 허구라는 한국 측 주장에 대해 어떻게 생각하는가?

셋째, 일본이 1905년에 독도를 시마네현에 편입한 행위는 '태정관 지령문'을 의도적으로 무시한 행위였는지, 아니면 당시 일본 내각이 '태정관 지령문'을 검토하지 않았던 것인가?

결국 일본 정부는 이런 세 가지 핵심적인 물음에 대해 전혀 답변할 수 없었다는 말이다.

일본 정부의 회신을 받은 《연합뉴스》는 일본 정부가 1905년에 독도를 시마네현에 편입시킨 것이 문제가 있다는 사실을 자인한 셈이라고 판단해, 2006년 11월 20일자에 "일본 정부, '독도 시마네현 편입' 허구성 사실상 자인"이라는 기사를 썼다. 그 뒤 지금(2010년 6월 14일)까지 일본 정부(외무성)는 '아직 조사 중'이라는 입장을 되풀이하고 있다.

日 정부, '독도 시마네현 편입' 허구성 사실상 자인

일본 정부가 1905년 단행된 독도 시마네[島根]현 편입 조치의 불법성과 '독도 고유 영토설'의 허구성을 사실상 자인했다.
일본 외무성은 1877년 메이지[明治] 정부가 '독도와 울릉도는 일본 영토가 아니다.'라고 확실히 인정한 '태정관 지령문'을 어떻게 생각하느냐는

《연합뉴스》의 서면 질의에 대해 "현재로서는 답변할 수 없다."고 밝혔다. '태정관 지령문'이란 메이지시대의 최고 국가기관이었던 태정관(太政官, 다조칸)이 독도와 울릉도가 일본 영토인지를 조사한 뒤, 1877년 3월 "독도와 울릉도는 일본 영토와 관계가 없으니 명심하라."고 내무성과 시마네현에 지시한 공문서다. 한국 학계는 이 문서를 일본 정부가 독도를 조선 영토로 공식 인정한 '결정적 사료'로 보고 있다.

외무성의 이 같은 궁색한 답변은 "태정관 지령문이 사실이라면 '늦어도 17세기 중반에는 일본이 독도를 실효적으로 지배해 영유권을 확립했고 1905년 각의 결정을 통해 영유권을 재확인했다.'는 일본의 주장은 완전히 허구가 아니냐."는 국내 학계의 지적을 사실상 인정한 것이나 마찬가지다.

《연합뉴스》는 지난 9월 중순 아소 다로[麻生太郎] 일본 외상과 자민, 민주, 공산, 사민, 공명당 대표 앞으로 '1905년 일본 각의의 독도 시마네현 편입 결정에 관한 질의서'를 보냈다.

주된 질의 내용은 '태정관 지령문'이 존재한다는 사실을 알고 있었는지, 알고 있었다면 독도 영유권과 관련해 매우 중요한 문서인 '태정관 지령문'에 대해 지금까지 왜 한 번도 언급하지 않았는지, '태정관 지령문'에 따르면 '17세기 중반까지는 독도 영유권을 확립했다.'는 일본 정부의 주장은 허구가 되는데 어떻게 생각하는지, 1905년 일본 각의의 독도 시마네현 편입 결정문서는 태정관 지령문을 변경시키는 문서임에도 불구하고 '태정관 지령문'을 검토한 흔적이 전혀 없는데 이것이 의도적인 행위였는지 등이었다.

질의서에는 일본 국립공문서관에 보관돼 있는 '태정관 지령문' 복사본(B4용지 14쪽)을 첨부했으며 각 정당에는 '태정관 지령문' 내용에 대해 국회에서 정부에 질의해 줄 것을 요청했다.

이 같은 질의에 대해 일본 외무성은 수 차례나 "검토 중이니 조금 기다려 달라."고 계속 답변을 회피하거나 시간을 끌다가 질의서를 보낸 지 60여 일 만인 11월 13일, "'태정관 지령문'의 존재는 알고 있다.", "그 역사적 사실 등에 대해서는 지금 조사, 분석 중이어서 현 시점에서는 일본 정부 입장에서 코멘트할 수 없다."는 내용의 답변을 보내 왔다.

일본 정부가 '태정관 지령문'의 존재 사실을 공식 인정하고 이에 대해 입장을 밝힌 것은 이번이 처음이다. 한일 양국은 1950년대 초 독도 영유권을 놓고 정부 차원에서 문서를 주고받으며 격렬한 논쟁을 벌였지만 '태정관 지령문'은 거론되지 않았다.

이에 앞서 자민당은 10월 18일, "자민당 차원에서 ('태정관 지령문'에 대해) 통일된 정식 견해가 없기 때문에 현 시점에서는 답변을 보류한다. 자민당 입장은 기본적으로 정부 견해에 준한다."는 답변을 보내 왔다. 이와 관련해 자민당의 한 관계자는 '태정관 지령문'이 "일본 국내적으로 (독도는 일본 영토가 아니라고) 말했지 한국에 대해 그렇게 말한 것은 아니지 않느냐."라고 말해 '태정관 지령문'을 심각하게 받아들이고 있음을 짐작케 했다.

공산당은 9월 30일 보내온 답변에서 "일본이 메이지시대에 독도가 일본 영토와는 무관하다고 인정한 '태정관 지령문'의 존재를 알고 있다. 독도 문제에 대해서는 검토해야 할 자료가 많이 있으며 '태정관 지령문'도 그 중 하나라고 생각하고 있다."고 밝혔다. 공산당의 이 같은 답변은 일본의 독도 영유권 주장에 문제가 있음을 인정한 것이다. 민주, 사민, 공명당은 답변을 끝내 회피했다.

국내 학계는 일본 정부가 현재 국립공문서관에 엄연히 보관돼 있는 '태정관 지령문'에 대해 "조사, 분석 중이어서 현 시점에서는 답변할 수 없다."고밖에 답변하지 못한 것은 결국 태정관 문서가 일본의 독도 영유권 주장에 큰 타격이 된다는 점을 의식했기 때문인 것으로 받아들이고 있다.

한 독도 문제 전문가는 "이미 1980년대 초 일본에서 존재가 알려진 '태정관 지령문'을 일본 정부가 '알고 있다'고 밝힌 것은 그동안 많은 조사가 이루어졌음을 의미한다."면서 "그런데도 외무성이 '조사 중'이라고 한 것은 태정관 문서가 한국에 결정적으로 유리하다는 판단 아래 애매모호한 일본식 언어 사용으로 답변을 의도적으로 회피한 것이나 마찬가지"라고 말했다.

외무성의 이 같은 답변은 그동안 일본 정부가 "일본이 독도를 실효적으로 지배해 영유권을 확립하기 전에 한국이 독도를 실효지배했음을 나타내는 명확한 근거를 한국 측이 제출한 적이 없다."고 버젓이 공식 홈페이지를 통해 호언해 온 것과는 대조적이다.

호사카 유지[保坂祐二] 세종대 교수는 "일본 정부와 어용학자들은 그동안 태정관 문서의 존재를 의도적으로 은폐, 왜곡함으로써 국제사회는 물론 일본 국민까지 기만해 왔다."고 하면서 "이 문서를 은폐해 온 이유는 일본이 지금까지 주장해 온 '독도 고유 영토설'이 무너지는 것을 우려했기 때문"이라고 지적했다.

호사카 교수는 "일본 정부는 문서 내용을 인정할 경우 1905년의 독도 편입이 태정관 문서를 무시한 채 자행된 제국주의적 약탈 행위로 원천적으로 무효임을 자인하는 결과가 되기 때문에 앞으로도 지령문 자체를 인정하거나 그렇다고 반론을 펴거나 하지는 못할 것"이라면서 "일본이 태정관 문서를 상쇄시킬 수 있는 기록을 억지로 들고 나오거나 관련 사실을 '날조'할 가능성도 있다."고 말했다.

이석우 인하대 교수(국제법)는 "한일 간의 독도 영유권 논쟁을 국제법상으로 봤을 때, 한국은 1905년 일본이 독도를 편입했을 당시 독도가 한국 영토였음을 반드시 입증할 필요가 있다."면서 "'태정관 지령문'은 한국의 입장을 지지할 수 있는 결정적 문서이자 반대로 일본에게는 '아킬레스건' 같은 문서"라고 지적했다.

- 《연합뉴스》 2006년 11월 20일자

서양인의
울릉도·독도 발견

일본 외무성의 '다케시마 문제'라는 웹페이지는 서양인들의 동해 탐방 이야기로 시작된다. 이 웹페이지는 일본 정부가 한국의 독도 영유권 주장을 비판하기 위해 작성한 것인데, 별 관계가 없어 보이는 서양인의 동해 탐방 이야기로 시작한 이유가 뭔지 의아하게 생각하는 사람들이 많다.

여기서는 이 의문에 답하면서 일본 정부의 숨은 의도를 밝히려고 한다. 즉 서양인들의 동해 탐방으로 울릉도와 독도의 명칭이 혼란스러워지고 일본 정부가 이것을 무주지 선점논리에 활용하는 과정을 밝힌다.

일본 외무성 사이트에 언급된 내용

조선조는 15세기 초 태종조에 울릉도에 사람을 거주시키지 않고 섬을 비워 놓는 정책을 시행했다. (『태종실록』, '1403년 8월조') 그 뒤 약 480년 동안 조선조는 울릉도 공도 정책을 지켰지만, 1881년 고종은 울릉도 공도 정책을 이주 정책으로 바꾸었다. (『고종실록』, '1881년 5월 22일조') 다수의 일본인들이 울릉도에 몰래 거주하고 있었기 때문이었다. 그런데 그보다 100여 년 전부터 동해에는 서양 선박들이 출몰하고 있었다. 오랫동안의 항해를 바탕으로 그들은 한반도와 일본 열도에 대한 지도를 많이 그렸다.

✳ 1794년에 작성된 켐프퍼의 '한국일본지도'. 동해를 'COREAN SEA'로 표기했다.

서양인들이 동해로 본격적으로 진출하기 시작한 것은 1700년대 후반부터다. 특히 영국, 프랑스, 러시아 세 나라 선박들이 울릉도와 독도를 발견하여 나름대로 명칭을 붙이기도 했다. 18세기 말에는 영국과 프랑스의 선박들이 울릉도를 발견했고, 19세기 중반에는 프랑스, 러시아, 영국의 선박들이 잇따라 독도를 발견하여 나름대로 명칭을 붙였다. 일본의 외무성 사이트 '다케시마 문제' 웹페이지를 보면 서양인들의 동해 남방은 다음과 같이 묘사되어 있다.

1787년 프랑스의 항해가 라 페루즈가 울릉도에 도착하여 '다줄레
(Dagelet)섬'으로 명명하였습니다. 그 후 1789년에는 영국의 탐험가 컬넷
도 울릉도를 발견하였으며 그는 이 섬을 '아르고노트(Argonaut)섬'이라
고 하였습니다. 그러나 라 페루즈와 컬넷이 측정한 울릉도의 경도와 위
도에는 차이가 있으며 그 차이로 인해 후에 유럽에서 작성된 지도에는
마치 2개의 다른 섬이 울릉도로서 존재하고 있는 것처럼 기재되게 되었
습니다.

　1840년 나가사키 출신의 의사 시볼트가 '일본지도'를 작성하였습니
다. 시볼트는 일본의 여러 문헌과 지도를 통해 오키섬과 한반도 사이에
는 '다케시마'[현재의 울릉도]와 '마쓰시마'[현재의 다케시마(독도)]라는 2개
의 섬이 존재하고 있다고 알고 있었습니다.(다케시마가 마쓰시마보다 서쪽에
위치) 한편, 유럽의 지도에는 서쪽에서부터 '아르고노트섬'과 '다줄레
섬'이라는 2개의 명칭이 함께 사용되고 있었다는 것도 알고 있었습니
다. 이를 근거로 시볼트는 자신이 작성한 지도에 '아르고노트섬'을 '다
카시마(다케시마를 잘못 표기)'로, '다줄레섬'을 '마쓰시마'로 기재하게 되
었습니다. 이로 인해 '다케시마' 또는 '이소다케시마'로 계속 불리던
울릉도가 '마쓰시마'로도 불리게 되는 혼란을 가져오게 되었습니다.

- 일본 외무성 웹사이트, '다케시마 문제[竹島問題]' 웹페이지

　일본 외무성은 서양인들이 측량을 잘못해 서양 지도에 두 개의 울릉
도가 나타났고, 그것을 일본에 장기 체류한 시볼트가 'Takashima[다카
시마 : 시볼트는 자신이 그린 지도(1840년)에 Takeshima(다케시마)를 'Takashima(다카시마)'
로 잘못 표기했다.]'와 'Matsushima(마쓰시마)'로 자기 지도에 표시한 뒤에,
다카시마로 표기된 아르고노트섬이 지도에서 사라짐으로써 울릉도는
'마쓰시마'로 불리게 되었고 그 명칭이 일본으로 유입되었다고 설명
한다.

1. 다케시마의 인식 실태

일본의 다케시마 인식

1. 현재의 다케시마는 일본에서는 일찍이 '마쓰시마'로 불리었으며 현재의 울릉도가 '다케시마' 혹은 '이소다케시마'로 불려왔습니다. 다케시마나 이소다케시마의 명칭은 유럽의 탐험가 등의 울릉도 위치측정의 오류로 인하여 일시적 혼란이 있었습니다만, 일본에서 '다케시마' 혹은 '마쓰시마'의 존재가 오래 전부터 인지되고 있었다는 사실은 각종 지도와 문헌에서 확인할 수 있습니다. 예를 들어 경위선을 투영한 간략 일본지도로서 가장 대표적인 나가쿠보 세키스이(長久保 赤水)의 '개정일본여지로정전도 (改正 日本輿地路程全圖)」 (1779년 초판)를 비롯한 여러 지도에서 울릉도와 다케시마를 한반도와 오키제도 사이에 명확히 기재하고 있음을 알 수 있습니다.

2. 1787년 프랑스의 함해가 라 페루즈가 울릉도에 도착하여 '다줄레(Dagelet) 섬'으로 명명하였습니다. 그 후 1789년에는 영국의 탐험가 칼넷도 울릉도를 발견하였으며 그는 이 섬을 '아르고노트 (Argonaut) 섬'이라고 하였습니다. 그러나 라 페루즈와 칼넷이 측정한 울릉도의 경도와 위도에 차이가 있어 그 차이로 인해 후에 유럽에서 작성된 지도에는 마치 2개의 다른 섬이 울릉도로서 존재하고 있는 것처럼 기재되게 되었습니다.

3. 1840년 나가사키 출신의 의사 시볼트가 '일본지도'를 작성하였습니다. 시볼트는 일본의 여러 문헌과 지도를 통해 오키 섬과 한반도 사이에는 '다케시마'(현재의 울릉도)와 '마쓰시마'(현재의 다케시마)라는 2개의 섬이 존재하고 있다고 알고 있었으나(다케시마가 마쓰시마보다 서쪽에 위치), 한편, 유럽의 지도에는 서쪽에서부터 '아르고노트 섬'과 '다줄레 섬'이라는 2개의 명칭이 함께 사용되고 있었다는 것도 알고 있었습니다. 이를 근거로 시볼트는 자신이 작성한 지도에 '아르고노트 섬'을 '다케시마'로, '다줄레 섬'을 '마쓰시마'로 기재하게 되었습니다. 이로 인해 '다케시마' 또는 '이소다케시마'로 계속 불리던 울릉도가 '마쓰시마'로도 불리게 되는 혼란을 가져오게 되었습니다.

4. 이와 같이 일본 국내에서는 예로부터 내려온 '다케시마', '마쓰시마'에 관한 지식과 그 후 서구에서 지어진 섬의 이름이 혼재하고 있었습니다. 그러는 중에 '마쓰시마'에 관심을 가지고 있던 일본인이 마쓰시마를 개척할 수 있도록 정부에 요청하였습니다. 정부는 그 섬의 명칭을 명확히 하기 위하여 1880(메이지13)년 현지조사를 실시하였으며, 개척원 과정에서 '마쓰시마'라 불리던 섬이 울릉도임을 확인하였습니다.

5. 이상의 경위를 통하여 울릉도는 '마쓰시마'로 불리게 되었으며 따라서 현재 다케시마의 명칭을 어떻게 할 것인지가 문제가 되었습니다. 정부는 이에 대하여 시마네현의 의견을 청취한 후, 1905(메이지38)년 지금까지의 모든 명칭을 대체하는 것으로 현재의 다케시마를 정식으로 '다케시마'로 명명하였습니다.

✴ 일본 외무성 사이트의 다케시마(독도) 문제 웹페이지. 서양인의 동해 탐험을 서술하고 있다. (http://www.mofa.go.jp/region/asia-paci/takeshima/position1-k.html)

일본 외무성의 이런 주장은 결국 19세기 중반쯤까지 일본인들이 울릉도를 다케시마, 독도를 마쓰시마라고 불러 왔다는 사실을 입증한다. 즉 현재 일본은 독도를 역사적으로 일본의 고유 영토였다고 주장하지만, 19세기에는 섬들의 이름조차 제대로 알지 못했던 것이다. 그러므로 일본의 독도 고유 영토설은 허위라는 것을 일본 스스로가 인정하고 있는 셈이다. 그런데 왜 일본 정부는 두 섬의 명칭이 혼란스러워졌다는 사실을 외무성 사이트에 게재해 강조하는 것일까?

일본의 의도는 19세기 중반 이후 자국민들이 '마쓰시마'라고 불렀던 섬이 독도가 아니라 울릉도라는 사실을 강조하는 데 있다. 그렇게 함으로써 당시 일본인들이 작성한 조선 지도에 조선령으로 그려진 '다케시마'는 실제로는 존재하지 않는 섬이고, '마쓰시마'는 독도가 아니라 울릉도였으므로 일본인이 제작한 조선 지도에 독도가 그려진 적이 없다고 강변하기 위해서다.

竹島の歴史地理学的研究

川上健三著

古今書院

* 1966년에 외무성 관리 가와카미 켄조가 집필한 독도 연구서인 『다케시마에 대한 역사지리학적 연구』. 일본 독도 연구자들의 바이블로 꼽힌다.

두 번째 목적은 메이지 정부의 공문서에 1870년에는 '조선의 부속도서'였고, 1877년에는 '일본 영토 바깥'에 있다고 기록된 '마쓰시마'라는 섬은 독도가 아니라 울릉도였다고 억지 주장을 하기 위해서다. 이런 목적을 달성하기 위해 가와카미 켄조[川上健三] 등 일본의 독도 연구자들은 두 섬의 명칭이 혼란해져 당시 일본 전체에 영향을 미쳤다는 식으로 사실을 왜곡해 확대시키고 있다.

일본 메이지 정부가 조선의 부속도서 혹은 일본 영토 바깥에 있다고 선언한 '마쓰시마'가 결코 독도가 아니었다고 주장하기 위해 일본은 온갖 방법을 다 동원하고 있는 것이다. 다시 말해서 1870년의 '조선국교제시말내탐서'와 1877년의 '태정관 지령문' 등은 독도가 조선 영토라는 사실을 일본 정부 스스로가 인정한 공문서이므로, 일본 정부는 자국에게 불리한 두 문서를 숨기고 왜곡할 수밖에 없는 것이다. 그 정도로 이 두 문서는 일본의 독도 영유권 주장에 결정타를 가하는 문서다.

서양인들의 동해 탐방

일본 외무성의 '다케시마 문제' 웹사이트에 실린 두 섬의 명칭 혼란 사태를 좀 더 구체적으로 살펴보면 다음과 같다.

에도시대(1603~1867년)에 일본에서는 울릉도를 다케시마[竹島], 독도를 마쓰시마[松島]라고 불렀다. 그런데 18세기 말쯤부터 유럽인들이 동해를 탐방하면서 두 섬을 나름대로 발견해 이름을 붙이고 지도를 그리기 시작했다.

먼저 1787년에 동해를 탐험하던 프랑스인 탐험가 라 페루즈는, 다줄레 영국육군사관학교 교수가 울릉도를 처음으로 확인하자 울릉도에 '다줄레섬' 이라는 이름을 붙였다. 이렇게 해서 울릉도는 서양에서 '다줄레섬' 으로 알려지기 시작했다.

이어서 2년 뒤인 1789년에 영국의 제임스 컬넷이 이끈 아르고노트호가 영국 선박으로는 처음으로 울릉도를 발견하여 섬을 측량했다. 하지만 아르고노트호는 나침반에 문제가 있었는지, 울릉도의 위치를 나타내는 경위도를 실제 경위도보다 북서쪽으로 잘못 측량하고 말았다. 그러므로 당시의 유럽인이 작성한 '조선과 일본도' 에는 동해에 존재하지 않았던 아르고노트섬과 지금의 울릉도인 다줄레섬이 그려진 지도가 등장하게 되었다. 1811년에 간행된 영국의 애로-스미스(Arrow Smith)의 '조선과 일본도' 는 두 개의 울릉도를 각각 아르고노트섬, 다줄레섬으로 그린 대표적인 지도다.

애로-스미스의 지도를 보면 아르고노트섬 바로 아래에 '아르고노트는 키를 잃었다(Argonaut lost her Rudder)' 라고 적혀 있는 것을 알 수 있다. 측량을 잘못했을 가능성을 시사하는 것이다. 그리고 이 지도에는 다줄레섬이 아르고노트섬보다 훨씬 작게 그려져 있다. 당시 아직 지도에 정확한 경위도선을 그릴 수 없었던 일본인의 입장에서는, 두 섬의 위치와 크기를 감안해 볼 때 아르고노트섬은 일본에서 말하는 다케시마(울릉도)이고, 다줄레섬은 다케시마(울릉도)보다 동남쪽에 있고 다케시마보다 작은 마쓰시마(독도)라고 생각했을 것이다. 이런 지도가 일본으로 유입되었을 때 일본인들은 서양인들이 울릉도와 독도를 서양식 이름으로 불렀을 뿐이라고 생각했을 것이다.

프랑스와 영국의 선박들이 울릉도를 측량하기 10년쯤 전인 1779년에 일본에서 제작되어 비교적 널리 보급된 나가쿠보 세키수이[長久保赤水]의 '개정일본여지노정전도' 와 애로 스미스의 지도를 비교해 보면, 나가쿠보의 지도에 그려진 다케시마(울릉도)·마쓰시마(독도)가 바로 스미스의 지도에 그려진 아르고노트섬·다줄레섬과 일치하는 것으로 보일 것이다. 다시 말해서, 아르고노트섬은 존재하지 않는 섬이었고 다줄레섬은 바로 울릉도였지만, 일본인들은 서양 지도의 아르고노트섬이 다케시마(울릉도)이고 다줄레섬은 마쓰시마(독도)로 인식했다는 것이다.

그런데 당시 조선조에서는 서양 선박들이 울릉도를 측량하고 간 사실을 알고 있었을까? 조선조는 17세기 말에 일어난 조일 간의 울릉도 분쟁 이후 100년 정도는 3년에 한 번씩 울릉도 등지에 관리를 파견했다. 그러므로 시기가 맞으면 울릉도로 파견된 조선 관리들이 서양 선박을 울릉도에서 볼 수 있었을 것이다.

서양 선박이 울릉도를 목격한 1787년과 1789년에 조선을 통치한 왕은 정조(正祖)였다. 그런데 『정조실록』에는 서양 선박들의 울릉도 측량 시기와 겹쳐지는 1785년(정조 9년) 4월 6일부터 1791년(정조 15년) 10월 20일까지 무려 7년 반 동안 서양인에 관한 기록은 하나도 없다.

한편 울릉도에 관한 기록은 1787년에 세 가지가 남아 있다. (『정조실록』, 1787년 음력 6월, 음력 7월, 음력 9월 기사) 하지만 이 기록들은 울릉도에서 군기(軍器)를 만들게 했다는 기록(1787년 음력 6월), 몰래 울릉도에 들어가 어복(魚鰒)·향죽(香竹)을 채취한 삼척 사람들 14명이 삼척 포구에서 잡혔다는 기록(음력 7월), 울릉도의 인삼이 불법 거래되고 있다는 기록(음력 9월) 등이고 서양 선박에 관한 기록은 없다.

프랑스의 라 페루즈가 선박을 이끌고 울릉도를 측량하여 다줄레섬으로 명명했을 때가 1787년 5월 28일(양력)이다. 서양의 기록은 양력, 조선의 기록은 음력으로 되어 있으므로 라 페루즈가 울릉도를 측량한 날짜는 음력으로는 4월경이다. 결국 조선조는 1787년과 1789년에 서양 선박들이 울릉도를 측량했다는 사실을 전혀 모르고 있었다.

시볼트의 지도

서양 선박들이 동해에서 울릉도를 목격한 뒤 독도를 발견하기까지는 약 60년이 걸렸다. 그 사이에 한 독일인이 당시 일본과 교역하던 네덜란드를 거쳐 일본으로 건너가 여러 정보를 수집한 뒤에 귀국해 '일본과 그 주변 지도'를 작성했다. 그가 바로 유럽 일본학의 아비지로 불리는 시볼트다. (시볼트 기념관 저,

『시볼트가 본 일본(シーボルトのみたニッポン)』, 2005년, 41쪽)

독일인 시볼트(Philipp Franz Balthasar von Siebold : 1796 ~1866년 : 독일 발음으로 '지볼트'라고도 한다.)는 1820년부터 1829년까지 일본 나가사키[長崎]의 네덜란드 상관 (商館) 전임 의사로 근무하면서 일본 각 분야의 정보를 수집하고 있었다. 그가 1826년에 네덜란드로 일시 귀국하려고 했을 때, 에도 막부의 기밀로 되어 있던 일본 전도인 이노도

✱ 유럽 일본학의 아버지, 시볼트

[伊能圖 : 1821년 완성]를 비롯해 몇 점의 일본지도를 해외로 반출하려고 했다. 하지만 그것이 발각되어 그는 3년간 나가사키의 외국인 거주지인 데지마[出島]에 머물러야 했다.

그 뒤 그는 이노도를 비롯해 나가쿠보 세키수이[長久保赤水]의 '개정일본여지노정전도'(1779년)와 막부 관리 다카하시 가게야스[高橋景保]가 작성한 '일본변계략도(日本邊界略圖)'(1809년) 등 3점을 유럽으로 반출하는 데 성공해 그 지도들을 토대로 '일본과 그 주변 지도'(1840년)를 작성했다. 일본 정부는 이렇게 작성된 시볼트의 지도가 일본에 유입되어 일본에서 울릉도와 독도의 명칭이 혼란하게 되는 데 큰 영향을 주었다고 주장한다.

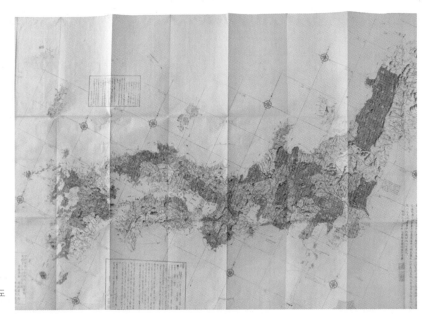

❋ 개정일본여지노정전도
(1779년)

❋ 시볼트가 작성한 '일본
과 그 주변 지도'(1840년)

시볼트의 '일본과 그 주변 지도'가 일본에 유입된 것은 사실이다. 현재 시볼트의 '일본과 그 주변 지도'는 일본 치바현에 위치한 역사민속박물관에 한 점 남아 있다. 하지만 그것이 일본인들에게 영향을 주었다는 직접적인 기록은 찾아보기 어렵다. 그런데 왜 일본 정부나 일본학자들은 시볼트의 지도가 일본에 미친 영향을 애써 강조하는 것일까? 앞에서 언급한 바와 같이 일본인들은 자신들이 독도의 존재조차 잊어버리고 있었다는 사실을 숨기려고, 서양 지도의 영향 때문에 일본에서 울릉도와 독도의 명칭에 혼란이 일어났다고 강조한다. 또 이런 점을 내세워 당시 일본 공문서에 나타난 조선 영토 '마쓰시마'는 현재의 독도가 아니라 울릉도라고 강변한다.

시볼트의 지도에 나타나 있는 동해의 두 섬

시볼트가 작성한 '일본과 그 주변 지도'에는, 동해에 Takashima(다카시마 : 다케시마를 잘못 표기한 것), Matsushima(마쓰시마)가 그려져 있다.

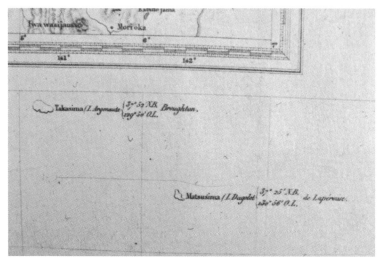

✱ 시볼트가 작성한 '일본과 그 주변 지도'의 울릉도와 독도 부분

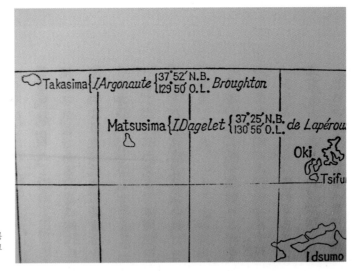

✞ '일본과 그 주변 지도'의 울릉
도, 독도, 오키섬 부분을 필사한 그
림(川上健三, 1966, p.11)

그리고 Takashima(다카시마)에 이어서 지도상에는 'I. Argonaut, 북
위 37도 52분, 동경 129도 50분, Broughton'이라고 표시되어 있다.
여기서 'I. Argonaut'란 '아르고노트섬'을 뜻하고, 그 다음에 기재된
경위도는 1789년에 영국의 아르고노트호가 울릉도의 경위도를 잘못
측량한 수치다. 경위도 옆에 쓰인 인명 'Broughton'은 영국 해군중위
'윌리엄 로버트 브루톤(William Robert Broughton)'인데, 그는 1797년에 조
선 연해를 탐험한 사람이다. 하지만 그는 울릉도를 발견하지 못했기
때문에, 시볼트가 브루톤을 울릉도 발견자로 기재한 것은 잘못된 것
이다.

또 Matsushima(마쓰시마)에 이어서 'I. Dagelet, 북위 37도 25분, 동경
130도 56분, de La Pérouse'라고 표시되어 있다. 'I. Dagelet'란
Matsushima(마쓰시마)의 서양 이름으로 '다줄레섬'을 뜻한다. 그 다음에
표시된 경위도는 울릉도의 실제 경위도와 일치한다. 그리고 'de La Pé
rouse'란 울릉도를 발견하여 정확히 측량한 프랑스 선박 '갈로 드 라

대
한
민
국
독
도

•

페루즈(Galaup de La Pérouse)’를 뜻한다.

　그러면 시볼트의 지도에 나타난 일본명 Takashima(다케시마)와 Matsushima(마쓰시마)의 출처는 어디일까? 그것이 바로 나가쿠보 세키수이[長久保赤水]의 ‘개정일본여지노정전도(1779)’다. 시볼트가 해외로 반출한 지도 3점 가운데 다케시마(울릉도)와 마쓰시마(독도)가 그려진 지도는 나가쿠보의 지도밖에 없기 때문이다.

　그런데 나가쿠보가 작성한 지도의 울릉도·독도 부분을 보면, 울릉도는 다케시마[竹島] 혹은 이소타케시마[磯竹島]라는 이름으로 적혀 있고 독도는 마쓰시마[松島]로 적혀 있다. 마쓰시마(독도)는 실제로 두 개의 섬, 즉 동도와 서도로 구성되어 있지만, 나가쿠보의 지도에서는 하나의 섬으로 그려져 있다.

　그러므로 애로-스미스의 지도와 나가쿠보의 지도를 대조해 본 사람이라면, 누구나 다케시마는 아르고노트섬과 일치하고 마쓰시마는 다줄레섬과 일치한다는 사실을 알 수 있을 것이다.

✛ ‘개정일본여지노정전도’에 그려진 울릉도(竹島)와 독도(松島)

　서양의 동해 탐험가들은 시볼트가 일본지도를 작성한 1840년에는 아직 독도를 발견하지 못했다. 그렇기 때문에 시볼트가 다케시마(울릉도)와 마쓰시마(독도)가 각각 아르고노트섬과 다줄레섬에 해당한다고 생각한 것은 어쩔 수 없는 일이었다.

시볼트의 지도와 울릉도·독도

　그러면 일본학자들이 주장하는 내용, 즉 시볼트의 ‘일본지도’가 유입되어 일본에서 두 섬의 명칭이 혼란스러워졌다는 주장에 대해 검토해 보자.

앞에서 지적한 것처럼, 시볼트가 '일본지도'를 작성한 1840년경에는 아직 서양인들이 독도를 발견하기 전이었다. 하지만 시볼트는 그때까지 작성된 일본의 여러 문헌과 지도를 참고해 동해에 두 개의 섬을 그렸는데, 이것은 그가 울릉도와 독도가 바로 그곳에 있다는 사실을 알고 있었고, 자신이 생각한 대로 지도에 표현한 것이다. 당시 일본인들은 자신들이 알고 있는 사실을 시볼트가 지도에 반영했기 때문에, 시볼트가 그린 지도를 봤을 때도 Takashima(다카시마 : 다케시마)와 Matsushima(마쓰시마)를 각각 울릉도와 독도로 판단했을 것이다. 그러므로 시볼트의 일본지도는 그 자체로 당시 일본인들이 울릉도와 독도의 명칭에 대해 혼란스러워하지 않았다는 사실을 입증한다.

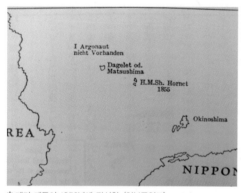

＊ 페리 제독이 1856년에 작성한 '일본근역도'

1876년에 민간인 무토 헤이가쿠[武藤平學]가 울릉도를 보고 시볼트가 작성한 일본도의 경위도상 그 섬을 마쓰시마라고 생각해 '마쓰시마 개척 건'을 외무성에 올렸지만,(川上健三, 1966, pp.31~41) 그것은 그가 울릉도와 독도에 대해 잘못 알고 있었기 때문이다.

그런데 시볼트의 지도는 일본보다 오히려 서양에 더 많은 영향을 주었다. 그의 지도로 인해 다케시마와 마쓰시마라는 섬의 이름이 동시에 서양인들에게 알려졌기 때문이다. 시볼트가 1840년에 일본 지도를 작성한 뒤, 1856년부터는 다른 서양 지도에도 '마쓰시마'라는 섬의 명칭이 등장한다.

미국의 페리 제독이 1856년에 펴낸 『일본원정기』 제1권에 삽입된 '일본근역도'에는 동해에 아르고노트섬, 다줄레섬, 호넷 락스 등 3개 섬이 그려져 있다. 아르고노트섬에는 '존재하지 않는다.'라는 설명이 적혀 있고, 다줄레섬에는 섬 아래에 'Matushima(마쓰시마)' 라는 일본명이 적혀 있다. 호넷 락스란 영국이 1855년에 독도를 발견하면서 붙인 독도의 영국식 명칭이다. 그러므로 다줄레섬이나 마쓰시마가 울릉도를 뜻한다고 처음으로 확인해 준 지도는, 1856년에 미국에서 페리 제독이 집필한 서적의 부도로 포함된 지도다.

한편 일본인이 제작한 지도로 울릉도에 마쓰시마라는 이름을 기재해 놓은 지도는, 에도시대 말년인 1867년에 등장한다. 그 지도는 에도 막부의 중진 가쓰 가이슈[勝海舟]가 영국 해군이 만든 지도를 토대로 작성한 '대일본연해약도'다. 이 지도에는 다케시마(아르고노트섬), 마쓰시마(다줄레섬), 호넷 락스(독도) 등 3개의 섬이 동해에 그려져 있다.

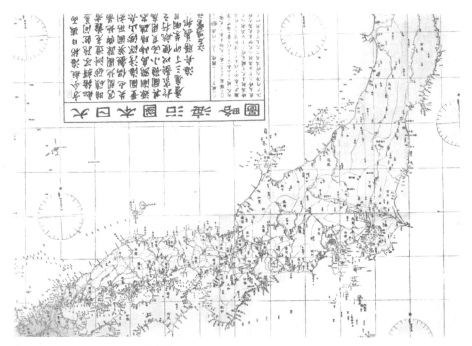

✽ 가쓰 기이슈가 1867년에 작성한 지도. 동해에 3개의 섬이 그려져 있다.

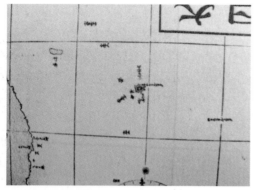

✱ 가쓰 가이슈의 지도에 나오는 죽도, 송도, 리안코르토 열암

그런데 원래 이 지도는 1861년에 영국 군함이 일본 연해를 멋대로 측량하려고 했을 때, 가쓰 가이슈가 영국 군함으로 하여금 측량을 포기하게 하도록 이노 다다타카(伊能忠敬)의 '실측 일본전도' 를 건네줘서 그것을 토대로 작성된 서양 지도다. 이노의 일본 전도가 매우 정확했기 때문에, 영국 해군은 이노의 일본 전도를 토대로 일본 지도를 작성했다. 가쓰 가이슈는 영국 해군이 작성한 이 지도를 토대로 1867년에 다시 일본 지도를 작성하는데, 이것이 바로 '대일본연해약도' 다. 영국 해군이 작성한 일본 지도에는 동해에 다케시마, 마쓰시마, 호넷 락스(독도)가 그려져 있었으므로, 가쓰 가이슈가 작

✱ 1863년에 영국 해군이 작성한 지도인 '일본과 한국'. 이노 다다타카의 일본 지도를 참고해 만든 것으로, 동해에 3개의 섬이 그려져 있다.

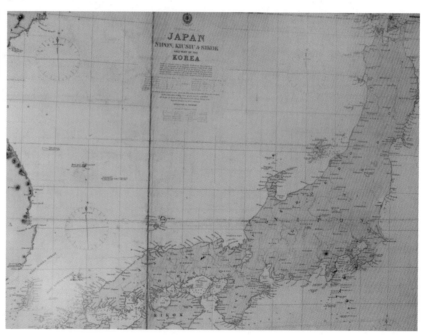

성한 '대일본연해약도'에도 3개의
섬이 기재되었다.

이런 복잡한 경위로 시볼트의 일
본 지도가 다케시마(울릉도)를 아르고
노트섬, 마쓰시마(독도)를 다줄레섬
으로 기재한 영향이 일본에서 지도
에 나타나기 시작한 것은 1867년이
었다.

그런데 시볼트의 지도를 좀 더 주
의 깊게 살펴보면 다음과 같은 사실
을 알 수 있다. 시볼트의 일본 지도

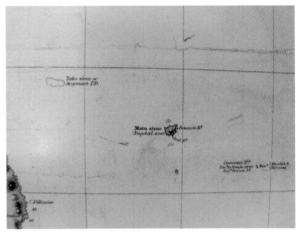

✳ '일본과 한국'의 동해 부분.
아르고노트섬(다케시마), 다줄레
섬(마쓰시마), 리앙쿠르 락스가
그려져 있다.

아래쪽 중간 부분에는 어떤 섬들의 약도가 별도로 그려져 있다. 그것
을 잘 보면 울릉도와 독도를 그린 약도임을 알 수 있다. 그 약도에는
두 가지가 그려져 있는데, 그 중에서 위쪽에 그려진 섬들을 보면 가장
오른쪽 섬에 Takasima(다카시마 : 다케시마)라고 적혀 있다. 이것은 시볼트
가 동해에 그린 Takasima, 즉 그가 울릉도라고 생각한 섬이다.

그리고 Takasima 동쪽에 I. Meae sima라는 명칭 아래쪽에 두 개의
섬들이 그려져 있다. 이 섬들은 마쓰시마(독도)를 이루고 있는 두 개의
섬을 표시한 것으로 판단된다. 시볼트가 Matsusima를 같은 지도에서
I. Meae sima라는 다른 명칭을 쓰면서 그린 이유는 알 수 없지만, 그가
그 명칭 아래쪽에 그린 두 개의 작은 섬들(독도의 동도와 서도)의 명칭은 틀
림없이 독도의 일본명인 것이다. Takasima(울릉도)에 가까운 독도의 서
쪽 섬에 Wosima, 동쪽 섬에 Mesima라고 적혀 있다.

일본에서는 독도의 서도를 오시마[男島 : 남도], 동도를 메시마[女島 : 여도]
라고 불렀는데, 시볼트는 자기가 작성한 일본 지도의 중앙 하단에 독
도의 서도와 동도를 일본명으로 표시했나.

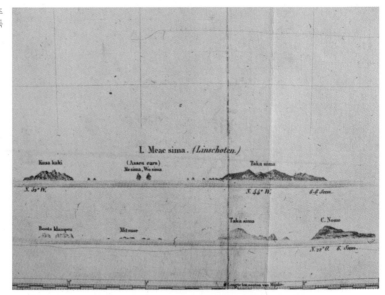

이런 식으로 시볼트는 자신이 동해에 그린 Takasima와 Matsusima가 울릉도와 독도라는 것을 확인시키기 위해 지도 하단에 그 사실을 기재했던 것이다.

1847년에 프랑스 포경선 '리앙쿠르호'가 독도의 경위도를 정확히 측량하기 전에, 시볼트는 일본에서 얻은 지식과 지도 등을 토대로 자신이 작성한 일본 지도의 다케시마와 마쓰시마가 각각 울릉도와 독도임을 분명히 한 것이다.

서양인의 독도 발견

그렇다면 서양인들이 독도를 처음 확인한 시점은 언제였을까?

시볼트의 일본 지도가 작성된 지 7년이 지난 시점인 1847년에, 프랑스 포경선 리앙쿠르호(Liancourt)가 서양 선박으로는 처음으로 독도를 발

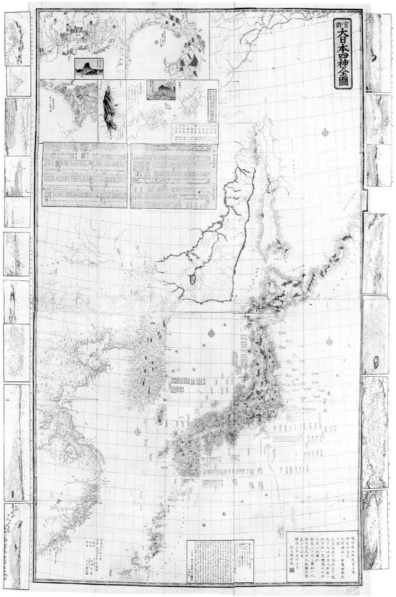

↑ 1868년에 작성된 '대일본사신전도'. 하시모토 교쿠란사이[橋本玉蘭齋]가 그려 메이지 정부로부터 관허 지도로 인정받은 지도다. 동해의 한반도 쪽에는 '조선해'라고 기재되어 있고, 동해에는 다케시마, 마쓰시마(울릉도), 리안코르토 열암 등이 그려져 있다.

견하여 리앙쿠르 락스(Liancourt Rocks)라는 이름을 붙였다. 이어서 1854
년에는 러시아 군함 팔라다호(Pallada)가 독도를 측량하여 서도를 올리
부좌(Olivutsa), 동도를 매널래이(Manalai)로 명명했다. 그 다음해인 1855년
에는 영국 군함 호넷호(Hornet)도 독도를 발견·측량하여 호넷 락스
(Hornet Rocks)로 명명했다.

서양의 여러 나라들은 18세기 말에 동해로 진출해 울릉도를 발견했
고, 그 50~60년이 지난 19세기 중반에는 독도를 발견해 나라마다 서로
다른 이름을 붙였다. 그래서 서양인들이 측량한 독도가 서양 지도에
나타나기 시작한 시기는, 앞에서 언급한 페리 제독의 저서에 삽입된
부도가 나온 1856년 이후가 된다.

1856년 이후 서양에서 아르고노트섬, 다줄레섬, 리앙쿠르 락스(호넷
락스) 등 3개의 섬이 그려진 지도가 등장했고, 이런 경향은 서양에서
1894년 정도까지 계속되었다. 이렇게 동해에 3개의 섬이 그려진 서양
지도는 1856년부터 1894년까지 5점 정도 존재한다. 일본 지도 가운데

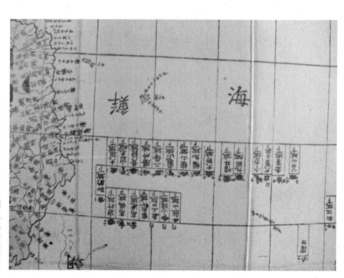

✽ '대일본사신전도'의 다케
시마, 마쓰시마, 리안코르토
열암 부분. 이 사진의 좌측
위부터 우측 아래로 대각선
을 따라 다케시마, 마쓰시
마, 리안코르토 열암이 그려
져 있다.

도 그런 지도가 몇 점 있다. 1868년, 즉 메이지 원년에 작성된 관허(官許) 지도인 '대일본사신전도(大日本四神全圖)' 는 그 한 예다.

한편 1872년부터는 아르고노트섬을 존재하지 않는 섬으로 판단해 삭제한 지도가 서양에서 작성되기 시작했다. 이런 지도들은 동해에 2개의 섬만 그렸지만, 울릉도를 마쓰시마(다줄레섬), 독도를 리앙쿠르 락스 혹은 호넷 락스로 표시했다. 이렇게 볼 때 동해에 위치한 두 섬의 명칭과 실제로 섬이 몇 개 있는지에 대해 혼란스러워했던 사람들은 주로 서양인들이었다.

에도 막부나 돗토리번이 다케시마(울릉도)와 마쓰시마(독도)에 대한 기록을 다수 남겼기 때문에, 서양의 지도 유입으로 두 섬의 명칭이 혼란스러워졌다고 해도 일본인들이 받은 영향은 미미했으며 현재 일본 정부가 주장할 정도로 그 영향이 크지는 않았다고 판단된다.

서양 지도에 나타난 섬의 명칭 혼란이 일본에 준 영향

그렇다면 울릉도와 독도에 대한 명칭이 명확하게 정리되지 않은 서양 지도들은 일본에 얼마나 영향을 끼쳤을까? 결론적으로 현재 일본 정부나 학자들은 서양 지도의 영향을 확대 선전하고 있으나 사실은 그렇지 않았다.

일본에서 명칭 혼란의 영향이 실제로 나타난 사건은, 1876년에 무토 헤이가쿠(武藤平學)라는 민간인이 울릉도를 '마쓰시마' 로 부르면서 '마쓰시마 개척 건' 이라는 건의서를 외무성에 제출한 사건이다. 그리고 그 사태가 수습된 것은 1880년이었기 때문에, 명칭 혼란으로 영향을 받은 기간은 고작 4년에 불과했다. 이 기간에 해당하는 1877년, 일본의 최고 권력기관이었던 태정관은 과거부터 전통적으로 사용해 왔던 것처럼 울릉도를 다케시마, 독노를 마쓰시마라고 언급하면서 두 섬이

'일본과 관계가 없다.'고 결론을 내렸다. 즉 서양인들이 겪은 울릉도와 독도의 명칭 혼란 사태가 일본에 영향을 주었다 해도 매우 제한된 범위에서 미약하게 일어났을 뿐이다.

하지만 1880년 이후, 일본 정부가 울릉도를 '마쓰시마'라는 명칭으로 확정하고, 독도의 이름을 서양 이름인 '리앙쿠르 락스'를 변형시킨 '리안코르토 열암' 등으로 바꿔버리면서 문제가 생긴다. 다시 말해서, 일본 정부가 독도를 '마쓰시마'라고 불렀던 역사를 삭제하면서 문제가 시작된 것이다.

일본은 서양인들이 겪은 두 섬의 명칭 혼란 사태를 이용하면서 1880년에 독도의 역사를 과거의 역사와 단절시켰고, 독도는 1847년에 프랑스 선박 '리앙쿠르호'가 발견한 섬이라고 공문서에 명기하기 시작한다. 일본 정부는 독도가 '마쓰시마'이고 '마쓰시마'는 조선의 부속이니 일본과 관계가 없다고 한 공문서와, '리안코르토 열암'이 된 1880년 이후의 독도의 역사를 단절시켜 일본명이 없는 무명이자 주인이 없는 섬으로 시마네현으로 편입시키는 작전을 시작하고 있었다.

군함 아마기의 울릉도 측량과 두 섬의 명칭 정착

일본 정부는 민간에서 말하는 '마쓰시마'라는 섬이 어떤 섬인지 확실히 하기 위해 1880년에 군함 아마기[天城]를 울릉도로 파견했다. 군함 아마기가 울릉도를 측량한 뒤에, 일본 정부에서는 울릉도의 일본식 명칭이 공식 지도나 공문에서 '마쓰시마'로 정착되었다. 그러므로 원래 '마쓰시마'였던 독도의 일본명이 없어지게 된 것이다. 일본 정부는 독도를 프랑스명인 '리앙쿠르 락스'에서 파생된 '리안코르토 열암'이나 그것을 줄인 '랸코도'로 부르기 시작했다. 다케시마는 울릉도 동쪽으로 2킬로미터 지점에 있는 죽도라는 보고가 올라옴에 따라, 울릉도 북서쪽에 존재한다고 여겼던 다케시마(아르고노트섬)는 지도에서 사라지게 되었다. 유럽과는 달리 일본에서는 이렇게 섬의 명칭 혼란이 1880년에 '일단락' 되었다.

하지만 일본의 민간에서는 아직 울릉도를 다케시마, 독도를 마쓰시마로 불렀던 전통적인 명칭을 그대로 사용해 지도 등을 작성하는 사람들이 있었다. 그러므로 1880년 이후, 일본 정부가 작성한 지도나 문서 등에는 울릉도를 마쓰시마, 독도를 리안코르토 열암(리앙쿠르 락스)으로 기재한 것들이 많아졌지만, 민간에서 작성된 지도나 문서 등에는 옛날 그대로의 표기, 즉 울릉도를 다케시마, 독도를 마쓰시마로 기록한 것들이 상당수 남아 있다.

가와카미 켄조가 정리한 그 시기의 지도 및 문서 분류를 분석해 보면, 19세기에 제작된 일본 지도에는 주로 다섯 가지 종류가 있었던 것으로 보인다.

첫째, 전통적으로 불러왔던 명칭인 다케시마(울릉도), 마쓰시마(독도)가 그려진 지도나 문서가 있다.

둘째, 다케시마, 마쓰시마, 리앙쿠르 락스(독도) 등 3개의 섬이 그려진 지도가 있다.

셋째, 마쓰시마(울릉도)와 리앙쿠르 락스(독도) 등 두 개의 섬이 그려진 지도나 문서가 있다.

넷째, 다케시마와 마쓰시마가 동해에 그려져 있지만, 실제로 존재하지 않는 아르고노트섬에 다케시마라는 이름을 붙이고 울릉도에 마쓰시마라고 표기한 지도다.

다섯째, 마쓰시마(울릉도)만 그린 지도 등이다. 이것을 표로 분류하여 통계를 내면 다음과 같다.

울릉도 등을 기재한 일본 제작 지도 및 문서	지도 및 문서 수 (괄호 내 : 공식 지도, 문서 수)
전통적으로 불러왔던 명칭에 따라 다케시마(울릉도), 마쓰시마(독도) 2개 섬 기재	14(2)
다케시마, 마쓰시마, 리앙쿠르 락스(독도)라는 3개의 섬 기재	2(1)
마쓰시마(울릉도)와 리앙쿠르 락스(독도)라는 2개의 섬 기재	9(5)
다케시마(아르고노트섬), 마쓰시마(다줄레섬)라는 2개의 섬 기재, 마쓰시마(울릉도)만 기재	4(2)

* 가와카미 켄조의 저서(1966년)를 토대로 하여, '조선국교제시말내탐서'와 '태정관 지령문' 등을 추가한 분류

위의 표를 보고 알 수 있는 점들은 다음과 같다.

먼저 전통적으로 불러왔던 명칭에 따라 다케시마(울릉도)와 마쓰시마(독도)를 기재한 지도와 문서가 가장 많고 14점이 보고되었다. 지도는 12점, 문서는 2점이다. 그 가운데 지도 12점은 모두 민간 지도다. 나머지 문서 2점은 '조선국교제시말내탐서(1870년)'와 '태정관 지령문(1877년)'이다.

그리고 그 다음으로 많은 것은 마쓰시마(울릉도)와 리앙쿠르 락스(독도) 2개 섬을 동해에 기재한 지도와 문서인데 모두 9점이 보고 되었다. 이 가운데 공식 문서가 3점, 공식 지도가 2점 포함되어 있다. 나머지 4점은 민간에서 제작된 지도나 문서다.

여기서 공식 문서란 1883년부터 해군성 수로부가 작성하기 시작한 각종 '수로지'다. 그러므로 당시 일본의 공식 문서 '수로지'에는 1883년부터 1905년 이전까지 울릉도가 마쓰시마, 독도가 '리안코르토 열암'으로 기재되어 있다. 그리고 1882년부터 1905년 이전에 작성된 공식 지도에도 울릉도는 마쓰시마(울릉도), 독도는 리안코르토 열암으로 기재되었다. 이런 공식 지도나 공식 문서는 모두 1880년에 군함 아마기가 울릉도로 파견된 이후에 작성된 것들이다.

여기서 알 수 있는 것은, 명칭 혼란을 겪은 것은 주로 일본 정부였고 민간인들은 전통적인 명칭을 사용하는 경향이 오히려 늘어나고 있었다는 점이다. 문제는 군함 아마기가 울릉도를 측량한 1880년 이후, 메이지 정부는 전통적으로 울릉도와 독도에 대해 불러왔던 이름인 다케시마와 마쓰시마, 즉 울릉도와 독도의 일본명 표기를 바꿔 울릉도를 마쓰시마, 독도를 리안코르토 열암으로 부르기 시작했다는 점이다. 그렇다면 이것이 왜 문제가 되는가? 이 문제는 다음 장에서 상세히 살펴보도록 하자.

시볼트와 일본

1820년대에 접어들면서, 일본의 상세한 정보를 얻어서 보다 정확한 '일본과 그 주변 지도'를 작성하려는 서양인들이 나타났다. 그 중에서 대표적인 인물이 바로 시볼트(Philipp Franz Jonkheer Balthasar von Siebold, 1796~1866 : 독일 발음으로 '지볼트'라고도 한다.)다.

✱ 시볼트가 머문 나가사키항

일본 정부는 시볼트가 작성한 지도 때문에, 일본에서 울릉도와 독도에 대한 명칭이 혼란스러워졌다고 주장한다. 그러므로 일본의 논리가 과연 타당한지 확인하는 차원에서 시볼트에 대해 상세히 알아보기로 하자.

시볼트는 독일인이었지만 네덜란드에서 의사로 활동했다. 하지만 동양에 관심이 많아 1823년에 일본으로 가는 배에 몸을 실었다. 그는 1823년 7월에 일본 나가사키[長崎]에 도착했고, 그곳에서 네덜란드 상관(商館) 전임 의사로 근무하게 되었다.

에도시대의 일본은 1635년부터 1854년까지 기본적으로 쇄국정책을 유지하고 있었다. 당시 정식 국교가 있던 나라는 조선뿐이었고, 에도 막부는 중국과 네덜란드와는 교역만을 하고 있었다.

에도 막부는 서양 국가들이 기독교를 전파한다는 이유로, 1635년에 쇄국령을 공포하여 서양 국가들과의 국교를 단절했다. 그런데 네덜란드가 일본에서 기독교를 전파하지 않겠다고 에도 막부에 굳게 약속하자,

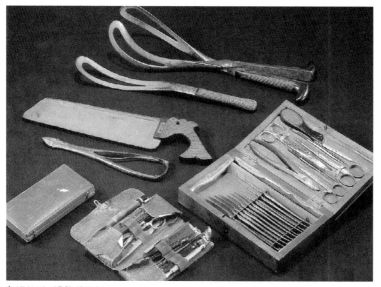

✛ 시볼트가 사용한 의료기구

네덜란드와의 교역만큼은 허락했다. 독일인이었던 시볼트가 일본에 입국할 수 있었던 이유는, 그가 네덜란드의 허가를 받고 일본으로 들어갔기 때문이다.

시볼트는 주로 나가사키의 네덜란드인 거주지 데지마[出島]에서 생활했지만, 1824년에 데지마 밖에서도 진료활동을 할 수 있는 허가를 받았다. 그는 즉시 데지마 밖의 나루타키에 나루타키숙[鳴瀧塾]이라는 사설학원을 설립했다. 당시 데지마 바깥에 거주하거나 본거지를 둘 수 있도록 허가를 받은 네덜란드인은 시볼트뿐이었다. 그것은 그가 의사였고 일본인을 위한 진료소를 설치한다는 명분 때문에 가능했다.

그는 나루타키숙에서 진료하면서 서양의학과 서양의 자연과학을 배우려는 일본인들에게 강의를 했다. 그는 제자들을 통해 일본의 동향을 알 수 있었고, 제자들은 선진 학문을 학습한 탓인지 나중에 저명한 의사나 학자가 되기도 했다.

✛ 나가사키의 시볼트 기념관

시볼트는 단순한 일본 연구가가 아니라 일본의 내정을 탐색하는 임무를 맡았던 것으로 보인다. 그는 일본인 제자들에게 자신은 의사인 동시에 내정탐색관이라고 말한 적이 있다. [하타신지(秦新二), 『분세이(文政) 11년의 스파이합전-검증·수수께끼의 시볼트 사건』(1996, 문춘문고)]

그는 일본 문화에 깊은 관심을 갖고 있었고 일본의 내정을 탐색할 목적으로, 1823년 4월에 네덜란드 관장의 에도장군 알현여행에 동반했다. 그는 가는 길마다 일본의 지리, 식물, 기후, 천문 등을 조사했다.

에도에 도착한 뒤에 시볼트는 에도의 학자들과 교제했다. 특히 일본의 지형에 관심이 있던 그는, 홋카이도나 사할린 등에 대한 북방 탐사를

✳ 모가미 토쿠나이의 '북방도' (1827년경)

실시한 모가미 토쿠나이[最上德內], 에도 막부의 천문방 다카하시 가게야스[高橋景保] 등과 교류했다.

모가미는 시볼트에게 일본의 북방지도를 선물했고, 다카하시는 시볼트로부터 최신 세계지도를 받는 대신 최신 일본지도를 건네주었다. 그런데 이것은 큰 문제가 되었다.

이른바 '시볼트 사건'이란, 시볼트가 에도 막부의 관리로부터 '일본전도' 몇 점을 얻어 그것을 해외로 반출하려고 한 사건이다. 당시 조선이나 일본에서 '지도'는 군사기밀이라는 인식이 강했기 때문에, 에도 막부는 '공식 관찬지도'를 공개하지 않았고 그것을 반출하려는 자에게는 무거운 형벌을 부과했다.

에도 막부의 관리였던 다카하시 가게야스[高橋景保]는 에도 막부의 천문방(天文方)이었다. 천문방이란 원래 달력을 작성하는 부처였으나, 19세기 초부터 천문학, 측량, 지도 작성, 서양 서적 번역 등을 수행했던 부처이고 국립 도쿄대학의 기원 가운데 하나다.

1821년에는 이노 다다타카[伊能忠敬]의 '대일본연해여지노정전도'가 에도 막부 사업으로 완성되었다. 다카하시는 이노 다다타카의 상사였고 이노와 함께 일본열도 측량작업에 동행한 인물이다. 그리고 그는 일본과 그 주변을 그린 '일본변계략도'를 작성하기도 했다. (『우리 역사, 독도』, 2009, p.296)

에도에서 다카하시를 만난 시볼트는, 다카하시가 보관하고 있던 이노 다다타카의 일본 전도를 볼 기회를 얻었다. 시볼트는 다카하시에게 세계지도를 건네주는 대신 이노의 일본 전도를 복사해 달라고 부탁했는데, 다카하시는 그것이 국법을 어기는 일이라는 사실을 알면서도 수락했다. 시볼트도 그 사실을 알고 있었지만, 들키지 않을 것이라고 낙관했다.

다카하시가 시볼트에게 건넨 지도는 이노 다다타카의 일본 전도 축소판, 나가쿠보 세키수이의 '개정일본여지노정전도', 그리고 자신이 작성한 '일본변계략도(일본과 그 주변 지도)' 등이었다.

시볼트는 1826년에 에도에서 나가사키로 돌아온
뒤, 북방 탐험가 마미야 린조[間宮林藏]에게 편지와 선
물을 보냈다. 그는 마미야가 홋카이도에서 채취한
식물 표본을 입수하고 싶었기 때문이다. 하지만 마
미야는 외국인에게 사적으로 선물을 받는 행위는
국법에 걸릴 수도 있다고 생각해, 막부의 상사에게
시볼트의 편지를 개봉하지 않은 상태로 제출했다.

시볼트가 마미야에게 보낸 편지에는 다카하시와
의 관계가 언급되어 있었기 때문에, 결국 다카하시와
기타 천문방 관리들 10여 명은 조사를 받은 뒤에 투옥

✳ 마미야 린조

된다. 다카하시는 지병으로 옥사했지만 사후에 사형선
고가 내려졌다. 시볼트에게는 1829년에 국외 추방과 일본으로의
재도항 금지 조치가 내려졌다. 시볼트는 일본인 아내 다키와
딸 이네를 남겨두고 일본을 떠나야 했다.

그런데 시볼트는 앞에서 언급한 일본 지도 3점은 가
까스로 네덜란드로 가져갈 수 있었다. 그는 가져간 일
본 지도와 당시의 서양 지도를 토대로, 1840년에 '일본
과 그 주변 지도'를 완성했다.

✳ 시볼트의 아내, 다키

1858년 네덜란드와 일본이 수호통상조약을 체결하자,
시볼트에 대한 추방령이 해제되었다. 이에 시볼트는 1859년에
다시 일본으로 건너가 에도 막부의 외교 고문이 되었지만, 1862년에
는 고국으로 돌아가 1866년에 세상을 떠났다. 사람들은 그를 '유럽 일
본학의 아버지'라 부른다.

'수로지'와
1880년 이후의 독도

울릉도에 대한 일본의 군함 파견

1877년, 일본 최고 기관인 태정관은 다케시마(울릉도)와 마쓰시마(독도)는 '일본 영토 바깥'에 있다고 결론 내렸고 그 사실을 '명심하라'고 강조했다. 즉 두 섬을 자국의 영토로 삼으려 하지 말라는 명령이었다.

태정관이 이런 지령을 내린 직접적인 배경은, 1876년에 민간인 무토 헤이가쿠[武藤平學]라는 사람이 『마쓰시마 개척 건(松島開拓之議)』이라는 건의서를 외무성에 제출했기 때문이었다.

무토 헤이가쿠는 1873년경에 나가사키[長崎]와 블라디보스토크를 여러 차례 왕래하는 도중에 마쓰시마(울릉도)라는 섬을 보았다. 곧이어 그는 천혜의 자원이 풍부한 그 섬에 아무도 살지 않는다는 것을 확인하고는, 블라디보스토크 주재 일본무역사무관을 통해 마쓰시마를 개척하겠으니 허가해 달라고 외무성에 요청한 것이다. (川上健三, 1966, p.31)

무토가 제출한 문서 『마쓰시마 개척 건』에서 마쓰시마는 울릉도를 가리킨다. 그 부분은 다음과 같다.

(전략) 우리 오키섬의 북쪽에 있는 '마쓰시마'는 남북 약 5~6리, 동서 약 2~3리의 한 고도이고, 해상에서 바라보니 한 채의 인가(人家)도 없다. 이 마쓰시마와 다케시마는 일본과 조선 사이에 있지만 다케시마는 조선에 가깝고 마쓰시마는 일본에 가깝다. 마쓰시마의 북서쪽 해안은 바위벽인 데다 그 바위벽이 수백 장(丈)이므로 새가 아니면 가까이 갈 수 없다. 그리고 그 남쪽 해안은 바다 쪽으로 갈수록 산세가 점차 평탄해지고, 산 정상으로부터 3~4분 거리에는 폭이 수백 간(間)이나 되는 폭포가 있어 평지에 논밭을 만들어 경작하는 데 편리할 것이다. 그리고 해변 도처에 작은 만이 있어 선박을 댈 수 있다. 이에 더해 본 섬은 소나무가 울창하여 항상 심록을 띠고 있고 광산도 있다고 한다. (중략) 본 섬에는 광산이 있고 거목이 있으며, 어로와 벌목으로 얻을 수 있는 이익 등도 적지 않다. 본인에게 이 섬을 빌려 주신다면 해마다 엄청난 이익을 얻을 것이다.

- 川上健三, 1966, p.32

아마도 무토는 시볼트가 작성한 지도에 영향을 받아 울릉도의 경위도에 마쓰시마를 그린 지도를 보고 울릉도를 마쓰시마라고 생각한 모양이다. 그는 다케시마에 대해서도 언급하고 있지만, '그가 여기서 언급한 다케시마'는 실제로는 존재하지 않는 아르고노트섬이다. 이 『마쓰시마 개척 건』에 나오는 마쓰시마의 크기와, 소나무가 울창하고 폭포가 있다는 식의 묘사는 바로 마쓰시마가 울릉도라는 것을 입증한다.

당시 일본 외무성에서는 이 건의서에 언급된 마쓰시마가 과연 새로운 섬인지에 대해 논의했고, '무토 헤이가쿠가 언급한 마쓰시마'를 조사해야 한다는 의견이 나왔다. 하지만 외무성 공신국장 다나베 다이치[田辺太一]는 마쓰시마 조사에 반대하는 의견서를 냈다. 그 주요 부분은 다음과 같다.

마쓰시마는 조선의 울릉도에 속하는 우산도에 대해 우리 일본인이 명명한 이름일 뿐이다. 울릉도가 조선에 속한다는 것은, 구 정부(에도 막부) 시대에 양국 사이에 갈등이 생겨 문서왕래 끝에 일본의 소유가 아니라고 한 것이며, 이 사실은 양국의 역사에 기록되어 있다. 그러므로 지금 이유 없이 사람을 보내 울릉도를 조사한다는 것은 타인의 보물을 넘보는 행위다. (중략) 마쓰시마를 결코 개척할 수 없고 개척하면 안 된다. 그게 불가능하다는 사실을 알면서도 조사할 경우, 우리가 얻을 수 있는 이익은 무엇인가? 그리고 (마쓰시마를 조사한 뒤에) 후유증이 생기면 어떻게 할 것인가? (중략) 우리 일본인이 외국 선박(서양 선박)을 타고 조선땅에 감으로써 조선 정부의 의심을 증폭시킬 수 있다는 이야기는 과도한 우려라고 할 수도 있지만, 해당 섬(울릉도)에 있는 조선인들이 서양인과 일본인을 구별할 수 있을 것이니 교린 관계에 장애가 생길 것이다. (후략, 밑줄은 필자)

松島ハ我邦人ノ命セル名ニシテ其実ハ朝鮮蔚陵島ニ屬スル干山ナリ蔚陵島ノ朝鮮ニ屬スルハ旧政府ノ時一葛藤ヲ生シ文書往復ノ末永ク証テ我有トセサルヲ約シ載テ両国ノ史ニ在リ今故ナク人ヲ遣テコレヲ巡視セシム此ヲ他人ノ宝ヲ数フトイフ(中略)松島断シテ開ク能ワス又開クヘカラス其不能不可ヲ知テコレヲ巡視スル豈無益ナラサランヤ況ヤ後害ヲ釀サントスルオヤ(後略)

- 川上健三, 1966, p.44

여기서 다나베 국장은 마쓰시마라는 이름은 조선의 울릉도에 속하는 우산도(독도)에 대해 자국 사람들이 붙인 이름이라고 단언했다. 그는 무토 헤이가쿠가 마쓰시마를 개척하겠다고 했을 때, 일본인들이 전통적으로 인식해 왔듯이 그 이름만 보고 그 섬을 독도로 생각한 모양이다. 그리고 중요한 것은 다나베 국장이 독도가 울릉도의 속하는 섬, 즉 조선의 영토라고 단정했다는 점이다. 이 인식은 1870년의 『조선국교제시말내탐서』에 기록된 내용과 동일하다. 다나베 국장의 발언은 당시 일본 외무성에 울릉도·독도가 조선의 섬이라는 의견이 확실히 존재했음을 보여 준다.

한편, 외무성 기록국장 와타나베 히로키[渡辺浩基]가 다케시마·마쓰시마의 관계를 조사해 의견서를 제출했는데 그 요점은 다음과 같다.

● 일본에서 전통적으로 '다케시마'라고 칭한 것은 조선의 울릉도다.

● 다줄레섬을 '마쓰시마'라고 명명했지만, 그 섬은 원래 '다케시마'이고 울릉도다.

● 일본에서 전통적으로 '마쓰시마'라고 명명한 섬은 '호넷 락스(리앙쿠르 락스 : 독도)'다.

● 일본에서 전통적으로 '다케시마'라고 부르던 섬에 유럽인이 '마쓰시마'라는 이름을 붙였지만, 사실은 존재하지 않는 섬인 '아르고노트섬'에 '다케시마'라는 명칭을 붙인 것이다.

● '호넷 락스(일본인들이 전통적으로 '마쓰시마'라고 불러 왔던 독도)'가 일본에 속한다는 것은 각국의 모든 지도가 일치한다.

● 하지만 '다케시마'와 '마쓰시마'의 소속이 분명하지 않으므로 시마네현에 조회하고 함선을 현지에 파견해 조사해야 한다.

- 川上健三, 1966, p.38~39

위의 내용과 관련된 원문은 다음과 같다.

여러 문헌을 보고 생각하니 '다케시마' 즉 서양 이름으로 '아르고노트섬'이란 전혀 존재하지 않는 섬이고, 그들이 말하는 '마쓰시마', 즉 '데

라세섬(다줄레섬)'이란 원래 우리 이름으로는 '다케시마', 즉 '울릉도'이며, 우리가 전통적으로 불러 온 '마쓰시마(독도)'라는 이름의 섬은 서양 이름이 '호넷 락스'인 것 같다. 그런데 서양인들이 '다케시마(울릉도)'를 발견한 뒤에 '마쓰시마'라고 불렀는데, 그들은 '다케시마'라는 섬이 따로 있다고 생각한 것 같다. 각국에서 제작한 지도에는 이 '호넷 락스'가 우리나라(일본)에 속한다고 명시해 놓았다. (중략) 따라서 먼저 시마네현에 조회하여 종래의 관습을 조사하고, 아울러 함선을 파견하여 그 지세를 보고 만약에 그(조선)가 이미 손을 쓴 곳이라면 통치의 상황을 실사한 뒤에 그 다음의 방책을 정해야 한다. (후략)

諸書ニ就テ案スルニ竹嶋洋名アルゴナウト嶋ナル者ハ全ク烏有ノ者ニシテ其松島デラセ嶋ナル者ハ本来ノ竹嶋即チ蔚陵島ニシテ我松嶋ナル者ハ洋名ホルネットロックスナルカ如シ然ルヲ洋客竹嶋ヲ認テ松嶋ト위シ更ニ竹嶋ナル者ヲ想起セシ者ノ如シ而テ此ホルネットロックスノ我国ニ屬スルハ各国ノ地図皆然リ (中略) 因テ先ツ嶋根県ニ照会シ其従来ノ習例ヲ糺シ併セテ船艦ヲ派シテ図其地勢ヲ見若シ彼糺ニ着手セハ其宰政ノ模樣ヲ実査シ然ル後ニ其方略ヲ定メント要ス(後略)

- 川上健三, 1966, p.38~39

와타나베 국장이 의견서의 마지막 부분에서 "만약에 그(조선)가 이미 손을 쓴 곳이라면 통치의 상황을 실사한 뒤에 어떻게 해야 할지를 결정해야 한다."고 말한 부분을 살펴보자. 여기서 그는 조선인이 울릉도를 지배하고 있다고 해도 그 다음 방책을 생각하여 울릉도를 개척하려 했음을 알 수 있다. 울릉도가 조선땅이라고 해도 다른 방책을 생각하자는 말은, 울릉도가 조선의 영토라는 사실을 인정하지 않고 울릉도를 빼앗으려는 생각을 드러낸 것으로 볼 수 있다.

이에 내무성은 시마네현에 사실관계를 확인하게 되는데, 결론적으로 와타나베 국장의 의도는 1877년에 '태정관 지령문'이 내려옴에 따라 좌절되고 만다. 여기서 갑자기 내무성이 등장하는 이유는, 시마네현에 대한 조회는 일본의 내정에 관한 사항이므로 외무성이 내무성으로 업무를 이관했기 때문이다. 그러므로 내무성은 결과 문서인 '태정관 지령문'을 외무성에 송부한 것이다.

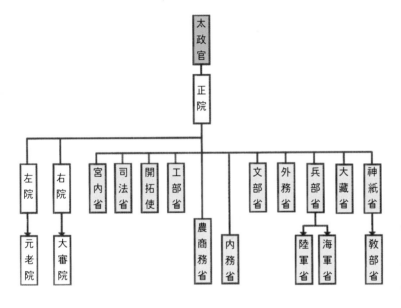

그런데 태정관의 결론은 '다케시마(울릉도)와 외 일도(독도)는 일본과 관계가 없음을 명심하라.'였다. 하지만 처음부터 두 섬을 넘보던 와타나베 국장은 이 결정에 불복하여, 1880년 9월 군함 아마기[天城]를 울릉도로 보내는 데 성공한다.

남의 나라에 군함을 보내 조사나 측량을 하는 것은 일반적으로 상당히 문제가 되는 행동이다. 하지만 일본은 1876년 2월에 조선과 체결한 '조일수호조규(강화도 조약)' 제7조에 따라 조선 연해와 조선 도서 등을 자유롭게 측량할 수 있었다. 그렇기 때문에 일본 정부는 다케시마·마쓰시마의 명칭 혼란에 종지부를 찍는다는 명목으로, 군함 아마기를 울릉도로 보낸다. 이 조사를 통해 당시 무토 헤이가쿠와 서양인들이 '마쓰시마'라고 했던 섬은, 일본인들이 전통적으로 '다케시마'라고 불러 왔던 조선의 '울릉도'라는 사실이 판명되었다.

그런데 군함 아마기는 울릉도 동쪽 약 2킬로미터에 위치한 섬이 조선에서 죽도(竹島)라고 불리고 있다는 사실을 알아냈다. 이를 근거로 군함 아마기는 일본에서 전통적으로 다케시마라고 불러 왔던 섬은 바로 울릉도 동쪽 2킬로미터 거리에 있는 죽도를 뜻한다고 외무성에 보고해 버렸다. 이 때문에 울릉도에 잘못 붙여졌던 마쓰시마라는 이름이 울릉도의 일본 명칭으로 정착되고 말았다.

수로부의 각종 '수로지'에 나타난 독도

⊙1905년 이전의 '수로지'에 나타난 독도

1880년 이후, 일본 해군성 수로부는 각종 '수로지'를 작성하기 시작했는데, 거기에는 울릉도가 '마쓰시마'로, 독도는 '리안코르토 열암'으로 기재되었다. 전통적인 울릉도의 명칭인 '다케시마'와 독도의 명칭인 '마쓰시마'는 '수로지'에 의해 역사 속으로 사라져 버린 것이다.

『환영수로지(寰瀛水路誌)』(1883년)와 조선의 범위

일본의 해군성 수로부가 처음으로 발행한 수로지는 1883년에 나온 『환영수로지(寰瀛水路誌)』다. 『환영수로지』의 환(寰)은 '천하' 혹은 '세계'라는 뜻이고, 영(瀛)은 '바다'라는 뜻이다. 그러므로 『환영수로지』는 '세계 바다의 수로지'라는 뜻이지만, 실제로는 일본, 조선, 러시아의 동해안 등을 중심으로 수로를 소개하고 있다.

이 수로지에서 주목해야 할 점은 2권 제1편 총기(總記)에 조선의 범위가 명기되어 있다는 것이다. 즉 조선의 범위는 '북위 33도 15분에서 동 42도 25분, 동경 124도 20분에서 동 130도 35분에 이른다.'고 기록되어 있다.

그런데 독도의 경위도는 '북위 37도 14분, 동경 131도 55분'이다. 그러므로 일본 정부와 일본학자들은 메이지 정부가 독도를 '조선 영토 바깥'에 있는 것으로 보았다고 강조한다. 나아가 그들은 메이지 정부가 독도를 조선의 영토로 보지 않았기 때문에, 1905년에 독도를 시마네현에 편입한 조치는 조선에 대한 침략행위가 아니었다고 주장한다. 무주지(無主地), 즉 국적이 없는 땅에 대한 선점(先占) 행위였을 뿐이라는 것이다.

❉『환영수로지(寰瀛水路誌)』

하지만 조선의 강역을 누가 정했는가 하는 것이 문제다. 이 문제를 깊이 분석하면 뜻밖의 결과에 도달한다. 즉 조선의 범위를 경위도로 나타낸 것은 조선이 아니라 일본이었다. 그리고 조선은 일본이 자의적으로 정한 이 범위를 인정한 적도 없다. 그러므로 일본이 일방적으로 결정한 조선의 강역은 받아들일 수 없는 것이다.

한편 일본학자들은 1899년에 대한제국 학부가 발행한 지리교재『대한지지(大韓地誌)』에도 대한제국의 범위가 '북위 33도 15분에서 북위 42도 15분, 동경 124도 35분에서 동경 130도 35분'으로 기록되어 있다고 지적하면서, 독도가 대한제국의 강역에서 빠져 있다고 강조한다.

하지만『대한지지』의 내용을 잘 살펴보면 이상한 점이 몇 가지 있다. 예를 들면 동해가 "일본해"로 잘못 표기되어 있고,『대한지지』의 후기에 "시간적 여유가 없어 일본의 지리서를 번역했다."고 기재되어 있다. 이 교재는 결국 일본 교재를 번역한 것으로 판단되기 때문에 교재의 내용을 신뢰할 수 없다.

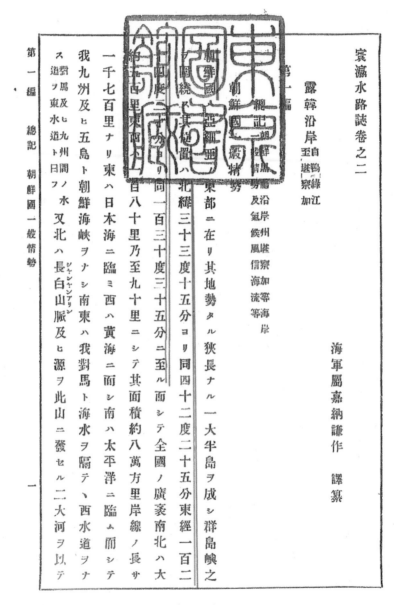

露韓沿岸 自鴨緑江至堪察加

海軍屬嘉納謙作 譯纂

第一篇 總記 朝鮮情勢 沿岸燈臺及氣候風信海流等海岸

第一編 總記 朝鮮國一般情勢

朝鮮國ハ其位置ハ北緯三十三度十五分ヨリ同四十二度二十五分東經一百二十二度三十五分ヨリ同一百三十度三十五分ニ至ルニシテ全國ノ廣袤南北八大約一千七百里ナリ東ハ日本海ニ臨ミ西ハ黃海ニ面シ南ハ太平洋ニ臨ム而シテ八十里乃至九十里ニシテ其面積約八萬方里岸線ノ長サ

東部ニ在リ其地勢タル狹長ナル一大半島ヲ成シ群島嶼之

我九州及ヒ五島ト朝鮮海峽ヲナシ南東ハ我對馬ト海水ヲ隔テ、西水道ヲナス對馬及ヒ九州間ノ水又北ハ長白山脈及ヒ源ヲ此山ニ發セルニ大河ヲ以テ

一

✚ 한국의 범위를 기술한 「환영수로지」 부분

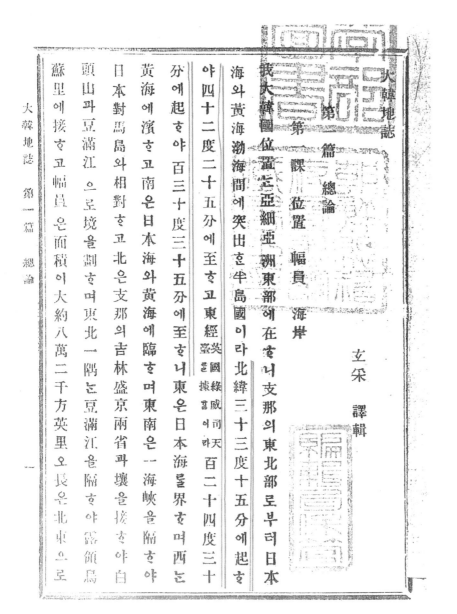

大韓地誌

第一篇　總論

玄采　譯輯

第一　位置　幅員　海岸

我大韓國位置는亞細亞洲東部에在ㅎ니支那의東北部로부터日本海와黃海渤海間에突出ㅎ야半島國이라北緯三十三度十五分에起ㅎ야四十二度二十五分에至ㅎ고東經英國綠威司天台를據ㅎ야百二十四度三十分에起ㅎ야百三十度三十五分에至ㅎ니東은日本海로界ㅎ며西는黃海에濱ㅎ고南은日本海와黃海에臨ㅎ며東南은一海峽을臨ㅎ야日本對馬島와相對ㅎ고北은支那의吉林盛京兩省과壤을接ㅎ야白頭山과豆滿江으로境을劃ㅎ며東北一隅는豆滿江을隔ㅎ야露領烏蘇里에接ㅎ고幅員은面積이大約八萬二千方英里오長은北東으로

* 1899년에 제작된 『대한지지』에 나오는 대한제국의 범위

大韓地誌　第一篇　總論

一

大韓地誌跋

余所編地誌本諸日人所記恭諸輿地勝覽旁及部府掌故而其所叙述
略倣古山水記簡略之意少而悠揚之詞多盖變體也舍正體而爲變體
者奈何余以爲今使小學童子課習地誌而其文簡澳一如禹貢水經之
爲則其不便有四難讀一也難記一也難欽動一也難開發一也以此四
難望其成功不亦迂乎故余之爲此也要使難易適得相半難不至太棘
易不至太俚渙然冰釋怡然理順但其名勝叙述本出於日人一時遊歷
之際其於山脉水脈或不能無失實之病而顧以教課事急不能摩歲月
博者據此其所愧也世之君子其或嗣而輯之宻余過誤而歸于至當則
斯厚幸云

光武三年十二月二十五日白堂　玄采跋

✽ 「대한지지」 후기. "시간적 여유가 없어 일본의 지리서를 번역했다."고 기재되어 있다.

モ疑ラクハ一礁脈アリテ之ヲ相連ルナラン西嶼ハ海面上高サ四百十尺ニシ

微西ヨリ南東微東ニ至ルノ長サ共計約一里而シテ二嶼相距ル四分里一ナル

位セル濯々無産ノ二岩嶼ニシテ鳥糞常ニ帳上ニ充積シ嶼色爲メニ白シ北西

ルシス」曰ク該列岩ハ北緯三十七度十四分東經一百三十一度五十五分ノ處ニ

年英艦「ホル子ット」號此列岩ヲ探撿シテ「ホル子ット」列島ト名付ケリ該艦ノ艦長「フォ

形艦「パルラス」號此列岩ヲ「メナライ」及ヒ「ヲリヴツァ」列島ト稱シ一千八百五十五

坂テリヤンコールト列岩ト名付ケリ其後一千八百五十四年露國「フリゲート」

此列岩ハ一千八百四十九年佛國船「リヤンコールト」號初テ之ヲ發見シ船名ヲ

「リヤンコールト」列岩

通ス○左ニ記載スルモノヲ除クノ外日本海内絶テ暗岩危礁ナシ

峽アリ以テ太平洋ニ通シ北ニ韃靼海灣アリ以テ黒龍江幷ニ痾哥德斯科海ニ

シテ南ニ朝鮮水道アリ以テ支那海ニ通シ東ニ宗谷洋名「ラペルース」及ヒ津輕ノ二海

ルノ海岸ヲ以テ西及ヒ北西ノ海界トナス故ニ四面皆陸ヲ以テ圍繞セラル、而

✛ 환영수로지(環瀛水路誌)』 2권 제4편 '조선 동안 및 제도(諸島)'의 '리안코르토 열암'이 기재된 페이지

하지만 더 큰 문제가 있다. 각종『수로지』와『대한지지(大韓地誌)』에서는 대한제국(조선)의 동쪽 끝을 '동경 130도 35분' 으로 했는데, 그렇게 정한다면 독도뿐만 아니라 울릉도까지도 대한제국(조선)의 영토에서 제외된다. 울릉도의 경위도는 '북위 37도 29분, 동경 130도 54분' 이므로 각종 '수로지' 와『대한지지』는, 엄연히 대한제국(조선) 부속도서였던 울릉도와 독도를 고려하지 않음으로써 대한제국(조선)의 경위도를 잘못 설정했다는 것이다.

결론적으로 각종 '수로지' 에 기재된 대한제국(조선)의 범위는 일본이 당시 독도뿐만 아니라 울릉도까지 일본 영토로 편입하려는 저의를 갖고 있었음을 보여 준다. 1876년에 울릉도와 독도를 삼키려 했던 일본 외무성의 와타나베 히로키 국장의 야심은, '수로지' 가 울릉도와 독도를 대한제국(조선)의 영토에서 제외하는 것으로 구체적으로 드러난다.

『환영수로지(寰瀛水路誌)』에서는 독도를 2권 제4편 '조선 동안 및 제도(諸島)' 에 포함시켜 '리앙쿠르 락스' 의 일본식 발음인 '리안코르토 열암' 으로 기록했다. 그 기재 내용은 다음과 같다.

1849년 프랑스 선박 '리안코르토 호(리앙쿠르 호)' 가 이 열암을 처음으로 발견한 뒤에, 선박의 이름을 따서 '리안코르토 열암' 이라는 이름을 붙였다. 그 뒤 1854년 러시아의 프리게이트형 함선 '파트라스' 가 이 열암을 '매넬래이' 및 '오리벳좌 열도' 로 칭했고, 1855년 영국함 '호넷 호' 가 이 열암을 탐험하여 '호넷 열도' 로 명명했다. 이 함의 선장 '폴레스' 가 말하기를, 이 열암은 북위37도 14분, 동경131도 55분에 위치하는 불모의 두 암서(岩嶼)로 새똥이 항상 섬 표면에 쌓여 있으므로 섬의 색깔이 하얗다. 북서 측에서 남동 측으로 이르는 길이는 합계 약 4킬로미터이고, 두 암서의 거리는 약 1킬로미터 정도다. 연결되는 암초가 있어 두 암서를 연결하고 있는 것 같다. 서쪽 암서는 해수면상의 높이가 약 410척(약 124미터)이다. (후략)

일본은 위 수로지 내용처럼 '리안코르토 열암(리앙쿠르 락스, 독도)'은 1849년에 프랑스 '리앙쿠르호'가 처음 발견한 것이라고 기재함으로써, 일본인들이 독도의 존재를 알고 있었으며 전통적으로 '마쓰시마'라고 불러왔다는 사실을 완전히 누락시켰다. 이것은 독도를 대한제국(조선)의 강역으로 인정해 왔던 자국의 역사를 완전히 부정한 것이며, 독도를 차지하려고 자국에게 유리한 정보만을 언급한 고의적 서술로밖에 볼 수 없다. 언젠가는 독도를 장악하려고 독도의 일본 이름과 그 역사를 일부러 누락시켜, 독도를 마치 새로 발견된 섬인 것처럼 꾸몄을 가능성도 배제할 수 없는 것이다.

즉 1880년 이후, 일본의 해군성 수로부는 기존의 독도 역사를 완전히 무시해 버렸거나 의도적으로 기재하지 않았다고 본다. 그리고 이 수로지는 울릉도에 대해 '일명 마쓰시마'라고 표기하여 '리안코르토 열암' 다음에 소개해 놓았다.

수로부가 '태정관 지령문'에서도 인정한 것처럼 독도가 조선의 강역이라는 기존의 역사를 무시했다면, 일본이 1905년에 독도를 시마네현에 편입한 것은 독도를 무국적지(무주지)로 간주한 잘못된 인식에 따라 진행된 것이므로 무효가 된다. 또 독도의 역사를 고의적으로 누락시켰다 해도, 1905년의 편입은 일본이 제국주의적 탐욕으로 저지른 행위이기 때문에 무효가 된다.

어쨌든 리앙쿠르 락스가 일본이 역사적으로 그 존재를 알고 있었던 마쓰시마이고 조선의 부속도서라는 문서가 존재하는 이상, 1905년의 시마네현 편입은 성립 근거 자체가 원천적으로 무너지게 된다는 것을 알 수 있다.

『조선수로지』(1894년, 1899년)

『환영수로지』가 발행된 지 11년이 지난 1894년, 일본 수로부는 『조선수로지』를 발행했다. 그런데 『조선수로지』에 기록된 대한제국(조선)

*『조선수로지』(1894년) 표지

* 대한제국의 범위를 기술한 『조선수로지』 부분. 조선의 동쪽을 동경 130도 35분으로 기재하여 울릉도와 독도를 제외시켰다.

* 『일본수로지』(1897년) 표지

明治二十七年十一月刊行

朝鮮水路誌

水路部　全

明治三十年三月刊行

日本水路誌 第四卷

水路部

第一編 總記

朝鮮水路誌
第一編
總記

形勢　海軍編圖第二號第九五號ヲ見ヨ

朝鮮國ハ亞細亞ノ東部ニアリ其地勢タル狹長ナル一大半島ヲ成シ數多ノ島
嶼之ヲ圍繞ス其位置ハ北緯三三度一五分ヨリ同四二度二五分東經一二四度
三〇分ヨリ同一三〇度三五分ニ至ル全國ノ廣袤南北大約五〇〇里東西一八
〇里乃至九十里ニシテ其面積約八〇,〇〇〇平方里岸線ノ長　一,七〇〇里東
ハ日本海西ハ黃海南ハ太平洋ニ臨ミ我九州及五島ト朝鮮海峽ヲ成シ南東ハ
我對馬ト海水ヲ隔テ、西水道ヲ成ス　又北ハ長白山脈及源ヲ
此山ニ發スル二大河ヲ以テ支那及黑龍沿岸州ト界ス即ク其一ヲ鴨綠江ト稱
シ支那ノ吉林盛京ノ二省ニ界ス其二ヲ豆滿江ト稱シ黑龍沿岸州ト界ス鴨綠
江ハ西流シテ黃海ニ入リ豆滿江ハ東流シテ日本海ニ注ク國ノ西岸及南岸附

강역의 경위도는 『환영수로지』와 똑같고 울릉도와 독도도 제외되는 등 오류가 드러났다.

그리고 제4편 '조선 동안 및 제도'에 '리안코르토 열암'과 '울릉도(일명 마쓰시마)'를 포함시켰다. 기재 내용은 『환영수로지』와 차이가 없다.

『조선수로지』는 1899년에 제2판이 발행되었으나 조선의 경위도, '리안코르토 열암', '울릉도(마쓰시마)' 등에 대한 기재는 제1판과 같다. 리안코르토 열암, 즉 독도를 발견한 것은 1849년 프랑스 선박이라는 내용도 기재되어 있다.

『일본수로지』(1897년)

한편 일본 해군성 수로부는 1897년에 『일본수로지』를 발행했다. 이 『일본수로지』4권 제3편에는 '본주 북서안(本州北西岸)'과 일본섬인 오키[隱岐]가 기재되었지만, 오키섬과 가장 가까운 독도는 기재되지 않았다. 독도는 일본 수역에 포함되지 않았고 조선 동안에 포함된 것이다.

'수로지'가 독도 시마네현 편입(1905년)에 미친 영향

1904년, 독도에서 강치 잡이를 하던 오키섬의 어부 나카이 요자부로[中井養三郎]는 독도에서의 강치잡이를 독점할 목적으로 일본 정부에 '랸코도(리앙쿠르 락스, 독도) 영토 편입 및 대하원'을 제출했다. 당시 수로

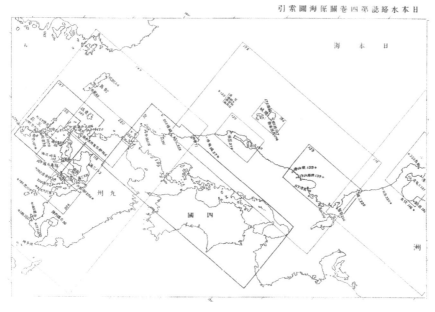

引索圖海係關卷四第誌路水本日

＊『일본수로지』 (1897년)에 삽입된 해도, 독도는 일본 수역에 포함되지 않았다.

부장 기모쓰키 가네유키[肝付兼行]는 나카이 요자부로에게 '랸코도(독도)가 대한제국(조선)의 영토라는 증거가 없다.'고 전함으로써, 나카이는 이를 근거로 일본 정부에 '랸코도(리앙쿠르 락스, 독도) 영토 편입 및 대하원'을 제출한다.

그런데 기모쓰키는 왜 독도가 대한제국(조선)의 영토라는 증거가 없다고 판단했을까? 그는 아마도 각종 '수로지'에 기재된 대한제국의 범위와 독도의 경위도를 비교한 것은 물론이고, 독도가 대한제국의 영토 바깥에 있다는 기록을 근거로 독도가 무주지라고 판단한 모양이다.

또한 1870년, 1877년에 두 차례에 걸쳐 일본 최고 기관이었던 태정관은 마쓰시마(독도)가 '조선의 부속' 혹은 '본방(일본)과 관계가 없다.'고 선언한 공문서를 남겼다. 하지만 기모쓰키 가네유키는 그 사실을 몰랐거나 일부러 무시했을 가능성이 높다. 즉 일본은 독도에 대한 정확한 조사를 생략한 채 독도 편입 계획을 진행한 것이다.

그 뒤 일본 내무성은 독도를 '조선의 영토일 가능성이 있다.'고 해서 나카이 요자부로의 '랸코도 영토 편입 및 대하원'을 각하했지만, 외무성은 제대로 조사하지도 않은 채 러일전쟁이라는 긴박한 시국상황을 강조하면서 독도를 무주지로 간주했고 다른 성청을 설득해 1905년에 결국 독도를 시마네현에 편입시켰다.

1905년에 일본이 독도를 시마네현에 편입한 사건은, 자국민들이 전통적으로 독도를 마쓰시마라고 부르면서 조선땅으로 인정해 온 역사적 사실을 무시한 해군성 수로부가 불법행위를 자행하도록 계기를 마련해 준 사건이었다.

⊙1905년 이후의 '수로지'에 나타난 독도

1907년에 발행된 『조선수로지』와 『일본수로지』 비교

'수로지'에 기재된 독도의 이름에 변화가 생긴 것은 1907년 3월에

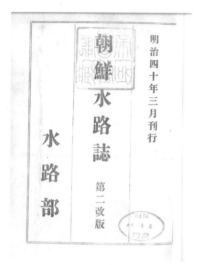

明治四十年三月刊行

朝鮮水路誌

第二改版

水路部

✽『조선수로지』(1907년 3월) 표지

발행된『조선수로지』부터다. 그것은 1905년에 일본이 독도를 다케시마로 개칭하여 시마네현에 편입시켰기 때문이다. 하지만 1907년 3월까지 독도는『일본수로지』가 아니라『조선수로지』에 기재되었다.

독도는 '다케시마[竹島]'라는 이름으로『조선수로지』(1907년) 제5편 '일본해 및 조선 동안'에 나온다. 기재된 내용이 많아졌지만 독도를 발견한 것은 여전히 프랑스의 '리앙쿠르호'로 되어 있고, 아직 시마네현에 편입되었다는 내용은 없다. '리안코르토 열암'이라는 이름만 다케시마로 바뀌었을 뿐『조선수로지』에 독도가 기재되었다는 점이 무엇을 시사하는지 고려해 봐야 한다. 본문은 다음과 같다.

다케시마[Liancourt rocks]

1849년 프랑스 선박 '리앙쿠르호'가 이것을 발견해 Liancourt rocks라는 이름을 붙였다. 그 뒤 1854년 러시아 함선 '파트라스'는 이것을 Menalai and Olivutsa rocks로 명명했고, 1855년 영국함 '호넷'은 이것을 호넷 락스(Hornet islands)라고 불렀다. 한인은 이것을 독도(獨島)라고 쓴다. 본방(일본) 어부들은 리안코도라고 한다.

이 섬은 일본 해상의 한 군소 도서이고 오키국 도젠[島前]에서 대략 80해리, 울릉도에서 대략 50해리에 위치해 폭 1/4해리의 좁은 수도를 사이에 두고 동서에 서로 마주보는 두 섬과 그 주위에 있는 많은 작은 바위들로 구성된다. 서도는 해발 410척(약 124미터) 정도이고 사탕과자 모양이고, 동도는 약간 낮고 정상에 평탄한 땅이 있다. 주위의 작은 바위들은 대부분 편평한 바위이고 겨우 수면 위에 노출되어 있는데, 그들 가운데 큰

것은 수십 평 정도다. 두 섬 모두 마른 바위이고 바닷바람에 노출되어
있으며, 수목은 전혀 없고 동도에 겨우 야생초가 나 있을 뿐이다. 섬의
해안은 절벽이고 부드러운 돌의 층으로 되어 있으며 기이한 동굴들이
많다. 그런 동굴 및 작은 바위들에는 '강치'가 서식하고 있다. (후략)

- '일본해 및 조선 동안', 『조선수로지』, 1907, pp.451~452

이와 같이 1907년 3월에 출간된 『조선수로지』의 독도 기술 내용은
독도를 상세히 실사한 결과를 적어 놓은 것으로 보인다. 그리고 실사
시기는 1904년 11월이고 군함 쓰시마가 그 역할을 수행했다고 기재
되어 있다.

한편 1904년 11월 15일에 시마네현 내무부장 호리 신지[堀信次]는
'리안코르토 열암'을 시마네현에 편입시키기 위해 이름을 붙여야 하
는데, 어떤 이름으로 하면 좋을지 오키 도사 아즈마 후미수케[東文輔]에
게 의견을 물었다. 그러자 아즈마 후미수케 오키 도사는 울릉도가
'마쓰시마'가 된 것이니, '리안코르토 열암'은 '다케시마'라고 명명
하는 것이 타당하다고 답했다.

1907년 3월에 발행된 『조선수로지』의 다케시마 부분은 1904년 11월
군함 쓰시마의 실사를 토대로 작성되었고,(『조선수로지』, 1907년 3월 발행,
p.453) 같은 시기에 독도에는 다케시마라는 일본명이 주어졌다. 하지만
1904년 11월 시점에는 독도가 아직 일본으로 편입된 것이 아니었다.

결국 1907년 3월에 발행된 『조선수로지』의 다케시마 부분은 1904
년 11월의 상황을 반영해서 독도의 명칭이 다케시마로 바뀌었지만,
그 당시에는 독도가 아직 시마네현에 편입되기 전이었기 때문에 다
케시마가 시마네현 소속으로 기재되지 않은 듯하다. 즉 이 『조선수로
지』는 1904년까지의 조사 자료를 토대로 편집되어 1907년에 발행되

一八四九年佛船「リアンコール」之ヲ發見セシヲ以テ Liancourt rocks ト稱ス其
後一八五四年露艦「パルラス」ハ之ヲ Menalai and Olivutsa rocks ト名ツケ一八
五五年英艦「ホーネット」ハ之ヲ Hornet islands ト呼ヘリ韓人ハ之ヲ獨島ト書シ

四百五十一

第五編　日本海　竹島

四百五十二

本邦漁夫ハ「リアンコ島ト曰フ

此島ハ日本海上ノ一小群嶼ニシテ隠岐國島前ヨリ大約八十浬、欝陵島ヨリ
大約五十浬二位シ廣四分一浬ノ狹水道ヲ隔テ、東西二相對スル二島ト其周
圍二碁布スル幾多ノ小嶼トヨリ成ル西島ハ海面上高約四一〇呎ニシテ棒糖
形ヲ成シ東島ハ較ヤ低ク頂上ニ平坦ナル地アリ周圍ノ諸小嶼ハ概ネ扁平ノ
岩ニシテ僅ニ水面ニ露出シ其大ナルハ優ニ數十疊ヲ敷クニ足ルヘシ二島共
二全部瘠痩ノ禿岩ニシテ海洋ノ颶風二曝露シ一株ノ樹木ナク東島僅二野草
ヲ生スルノミ島岸ハ斷崖絶壁ニシテ軟性ノ石層ヨリ成リ奇觀ノ洞窟多ク殆
ト攀躋スヘカラス此等ノ洞窟及ヒ小嶼ハ「トド」ノ群棲所タリ
此島ハ其附近水深ク軍艦對馬ハ東島ノ南端ヲ距ル北西方約九鏈ノ處ニ於
五十八尋ヲ測得セリト云フ然レトモ此島ハ其位置日本海ヲ航上スル船舶ノ
航路ニ近キヲ以テ夜間ハ危險ナリトス
島上ノ平地

海圖第一七九號

＊『조선수로지』(1907년 3월) 제5편 '일본해 및 조선 동안'의 다케시마 기재 부분

었기 때문에, 1905년에 독도가 시마네현에 편입된 내용을 적용하지 못한 것이다.

그런데 『조선수로지』를 발행한 지 3개월 뒤인 1907년 6월, 일본 해군성 수로부는 별도로 『일본수로지』를 발행한다. 이때 수로부는 독도가 3개월 전에 『조선수로지』에 기재된 사실을 못마땅하게 생각했는지, 독도 및 그와 관련된 내용을 『일본수로지』(1907년 6월)로 완전히 옮겼다. 이런 사실들은 일본이 독도를 대한제국의 영토에서 일본의 영토로 이전시켰다는 것을 시사한다. 즉 일본 해군성 수로부는 독도 및 그와 관련된 내용을 『조선수로지』에서 『일본수로지』로 의도적으로 이동시킴으로써, 1905년 이전까지는 독도가 대한제국(조선)의 영토였다는 사실을 인정한 것이다.

✤ 『일본수로지』(1907년 6월) 4권 표지

『일본수로지』(1907년 6월) 4권 제3편 '본주 및 북서안'에는 독도가 '다케시마'로 기재되었다. 그리고 독도가 '메이지 38년(1905년)에 시마네현 소관에 편입되었다.'라는 설명이 새로 추가되었다. 본문은 다음과 같다.

다케시마[Liancourt rocks]

북위 37도 9분 30초, 동경 131도 55분. 즉 오키 열도의 북서 약 80해리에 위치하는 군소 도서이고 주위 약 2해리, 동서의 두 섬과 여러 개의 바위로 구성되어 있다. 두 섬은 거의 불모의 바위이고 사면은 절벽으로 되어 있는데 새똥으로 하얗게 되어 있다. 두 섬 사이에는 좁은 수도가 있다. (중략) (이 군소 도서의) 위치는 하코다테[函館 : 북해도의 도시]로 가기 위해 일본해를 북상하는 선박의 항로와 가까워서 야간에는 종종 위험하기도 하

* 1916년에 발행된 『일본수로지』 4권 표지

한일강제합병(1910년) 이후의 『일본수로지』

1910년에 대한제국을 강제 합병한 일본 수로부는 『조선수로지』를 없애면서 그 내용을 『일본수로지』에 편입시켰다. 1916년에 발행된 『일본수로지』 4권 제1편 '본주 및 북서안'에 독도는 '다케시마' 라는 명칭으로 오키섬 다음에 기재되었고 이도(離島) 항목에 들어갔다. 그리고 '메이지 38년(1905년)에 시마네현 소관에 편입되었다.' 고 설명되어 있다.

또한 독도(다케시마)를 일본의 '본주 및 북서안' 해도에 그려 놓았다. 이렇게 해서 일본은 원래 조선 동안에 속해 있던 독도를, 자국의 북서안으로 옮겨 놓음으로써 독도를 훔쳐갔다는 분명한 증거를 수로지에 남겨 놓은 것이다.

⊙ 결론

1840년에 시볼트가 작성한 지도의 Takashima, Matsushima는 시볼트가 일본에서 얻은 지도를 참고해 그린 울릉도(다케시마)와 독도(마쓰시마)였다. 하지만 서양인들이 울릉도를 잘못 측량한 아르고노트섬과 울릉도를 정확히 측량한 다줄레섬의 이름과 경위도를 각각 두 섬 옆에 병기했기 때문에, 나중에 섬의 명칭을 놓고 혼란에 빠졌다.

서양인들 사이에서 일어난 울릉도, 독도의 명칭 혼란은, 그들이 서양 최초로 독도를 발견한 1847년 이후에 일어났다. 그것이 일본에 영

福浦灣 海圖第二二四號分圖ヲ見ヨ

島後ノ北西岸ニ位シ灣口北西ニ暴露スレトモ灣内ノ約中央ニ辨天島横ハルヲ以テ能ク同方向ノ風浪ヲモ防ク然レトモ該島ノ内方ハ狹隘ニシテ唯小船ニ適スルノミ

竹島 [Liancourt rocks]

北緯三七度九分三〇秒東經一三一度五五分即チ隱岐列島ノ北西約八十浬ニ位セル群嶼ニシテ周回約二浬東西ノ二嶼ト數岩トヨリ成ル〇該二嶼ハ殆ト不毛ノ禿岩ニシテ四周懸崖ヲ成シ鳥糞ニ蔽ハレテ白色ヲ呈ス其間ニ一條ノ狹水道アリ幅約百二十碼万至六百八十碼長三百六十碼水深五尋ヨリ淺ク數個ノ岩嶼暗岩横ハル〇該二嶼ノ周圍ニ碁列セル岩嶼ハ概子扁平ニシテ僅ニ水面ニ露出ス西嶼ハ高約四一〇呎ニシテ尖峯ヲ成シ東嶼ハ較ヤ低クシテ平頂ナリ〇此群嶼ハ周圍陡界ナルカ如然レトモ其位置函館ニ向テ日本海ヲ北上スル船舶ノ航路ニ近キヲ以テ夜間ニ在テハ時トシテ危險ナルコトアリ

此群嶼ハ毎年六、七月頃海豹獵ノ爲メ本邦漁夫ノ渡來スル所ニシテ明治三十八年島根縣ノ所管ニ編入セラレタリ

海圖第一二四號第一七九號

中 『일본수로지』(1907년 6월) 4권 제3편 '본주 및 북서안' 다케시마 부분

礁上水深一尋ニシテ周圍ハ八尋乃至十三尋ナリ

竹島（Liancourt rocks）
離島

東嶼（女島）ハ北緯三七度一四分一八秒東經一三一度五二分二二秒即チ隱岐列島ノ北西方約八十浬ノ處

ニアル群嶼ニシテ周回約二浬東西ノ二嶼及ヒ數岩トヨリ成ル〇該二嶼ハ殆ト不毛ノ禿岩ニシテ四周懸

崖ヲ成シ烏糞ニ蔽ハレテ白色ヲ呈ス其ノ間ニ一條ノ狹水道アリ幅約二十碼乃至百八十碼、長三六〇

碼水深五尋ヨリ淺ク數箇ノ岩嶼暗岩横タハル〇該二嶼ノ周圍ニ碁列セル岩嶼ハ概ネ扁平ニシテ僅カニ

水面ニ露出ス

西嶼ハ高約四百十呎ニシテ尖峯ヲ成シ東嶼ハ較ヽ低クシテ平頂ナリ〇此ノ群嶼ハ周圍陡界ナルカ如シ

然レトモ其ノ位置函館ニ向ヒテ日本海ヲ北上スル船舶及ヒ對馬海峽ヨリ浦鹽斯德ニ向フ船舶ノ航路ニ

近キヲ以テ夜間ニ在リテ一時トシテ危險ナルコトアリ

此ノ群嶼ハ毎年六、七月頃海豹獵ノ爲メ漁夫ノ渡來スル所ニシテ明治三十八年島根縣ノ所管ニ編入セ

ラレタリ

海岸

美保灣ノ東角御來屋埼ヨリ丹後ノ經ヶ岬ニ至ル殆ト九十浬ノ海岸ハ輕微ナル彎曲ヲ成シテ東方ヘ向走

ス而シテ驅馳山埼ニ至ル三十八浬間ノ前半ハ概ネ沙濱ナレトモ其ノ以東ハ多クハ險峻ニシテ山脈急起

海圖第一三三號第一五九號第一六二號

＊『일본수로지』(1916년)의 다케시마 기재 부분

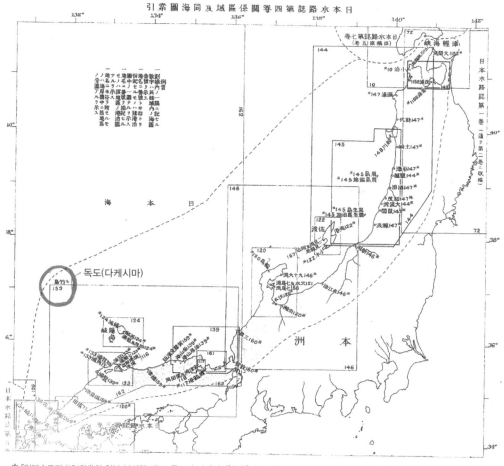

引索圖海同及域區係關卷四第誌路水本日

독도(다케시마)

* 『일본수로지』(1916년)의 일본 북서안 해도. 독도가 다케시마[竹島]라는 이름으로 일본 북서안에 그려져 있다.

향을 주기 시작한 것은 동해에 3개 섬이 그려진 지도가 일본에서 처음으로 발행된 1869년 이후의 시점으로 보인다.

일본 정부의 일부 사람들은 19세기 중반이 되자 독도의 전통적인 명칭이었던 '마쓰시마'에 대해 거의 기억하지 못하는 듯 보였다. 하지만 다수의 민간 지도 가운데는 19세기 말까지 독도를 '마쓰시마'

라는 전통 명칭으로 그린 것이 많았다는 사실을 볼 때, 에도시대의 전통적인 독도의 일본 명칭이 일본인들의 머리에서 완전히 사라진 것은 아니었다.

그런데 울릉도를 '마쓰시마', 독도를 '리안코르토 열암'이라고 기재한 지도와 문서 가운데 절반 이상은 공식 지도 및 공식 문서였고, 그 대부분이 '수로지'에 게재된 문서들이었다.

일본의 해군성 수로부는 1847년에 프랑스 선박이 독도를 처음으로 발견했다고 기재했다. 독도가 자국의 영토가 아니라고 명시한 '태정관 지령문'과 그동안 자국민들이 전통적으로 사용해 왔던 독도의 명칭(마쓰시마)을 무시한 채, '조선 동안'에 위치한 독도에 '리안코르토 열암'이라는 이름을 기재한 것이다. 하지만 수로부가 발행한 『환영수로지』나 『조선수로지』에 기재된 대한제국(조선)의 범위로 따지자면, '리안코르토 열암(독도)'뿐만 아니라 울릉도까지 대한제국(조선)의 영토를 벗어난 섬이 되어버린다. 일본 학자들은 이것을 들어 일본이 독도를 대한제국(조선)의 영토로 생각한 적이 없다고 주장한다. 하지만 일본학자들은 대한제국(조선)의 영토가 분명한 울릉도가 그 범위에서 빠진 사실에 대해서는 한마디도 말한 적이 없다. 대한제국(조선)은 당시 아직 자국의 강역을 경위도로 제시한 적이 없었기 때문에, 일본이 아무리 자국에서 측량한 경위도로 독도가 대한제국의 강역에 포함되지 않았다고 주장해도 아무 소용이 없다.

그런데 1876년에 일본 외무성은, 서양인이 붙인 '호넷 락스'나 '리앙쿠르 락스'라는 명칭의 섬이 '전통적으로 일본인들이 알고 있던 마쓰시마(독도)'라고 결론을 내린 바 있다. 하지만 그들은 '리앙쿠르 락스'를 일본식으로 '리안코르토섬'이라고 부르기 시작한 당시의 풍조를 수정하려 하지 않았다. 결국 문제는 두 섬의 명칭 혼란이 아니라, 일본 정부와 외무성이 '마쓰시마'야 말로 자국민들이 전통적으로 불러왔던 독도의 이름이라는 사실을 알면서도 그 이름을 버렸다는 것이다.

이런 과정을 거쳐 1905년에 일본인들이 주장한 무주지 '리안코르토 열암(독도)'은 '다케시마'라는 이름으로 시마네현에 편입되었다. '조선의 땅일지도 모르는' 리안코르토 열암(독도)에 대해 당연히 해야 할 조사를 생략한 채, 러일전쟁이라는 시국을 강조하면서 자국의 영토로 편입해 버린 것이다. 이것은 1904년 이후 본격적으로 전개된 일본의 대한제국 침략에 대해 고종이 전개한 밀사외교가 증명하듯이, 일본에 직접 항의하지 못했던 대한제국의 입장을 악용한 불법행위였다.

전통적인 명칭이 기재된 지도들

가와카미 켄조는 1966년에 집필한 저서에서, 두 섬의 명칭 혼란기에도 옛날 그대로 울릉도에 다케시마, 독도에 마쓰시마라는 명칭이 쓰인 일본에서 제작된 일본 지도와 조선 지도가 존재한다고 밝혔다. 가와카미 켄조는 울릉도에 다케시마, 독도에 마쓰시마라는 전통적인 명칭을 사용해 그려진 지도로 다음과 같은 8점의 지도들을 언급했다.

- 1811년 아사노 야에베[浅野彌兵衛] 제작 〈일본국도〉
- 1864년 에비스야[惠比須屋] 제작 〈대일본국해륙전도〉
- 1872, 1875년 나카지마 쇼[中島彰] 제작 〈일본여지전도〉
- 1882년 기무라 분조[木村文造] 제작 〈동판 조선국전도〉
- 1882년 스즈키 게이사쿠[鈴木敬作] 제작 〈조선국전도〉
- 1886년 모리 고토이시[森琴石] 제작 〈대일본해륙전도〉
- 1900년 아오키 고사부로[青木恒三郎] 제작 〈일청한 삼국대지도〉 등

가와카미에 따르면, 이처럼 전통적인 명칭이 기재된 채 제작된 지도들이 1900년도까지 있었다는 것이다. 그 가운데 대표적인 지도로 스즈키 게이사쿠가 제작한 '조선국전도'(1882년)는 다음과 같다.

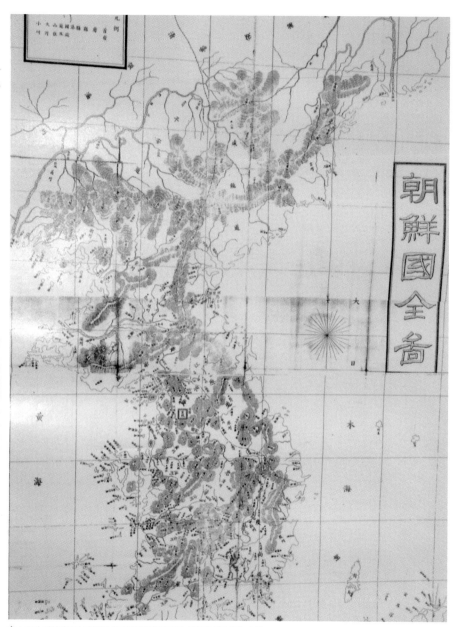

✚ 스즈키 게이사쿠가 제작한 '조선국전도' (1882년, 일본국회도서관 소장)

이 지도의 울릉도, 독도 부분을 확대해 보면 다음과 같다.

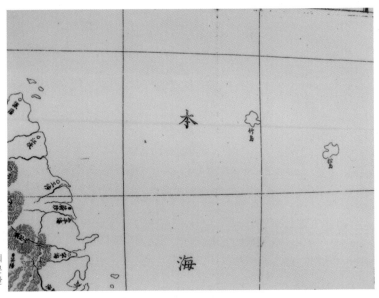

✝ '조선국 전도'의
울릉도와 독도 부분
(1882년, 독도박물관
소장)

이 확대도를 보면 울릉도의 위치에 다케시마가 있고 독도의 위치에
마쓰시마가 있는 것을 알 수 있다. 가와카미 켄조가 이 지도를 전통적인
명칭이 사용된 채 그려진 지도라고 판단한 이유는, 다케시마와 마쓰시
마의 위치가 각각 울릉도, 독도의 위치와 거의 일치하기 때문이다.

그런데 이 '조선국전도'에 채색만 했을 뿐, 지도상의 내용은 똑같은
일본인이 제작한 '조선전도'가 1894년에 발행되었다. 이것은 다나카 쓰
구요시[田中紹祥]가 제작한 '신찬 조선국전도'다. 이 지도는 다케시마와
마쓰시마를 조선 영토라는 뜻으로 한반도와 같은 노란색으로 표시했다.
반면에 일본열도는 무색이다.

그런데 가와카미 켄조는 이 '신찬 조선국전도'에 대해서는 언급하지
않았다. 그 이유는 다케시마(울릉도)와 마쓰시마(독도)가 한반도와 같은 색
으로 표시되어 있어 마쓰시마(독도)가 조선 영토로 되어 있기 때문에, 일

본의 독도 영유권 주장에 마이너스가 될 것을 우려해 언급을 피한 것으로 판단된다.

다음은 '신찬 조선국전도'와, 그 지도에서 울릉도, 독도 부분을 확대한 것이다.

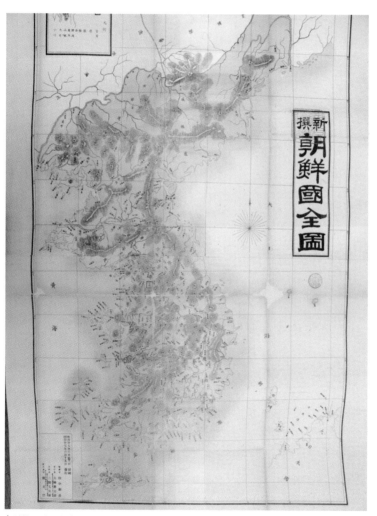

✙ 신찬 조선국전도(1894년, 개인 소장)

'조선국전도'와 '신
찬 조선국전도'에 그려
진 다케시마(울릉도)의 위
도를 살펴보면 북위 37
도 30분 정도에 그려져
있다. 울릉도의 정확한
위도는 북위 37도 29분
이므로, 이 지도에 그려
진 다케시마의 위도는
울릉도의 위도와 거의
일치한다.

그리고 이 지도에 그
려진 마쓰시마의 위도를
살펴보면 북위 37도 18
분 정도에 그려져 있다.
독도의 정확한 위도는
북위 37도 9분 30초다.
실제 독도의 위도와는 8
분 30초, 즉 15.7킬로미

＊ '신찬 조선국전도'에서 울릉도와 독도를 확대한 부분

터(8분 30초=1.852km×8.5분=15.7km) 정도의 차이가 있지만, 당시로서는 독도
의 위도를 상당히 정확히 표시한 지도라고 할 수 있다.

일본이 독도의 위도를 정확히 측량한 것은 1905년이므로, 1882년 시
점에는 아마도 영국이나 프랑스 등이 측량한 독도의 위도를 참고했을
것이다. 그러므로 이 조선국전도는 실제와 약간의 차이(15.7km정도)가 있
다 하더라도, 상당히 정확히 만든 지도라고 할 수 있다. 즉 19세기 후반
에 일본에서 제작된 조선 전도의 마쓰시마는 위도까지 독도와 거의 일
치하고, 그런 지도들이 몇 점 존재한다. 이런 지도들은 다케시마와 마쓰

시마가 각각 울릉도와 독도에 해당되어, 그 섬들이 조선의 부속도서라는 에도시대부터의 인식을 그대로 유지하고 있다.

한편 메이지시대가 시작되어 1905년까지 일본에서 제작된 관공서와 민간의 일본 지도에는 모두 독도가 빠져 있다. 다음은 육군 참모국이 제작한 '대일본전도'(1877년)다.

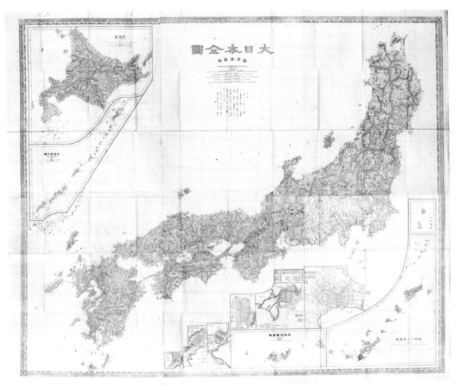

＊1877년에 육군 참모국이 제작한 '대일본전도'(개인 소장)

이 공식 지도에는 독도가 빠져 있다. 그리고 다음은 내무성 지리국이 1880년에 만든 '대일본국전도'다. 이 지도에도 역시 독도가 빠져 있다.

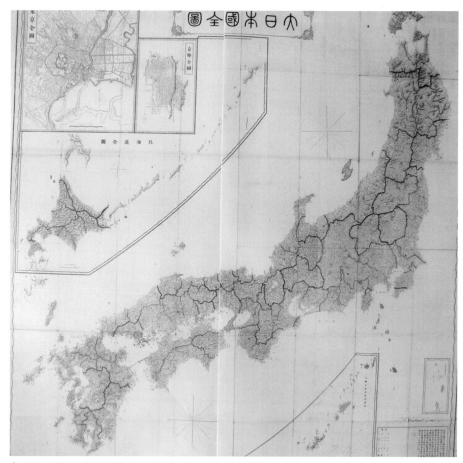

＊ 내무성 지리국이 제작한 '대일본국전도'(1880년)

　　당시 관공서와 민간에서 제작한 일본 전도에는 울릉도는 물론 독도도
나타나지 않는다. 1882년에는 육군 참모국과 내무성 지리국이 합쳐져서
'육지 측량부'가 설치되었다. 육지 측량부는 1894년까지 일본 최초의
20만분의 1 각 지역 전도를 작성하려고 했는데, 독도 지도를 만들지는
않았다. 독도는 20만분의 1 지도를 작성할 지역 일람표에도 기재되지 않

았다. 그것은 일본이 1905년 이전에는 독도를 자국의 영토로 보지 않았다는 또 하나의 증거다.

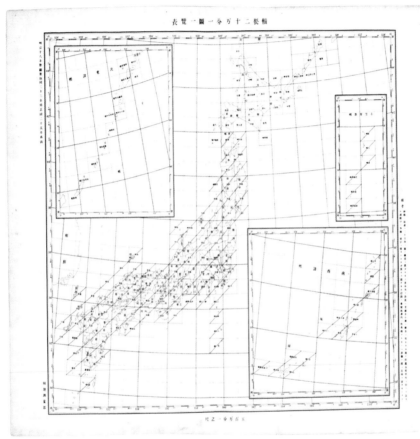

＊ 20만분의 1 지도로 작성된 각 지역 일람표. 독도는 빠져 있다.(개인 소장)

　당시 일본인들이 제작한 일본전도에는 울릉도와 독도가 빠져 있다. 같은 시기에 두 섬의 명칭에 혼란이 있었지만, 민간인이 제작한 조선전도에는 다케시마(울릉도)와 마쓰시마(독도)가 그려졌다는 사실에 주목해야 한다.

5장 일본의 독도 강제 편입과 고종

1905년 일본 정부의 독도 시마네현 강제 편입

1905년 1월 28일, 일본 가쓰라 타로[桂太郎] 내각 각료회의는 독도를 무명, 무주지(무국적), 무인도로 규정하고, 독도를 시마네현으로 편입시키는 데 합의했다. 일본 정부는 오키섬의 나카이 요자부로[中井養三郎]가 1903년부터 독도로 이주해 2년간 강치잡이를 하면서 독도를 경영했다고 하여 '무주지 선점' 조건을 갖추었다고 강조했다. 그리고 독도를 원래 울릉도의 일본명이었던 다케시마[竹島]로 명명한 뒤에 시마네현으로 편입한다고 결정했다.

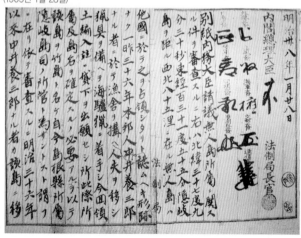

＊ 랸코도 시마네현 편입 각료회의 결정 문서 (1905년 1월 28일)

이 결정이 시마네현으로 하달되어 시마네현은 2월 22일에 시마네현 고시(告示) 40호를 통해 독도를 시마네현으로 편입했다. 그런데 대한제국은 일본이 독도를 시마네현에 편입한 사실을 안 뒤에도 일본에 항의하지 않았다. 이 때문에 일본은 대한제국이 시마네현의 독도 편입을 국제법상 '묵인' 한 것이라며, 독도가 확실히 일본 영토가 되었다고 주장한다.

그렇다면 한국은 일본의 주장에 대해 어떻게 반박해 왔는가?

첫째, 대한제국이 1900년의 칙령 제41호로 독도(석도)를 울도군 관할로 명기했기 때문에 독도는 무주지가 아니었다. 둘째, 나카이 요자부로는 독도로 이주한 게 아니라 1년에 두세 차례 입도해 2주 정도 머물렀을 뿐이므로, 그것을 실효지배의 근거로 삼을 수 없다. 셋째, 1906년 3월, 울도 군수 심흥택(沈興澤)이 독도가 일본땅이 되었다는 말을 듣고, '본 군(울도군) 소속 독도' 라고 하면서 독도가 울릉도 소속임을 명백히 기록에 남겼고 독도가 일본 영토가 되었다고 상부에 보고했다. 이에 대한제국 정부는 '지령 제3호' 를 내려 '그럴 리가 없다. 뭔가 잘못된 것이다. 사태를 주시하라.' 고 명령을 내렸고, 을사 5적들도 '독도는 대한제국의 땅' 이라고 강조해 일본의 독도 편입에 분개했다. 넷째, 독도는 카이로선언에 언급된 것처럼 '탐욕과 폭력으로 약취된 땅' 이므로 한국에게 반환되어야 한다. 다섯째, 1905년 당시는 일본이 한국을 침략하는 과정이었기 때문에 한국은 일본에 항의하지 못했다. 그러므로 대한제국이 시마네현의 독도 편입을 국제법상 '묵인' 했다고 볼 수 없다.

이런 식으로 한국은 일본의 독도 '무주지 선점' 은 성립되지 않는 논리라고 일축한다. 이제 한국의 논리를 좀 더 깊이 있게 살펴보자.

✻ 가쓰라 타로 수상. 그는 1905년 8월, 미국의 태프트와 만나 미일 양국이 '미국의 필리핀 지배' 와 '일본의 대한제국 지배' 를 교차 승인하는 '가쓰라-태프트 밀약' 을 맺었다.

카이로선언의 규정

한국은 '독도가 카이로선언이 말한 "탐욕과 폭력에 의해 약취된 땅" 이므로 자국에 반환되어야 한다.' 고 주장하지만, 일본은 이에 반대한 다. 즉 일본은 독도 편입 과정은 평화적으로 이루어졌다고 주장한다. 그런데 한국은 외교통상부 웹사이트에서, 카이로선언과 포츠담선언에 따라 일본의 패전과 동시에 독도가 한국 영토가 되었다고 주장한다. 이 부분을 좀 더 구체적으로 설명하면 다음과 같다.

일본은 1945년 9월 2일, 항복문서에 조인했는데, 이 문서에는 일본 이 '무조건 항복' 하고 포츠담선언을 성실히 따르겠다는 등의 핵심 내 용이 기재되어 있다. 그리고 이 항복문서에 의해 연합국이 일본에게 수 락을 요구한 포츠담선언 각 조항 중, 독도 영유권과 관련이 있는 부분 은 제8항으로 다음과 같다.

> 카이로선언의 조항은 이행되어야 한다. 그리고 일본국의 주권은 혼슈 [本州], 홋카이도[北海道], 규슈[九州] 및 시코쿠[四國], 그리고 우리(연합국)가 결정할 제 소도(諸小島)에 한정되어야 한다.(밑줄은 필자)

포츠담선언 제8항은 이처럼 '카이로선언 이행' 과 일본의 주권 범위 를 정했다. 그리고 '카이로선언 이행' 과 독도 영유권과의 관계는 카이 로선언에 기재된 다음과 같은 내용에 따라 규정된다.

> 일본은 탐욕과 폭력으로 약취한 모든 영토로부터 축출되어야 한다.
> 조선인의 노예상태에 유의하여 조선을 독립시켜야 한다.

이 카이로선언의 규정처럼 한국 정부는, 일본이 한국 영토인 독도를 탐욕과 폭력으로 약취했기 때문에, 독도에 대한 영토적 권리가 없다고 주장한다. 하지만 일본은 독도를 평화적으로 편입했다고 주장하면서, 한국의 주장을 부정한다. 양국의 주장이 이렇게 엇갈리기 때문에, 독도가 카이로선언이 규정한 것처럼 일본이 '탐욕과 폭력으로 약취한 모든 영토'에 해당하는가에 대한 분석은 독도 영유권을 고찰하는 데 중요한 열쇠가 된다.

그런데 역사적으로 볼 때, 1905년 당시 일본이 독도에 '탐욕'을 갖고 있었던 것은 사실이다. 1904년, 독도에서 강치잡이를 하던 오키섬의 나카이 요자부로[中井養三郎]가 일본 정부에 '랸코도(리앙쿠르 락스, 독도) 대하원(貸下願)'을 조선에 제출해 달라고 요청했을 때, 수로부 국장 기모쓰키 가네유키[肝付兼行]는 독도를 먼저 일본 영토로 편입할 것을 권유했고, 외무성의 야마좌 엔지로[山座円次郎] 정무국장은 '오늘날 (독도의) 일본 영토 편입은 크게 이익이 있는 것'이라며 나카이 요자부로를 격려했다. (다케시마 문제 연구회, 『다케시마 문제에 관한 조사연구-최종보고서[竹島問題に関する調査研究─最終報告書]』, 2007, pp.60~61) 이런 내용만 봐도 일본 정부가 독도에 탐욕을 갖고 독도 편입을 추진했음을 알 수 있다.

그러면 카이로선언이 말한 또 하나의 조건, 즉 일본은 독도를 '폭력'으로 약취한 것인가? 표면적으로 보면 일본은 독도를 시마네현으로 편입할 때 물리적인 폭력을 동원하지 않았다. 일본이 독도를 평화적으로 편입했다고 주장하는 것은 바로 이 때문이다.

하지만 당시의 한일관계를 보면 일본이 법적, 혹은 불법적 강제력을 교묘히 이용하면서 독도를 자국에 편입한 사실을 알 수 있다. 바로 법적·불법적 강제력이야말로 물리적 폭력보다 훨씬 더 강력하고 폭력적인 것이다.

「竹島問題に関する調査研究」
最終報告書

竹島問題研究会
平成19年3月

* 다케시마 문제 연구회, 『다케시마 문제에 관한 조사연구─최종보고서』(2007년) 표지

일본은 왜 조용히 독도를 시마네현에 편입했는가?

일본이 독도를 정말 무주지로 생각했다면 당당하게 일을 추진했을 것이다. 하지만 이미 언급했듯이 일본은 독도가 대한제국(1905년 시점에는 대한제국이었다.)의 땅이라는 사실을 알고 있었기에 독도를 시마네현으로 편입할 때 매우 조용히 그리고 비밀리에 진행했다. 이 때문에 당시 일본 내에서도 독도가 일본에 편입되었다는 것을 모르는 사람들이 상당히 많았다. 당시 일본이 독도를 편입했다는 사실을 대한제국이 알게 되면 일본에게 항의할 가능성이 있고, 이에 세계 각국이 일본을 비난할 수도 있기 때문에, 이를 우려한 일본 정부가 그 사실을 극비리에 진행한 듯하다. 이것을 입증하기 위해 당시 대한제국과 일본의 관계를 살펴보자.

우선 1904년 2월 8일에 러일전쟁이 시작되었다는 사실이 중요하다. 그 2주일쯤 뒤인 2월 23일에 한일 간에 '한일의정서'가 체결되었다. 그 제3조에는 '대일본제국 정부는 대한제국의 독립 및 영토보전을 확실히 보장한다.'고 기재되어 있고, 일본이 한국의 독립과 영토 보전을 명기, 약속한 것이다. 하지만 일본은 독도를 시마네현에 편입함으로써, 한일의정서를 위반했다고 대한제국 정부로부터 항의를 받을 가능성이 있었던 것이다. 1904년 2월 23일, 주한공사 하야시 곤스케[林權助]와 대한제국 외부대신서리 이지용(李址鎔)은 '한일의정서'에 조인했다.

[한일의정서]
대한제국 황제폐하의 외부대신 및 임시서리 육군참장 이지용과 대일본제국황제폐하의 특명전권공사 하야시 곤스케는 각각 상당의 위임을 받고 아래의 조관을 협정한다.

제1조 한일 양 제국 간에 항구불역(恒久不易)의 친교를 유지하여 동양의 평화를 확립하기 위해 대한제국 정부는 대일본제국을 확신하여 시설의 개선에 관해서는 그 충고를 수용할 것(日韓兩帝国間に恒久不易の親交を保持し東洋の平和を確立する為め大韓帝国政府は大日本帝国政府を確信し施設の改善に関し其忠告を容るる事)

제2조 대일본제국 정부는 대한제국 황실을 확실한 친의(親誼)로 그 안전과 안녕을 도모할 것(大日本帝国政府は大韓帝国の皇室を確実なる親誼を以て安全康寧ならしむる事)

제3조 대일본제국 정부는 대한제국의 독립과 영토 보전을 확실히 보장할 것(大日本帝国政府は大韓帝国の独立及領土保全を確実に保証する事)

제4조 제3국의 침해나 내란으로 인하여 대한제국 황실의 안녕과 영토 보전에 위험이 있을 경우, 대일본제국 정부는 속히 필요한 조치를 취해야 한다. 그러므로 대한제국 정부는 대일본제국 정부의 행동이 용이하도록 충분한 편의를 제공하고, 대일본제국 정부는 이러한 목적을 달성하기 위해 전략상 필요한 지점을 사용할 수 있도록 할 것(第三国の侵害に依り若くは内乱の為め大韓帝国の皇室の安寧或は領土の保全に危険ある場合は大日本帝国政府は速に臨機必要の措置を取るへし而して大韓帝国政府は右大日本帝国の行動を容易ならしむる為め十分便宜を与ふる事 大日本帝国政府は前項の目的を達する為め軍略上必要の地点を臨機収用することを得る事)

제5조 대한제국 정부와 대일본제국 정부는 상호 승인을 거치지 않고는 본 협정의 취지에 위반되는 협약을 제3국과 체결할 수 없음(両国政府は相互の承認を経すして後来本協約の趣意に違反すへき協約を第三国との間に訂立する事を得さる事)

제6조 본 협약에 관련된 미결 세목은 대일본제국 대표자와 대한제국 외
　　　부대신 간에 임기협정할 것(本協約に関連する未悉の細条は大日本帝国代
　　　表者と大韓帝国外部大臣との間に臨機協定する事)

광무 8년 2월 23일　　　　외부대신 임시서리 육군참장　이지용
메이지 37년 2월 23일　　　특명전권공사　하야시 곤스케

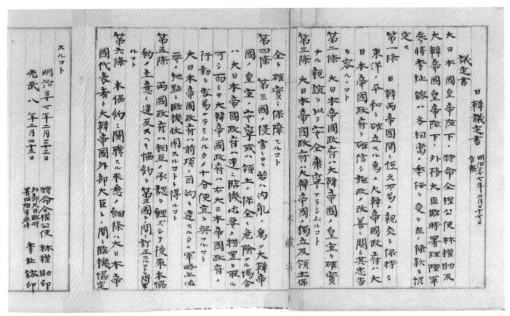

✤ 한일의정서. 제3조에 '대일본
제국 정부는 대한제국의 독립과
영토 보전을 확실히 보장할 것'
이라고 적혀 있다.

1904년 1월, 대한제국은 러일전쟁이 시작되면 자국이 피해를 입을
것을 우려해 '전시 국외 중립'을 선언했다. 이에 일본군이 2월 8일에
인천에 상륙한 뒤에 한성(서울)으로 진군해, '한일의정서'를 강제로 체
결했다.

그날은 일본 구축함이 여순에 배치되어 있던 러시아 여순함대를 기습공격해 러일전쟁에 돌입한 날이었다. 일본은 러일전쟁을 시작하면서 동시에 한국에 상륙해 절호의 타이밍에 '한일의정서' 체결을 대한제국에 강요한 것이다.

'한일의정서'에는 대한제국의 독립과 영토 보전 및 황실의 안전을 보장하는 대신, 한국 영토에서 일본군이 자유롭게 행동할 수 있고, 군사전략에 필요한 토지 사용을 허가한다는 규정이 명기되어 있었다. 그것이 '한일의정서'의 핵심 내용이었다.

＊1904년 2월, 한성으로 진입하는 일본군

＊여순항에서 러시아 함대와 싸우는 일본 함대

'한일의정서'로 인해 대한제국의 전 국토는 일본군에 의해 제압당하고 말았다. 그리고 앞에서 살펴봤듯이, '한일의정서' 제1조에는 '일본에 의한 대한제국 시정 충고권'이 규정되어 있다. 이 조항으로 인해 대한제국 내의 시설개선에 대해서는 대한제국이 일본의 충고를 받아들일 수밖에 없게 되었다.

이 제1조로 인해 일본 정부가 대한제국의 내정에 개입할 수 있는 길

✦ 러시아의 봉황성을 함락시킨 일본군

이 열렸다. 그러므로 '한일의정서'는 일본이 대한제국을 식민지로 만든 첫 번째 조약이라 할 수 있다. 일제의 한반도 식민지화는 '한일의정서'가 체결되었을 때, 즉 1904년 2월 23일부터 시작되었다. 그렇기 때문에 일제의 본격적인 한국침략의 시작을 을사늑약 강제체결(1905년 10월)로 보는 시각은 시정되어야 한다.

지금까지 한국에서는 '일제 강점기 35년'이나 '일제 강점기 36년'이라는 말이 일상적으로 사용되어 왔다. 하지만 '한일의정서'가 체결된 시점을 기준으로 하면, 대한제국은 1904년부터 1945년까지 식민지 지배를 당한 셈이니, '일제 강점기 41년'으로 바로잡아야 할 것이다.

이제 일본은 '한일의정서'를 이용해 대한제국 전토를 제압했다. 뿐만 아니라 러일전쟁 개시(1904년 2월 8일)를 계기로, 일본은 1904년 3월 11일에 대한제국 내에 일본 군인으로 구성된 '한국주답군(韓国駐箚軍)'을 창설하여 사령부를 한성(서울)에 두었다. 한국주답군의 주된 목적은 대한제국 정부에게 항상 위협을 가하는 것이었다. 이런 상황에서는 대한제국이 독도 문제를 일본에 직접 항의할 수 없으리라는 사실은 누가 봐도 명확하다.

제1차 한일협약과 독도 영유권

'한일의정서'를 체결한 대한제국과 일본은, 그로부터 6개월 정도가 지난 1904년 8월 22일에 '제1차 한일협약'을 체결했다. 이 협약으로 대한제국 정부는 일본 정부가 추천한 인물을 재정·외교 고문으로 임명해야 하는 입장이 되었다. 이 협약을 맺은 일본 측 대표는 특명전권공사 하야시 곤스케[林權助]였고, 한국 측 대표는 외부대신 윤치호(尹致昊)였다. 그리고 '제1차 한일협약'에는 다음과 같은 조항이 세 번째 조항으로 명기되었다.

대한제국 정부는 외국과의 조약체결, 기타 중요한 외교안건, 즉 외국인에 대한 특권 부여, 혹은 계약 등의 처리에 관해서는 미리 일본 정부와 협의해야 한다.

이 조항은 일본이 1905년 11월에 강제로 체결한 을사늑약에서 '대한제국의 외교권'을 박탈한 내용과 거의 흡사하다. 이 협약이 체결되었던 시기는 아직 러일전쟁 중이었지만 한반도에서의 전투는 끝났고 대한제국은 사실상 일본의 점령 하에 들어가 있었다.

고종 황제는 이 협약에 불만을 품고 러시아에 밀사를 보냈다. 그런데 그 밀서 사건은 1905년 3월에 발각되었는데, 공교롭게도 독도가 시마네현으로 편입된 시기와 고종 황제가 러시아에 밀사를 보낸 시기는 겹친다.

제1차 한일협약(1904년 8월 22일 조인)

一. 대한제국 정부는 일본 정부가 추천하는 일본인 1명을 재무 고문으로 초빙해 재무에 관한 사항은 모두 그의 의견을 듣고 시행해야 한다.(韓国政府は日本政府の推薦する日本人 1 名を財務顧問として韓国政府に傭聘

し財務に関する事項は総て其意見を詢(と)ひ施行すへし)

一. 대한제국 정부는 일본 정부가 추천하는 외국인 1명을 외교 고문으로 외교부에 초빙해 외교에 관한 중요한 업무는 모두 그의 의견을 듣고 시행해야 한다.(韓国政府は日本政府の推薦する外国人1名を外交顧問として外部に傭聘し外交に顧する要務は総て其意見を詢ひ施行すへし)

一. 대한제국 정부는 외국과의 조약 체결, 기타 중요한 외교 안건, 즉 외국인에게 특권을 넘겨주거나 계약 등의 업무를 처리할 때는, 미리 일본 정부와 협의해야 한다.(韓国政府は外国との条約締結其他重要なる外交案件即外国人に対する特権譲與若くは契約等の処理に関しては予め日本政府と協議すへし)

광무 8년 8월 22일   외부대신서리   윤치호
메이지 37년 8월 22일   특명전권공사   하야시 곤스케

그 뒤에도 고종 황제는 1905년 7월에 러시아, 프랑스로, 10월에 미국, 영국으로 밀사를 보냈다. 이러한 고종 황제의 행동을 알게 된 일본 정부는, 대한제국이 외교에 있어서는 일본 정부와 협의한 뒤에 결정·처리해야 한다는 '제1차 한일협약'의 규정을 준수할 의사가 없다고 판단하게 되었다. 그러므로 일본은 대한제국의 외교권을 완전히 탈취하기 위해 '제2차 한일협약(을사늑약)' 체결을 한국에 강요하게 된 것이다. '제1차 한일협약'에서는 대한제국이 외국과 조약을 체결하려 할 때 미리 일본 정부와 협의하면 된다는 내용이었지만, '을사늑약'은 한국이 외국과 직접 조약을 체결하지 못하게 막아 버린 것이다.

독도가 일본에 편입된 것은 1905년 1월 28일에 이루어진 각료회의

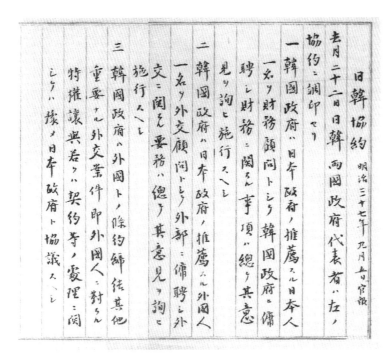

＊ 제1차 한일협약

결정에 따른 것이었고, 1905년 2월 22일에 시마네현 고시 제40호에 의해 독도는 시마네현에 편입되었다. 그런데 '제1차 한일협약'(1904년 8월 22일)이 체결된 시점과 '을사늑약'(1905년 11월 17일)이 체결된 시점 사이에, 독도는 일본에 편입된다. 앞에서 설명한 것처럼, 이 시기는 고종 황제가 '제1차 한일협약'에 규정된 조약체결 시 일본과 협의해야 한다는 조항에 불만을 품고 각국에 밀사를 보냈던 시기이자, 일본이 대한제국의 외교권과 내정을 완벽히 장악하려고 작정했던 시기다.

이렇게 볼 때 이 시기는 대한제국의 외교권과 내정이 일본에게 잠식되어 가던 시기라 할 수 있다. 그리고 러일전쟁이 끝나기 전이라서 대한제국의 불만이 세계에 알려지지 못하도록 일본이 온갖 전략을 구사하고 있던 시기이기도 하다. 즉 일본으로서는 자국이 대한제국을 삼켜

버리려 한다는 사실을 세계 각국이 눈치 채지 못하도록 애쓰고 있었다.

사실 1905년 2월에 독도가 시마네현에 강제로 편입되었을 때, 대한제국 정부가 항의했더라면 '한일의정서'가 정한 '대한제국의 영토 보전'이라는 조항에 위배되기 때문에, 일본은 독도를 쉽게 편입할 수 없었을 것이다.

나카이 요자부로가 독도 편입을 내무성에 타진했을 때, 내무성은 독도가 '한국(대한제국) 영토일지도 모르는 일개의 황폐한 불모의 암초'(박병섭, 2008, p.164)라고 하면서 나카이의 요청을 거부했다. 그러므로 일본은 독도가 대한제국의 영토일 가능성이 있다는 것을 알고 있었다. 그런데 외무성의 야마좌 국장은 '시국이 시국이니만큼 빨리 영토로 편입해야 한다. (중략) 특히 외교에 있어 내무성과 같은 고려를 할 필요가 없다.'(박병섭, 2008, pp.164~165)고 하여 내무성의 의견을 묵살해 버렸다.

대한제국의 영토를 보전하겠다는 '한일의정서'의 조항을 지킨다면, 일본은 적어도 독도를 시마네현에 편입할 때 대한제국에게 그 사실을 전달해 독도가 대한제국의 영토인지 여부를 조회했어야 했다. 과거에 일본은 오가사와라 군도를 편입할 때 미국이나 영국 등을 설득한 선례도 있다. 그리고 직책상 외무성이야말로 내무성처럼 독도가 대한제국의 영토일지도 모른다는 생각을 했어야 했다. 즉 일본은 독도가 대한제국의 영토일 가능성이 있다는 점을 알면서도, 일부러 그것을 무시하고 독도를 편입함으로써 '한일의정서'를 어기는 불법 행위를 저지른 것이다.

그리고 독도 편입은 대한제국이 눈치 채지 못하도록 극히 조용하고 비밀리에 진행되었다. 이것이 바로 독도에 대한 탐욕을 가진 일본이 표면적으로는 조용히 독도를 편입한 이유다. 하지만 그 뒤 일본이 대한제국의 외교권을 완전히 탈취하기 위해 '을사늑약'을 체결할 때는, '대한제국의 영토를 보전한다.'는 조항은 삽입조차 하지 않았다. 일본이 '을사늑약'으로 독도뿐만 아니라 대한제국의 영토 전체를 삼키려는 계획에 착수했기 때문에, 대한제국은 일본에게 직접적으로는 어떤 항의

도 할 수 없게 되었다. 이런 일본의 수법은 법적 폭력을 자행한 것이라
할 수 있다.

제2차 한일협약(을사늑약)과 독도 영유권

1905년 11월, 일본은 대한제국에게 '을사늑약' 체결을 강요했다. 앞
에서 설명한 것처럼, '을사늑약'은 고종 황제가 제1차 한일협약을 지
킬 의사가 없다고 판단한 일본이 한국의 외교권을 완전히 박탈하기 위
해 강요한 조약이다. 을사늑약 제2조는 다음과 같이 규정되어 있다.

> 일본 정부는 대한제국과 타국과의 사이에 현존하는 조약을 실행하는 임
> 무를 맡고, 대한제국 정부는 지금부터 일본 정부를 통하지 않고는 어떤
> 국제 조약이나 약속도 맺지 않을 것을 약속한다.(第2条 日本国政府は韓国と
> 他国との間に現存する条約の実行を全ふするの任に当り韓国政府は今後日本国政府の
> 仲介に由らすして国際的性質を有する何等の条約若は約束をなさざることを約す。)

한국의 외교권에 대해 '제1차 한일협약'에서는 사전에 '일본 정부
와 협의'할 것을 규정했으나, '을사늑약(제2차 한일협약)'에서는 '일본 정
부를 통하지 않고는' 외국과 조약을 체결하지 못하도록 못을 박아 놓
았다.

이 을사늑약 강제 체결 후 일본은 한성(서울)에 통감부를 설치했다.
1905년 12월 21일, '대한제국에 통감부 및 이사청(理事廳)을 두는 건'(일
본국 칙령 제240호)으로 대한제국의 의사와는 상관없이 일본 천황의 칙령으
로 한성에 통감부가 설치되었고 이토 히로부미[伊藤博文]가 초대 통감으
로 취임했다.

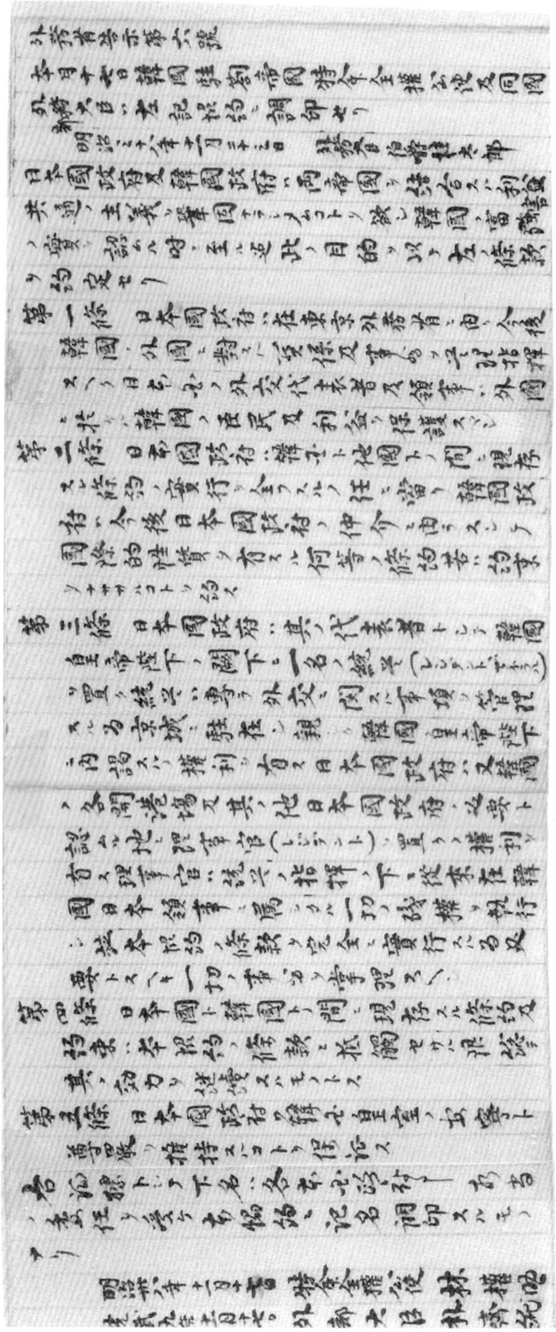

（本文は手書きの縦書き漢文・日本語文書）

第一條　日本國政府ハ在東京外務省ニ由リ今後韓國ノ外國ニ對スル關係及事務ヲ監理指揮スヘク日本國ノ外交代表者及領事ハ外國ニ在ル韓國ノ臣民及利益ヲ保護スヘシ

第二條　日本國政府ハ韓國ト他國トノ間ニ現存スル條約ノ實行ヲ全ウスルノ任ニ當リ韓國政府ハ今後日本國政府ノ仲介ニ由ラスシテ國際的性質ヲ有スル何等ノ條約若ハ約束ヲ為ササルコトヲ約ス

第三條　日本國政府ハ其ノ代表者トシテ韓國皇帝陛下ノ闕下ニ一名ノ統監（レヂデントゼネラル）ヲ置ク統監ハ專ラ外交ニ關スル事項ヲ管理スル為京城ニ駐在シ親シク韓國皇帝陛下ニ内謁スルノ權利ヲ有ス日本國政府ハ又韓國ノ各開港場及其ノ他日本國政府ノ必要ト認ムル地ニ理事官（レヂデント）ヲ置クノ權利ヲ有ス理事官ハ統監ノ指揮ノ下ニ從來在韓國日本領事ニ屬シタル一切ノ職權ヲ執行シ並ニ本協約ノ條款ヲ完全ニ實行スル為必要トスヘキ一切ノ事務ヲ掌理スヘシ

第四條　日本國ト韓國トノ間ニ現存スル條約及約束ハ本協約ノ條款ニ牴觸セサル限ハ總テ其ノ效力ヲ繼續スルモノトス

第五條　日本國政府ハ韓國皇室ノ安寧ト尊嚴ヲ維持スルコトヲ保證ス

右證據トシテ下名ハ各本國政府ヨリ相當ノ委任ヲ受ケ本協約ニ記名調印スルモノナリ

光武九年十一月十七日　外部大臣　朴齊純
明治三十八年十一月十七日　特命全權公使　林權助

＊ 을사늑약(제2차) 한일협약

한국의 외교권을 강제로 박탈한 '을사늑약'에 불복하여 고종 황제는 다시 미국에 밀사를 보냈다. 그 밀사는 고종 황제의 영어교사이자 사학자였던 호머 헐버트 박사였다. 그는 한국의 자주독립을 주장하기 위해 고종 황제의 밀서를 갖고 미국 대통령 시어도 루스벨트와 국무장관을 찾아갔다. 하지만 이미 1905년 8월에 '가쓰라-태프트 밀약'으로 일본의 대한제국 지배를 인정한 미국 정부는 헐버트 박사를 만나주지도 않았다.

1907년 헤이그 만국평화회의에 밀사를 보내도록 건의한 사람도 헐버트 박사였다. 그는 이준, 이상설 열사 등보다 먼저 헤이그에 도착해 《회의시보》에 대한제국 대표단의 호소문을 실었다. 이 사건이 발각되어 일본의 압력으로 대한제국을 떠나야 했던 헐버트 박사는 서재필, 이승만 등과 함께 미국에서 대한제국 독립운동을 활발하게 펼쳤다.

일본은 대한제국의 항의를 항상 강압적인 방법으로 제압했다. 일본은 무주지였던 독도를 평화적으로 편입한 것이라고 주장하면서, 1910년에 식민지로 만든 대한제국의 영토와는 구별된다고 강조한다. 하지만 일본의 대한제국 침략은 1904년 '한일의정서'를 체결하는 시점부터 시작되었기 때문에, 일본의 독도 편입은 대한제국을 침략하는 과정에서 이루어진 것이다.

독도가 일본에 편입되었다는 사실이 대한제국에게 구두로 전달된 시점은 1906년이었다. 일본 시마네현의 독도조사단이 울릉도에 들러

✤ 이토 히로부미(1841~1909년)
4차례에 걸쳐 일본 수상을 역임했으며, 1905년 11월에는 대한제국에게 을사늑약을 강요해 대한제국 초대 통감으로 취임했다. 1909년 10월 26일, 하얼빈에서 안중근에게 사살되었다.

✤ 헐버트 박사

✤ 시어도 루스벨트 (1858~1919년)
제26대 미국 대통령으로 러일전쟁을 중재했다. 프랭클린 루스벨트는 그의 사촌이다.

✴ 헤이그 만국평화회의

울도 군수 심흥택에게 독도 편입 사실을 구두로 알리자, 심 군수는 강원도 관찰사에게 '본 군 소속 독도가 일본에 편입되었다.'고 보고서를 올렸고 그 보고를 받은 대한제국 정부는 '사실무근'이라 규정하며 재조사하라는 '지령 제3호'를 하달했다.(한국 외교통상부 사이트)

하지만 그런 내부적 항의가 일본을 향해 표출되었다는 기록은 남아 있지 않다. 그것은 1904년 2월 이후 대한제국은 사실상 일본에게 영토를 제압당했고, 내정간섭을 받으면서 1905년 11월에 외교권을 완전히 탈취당했기 때문이다. 대한제국은 한일의정서 체결 이후 일본의 계속된 군사적 협박으로 인해 일본에 항의할 수 있는 상태가 아니었다. 특히 고종 황제가 각국에 밀사를 보냈다는 것은, 대한제국이 독도뿐만 아니라 어떤 문제에 대해서도 일본에 직접 항의할 수 없었다는 사실을 입증한다.

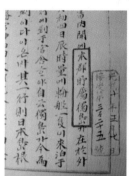
✴ '본 군 소속 독도'로 적혀 있는 '이명래 보고서'의 일부분

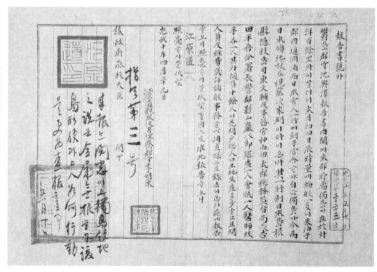
✴ 독도박물관에 소장된 '이명래 보고서'(1906년). 강원도 관찰사 이명래가 의정부에 보고서를 보내자, 의정부가 '지령 제3호'를 써서 다시 이명래에게 송부한 문서. 울도 군수 심흥택이 '본 군 소속 독도'가 일본 영토가 되었다고 보고한 내용과, 의정부가 '지령 제3호'를 통해 '독도가 일본땅이 되었다는 것은 사실무근이니 사태를 주시하라.'는 등의 명령이 적혀 있다.

제3차 한일협약(정미 7조약)과 독도 영유권

1907년 7월 24일, 대한제국은 일본과 '제3차 한일협약(정미 7조약)'을 맺게 되었다. '을사늑약'에 항의하기 위해 국제회의에 밀사를 보낸 고종 황제는 7월 19일에 퇴위당하고 말았다. 통감 이토 히로부미의 명령으로 고종 황제는 대한제국 황제의 자리에서 퇴위당한 것이다.

일본 측은 당시 대한제국 내각이 고종 황제 퇴위를 결정했다고 왜곡하지만, 다음 자료를 보면 일제가 고종 황제를 강제로 퇴위시켰다는 사실이 명확하게 드러난다.

사이온지 총리대신의 서한

외무대신 앞으로 보낸 제57호의 귀 전보 건에 관해서는 원로 제공 및 각료들이 신중히 숙의한 결과 다음 방침을 결정해 오늘 재가를 받았다.

제국 정부는 현재의 기회를 놓치지 않고 대한제국의 내정에 관한 전권을 장악하길 원한다. 그 실행에 대해서는 현장 상황을 고려할 필요가 있으니 이것을 통감에게 일임해야 한다.

만약 위의 희망을 완전히 달성할 수 없는 사정이 생길 때는 적어도 내각의 대신 이하 주요 관헌 임명은 통감의 동의를 얻어 실시하도록 한다. 또한 통감의 추천을 받아 일본인을 내각의 대신을 비롯하여 주요 관헌에 임명해야 한다.

이런 취지로 (대한제국에서의) 일본의 지위를 확립하는 방법은 대한제국 황제의 칙명이 아니라 양국 정부 간 협약에 따르도록 한다.

본 건은 지극히 중요한 문제이므로 외무대신은 대한제국에 건너가서 통감에게 친절하게 설명해야 한다.

(중략)

제1안

대한제국 황제로 하여금 그 대권에 속하는 내치 정무 실행을 통감에게 위임하게 해야 한다.

제2안

대한제국 정부로 하여금 내정에 관한 주요 사항은 모두 통감의 동의를 얻어 시행하고, 시정 개선에 대해 통감의 지도를 받아야 함을 약속하게 해야 한다.

제3안

군부대신, 재무대신은 일본인을 임명해야 한다.

대한제국 황제로 하여금 태자에게 양위하도록 해야 한다. 장래의 화근을 제거하려면 그런 수단을 쓰는 것도 어쩔 수 없을 것이다. 다만 본건은 대한제국 정부가 실행하도록 하는 게 좋겠다.

국왕 및 정부는 통감의 부서(副署) 없이 정무를 실행할 수 없다.

[통감은 부왕, 혹은 섭정의 권한을 갖는다. 이토 통감. 하야시 가오루. (중략) 전송 1906호 1907년 7월 12일 오후 6시.]

각 성 가운데 주요한 성은 일본 정부가 파견한 관료로 하여금 대신 혹은 차관의 직무를 실행하게 해야 한다.

[西園寺総理大臣より。外務大臣宛第57号貴電の件に関しては、元老諸公及閣僚とも慎重熟議の末、左の方針を決定し、本日御裁可を受けたり。即ち帝国政府は現下の機会を逸せず、韓国内政に関する全権を掌握せんことを希望す。其の実行に就きては、実地の情況を参酌するの必要あるに依り、之を統監に一任すること。若、前記の希望を完全に達すること能はざる事情あるに於ては、少くとも内閣大臣以下重要官憲の任命は、統監の同意を以て之を行ひ、且統監の推薦に懸う本邦人を内閣大臣以下重要官憲に任命すべきこと。前記の趣旨に基き、我が地位を確立するの方法は韓国皇帝の勅諚に依らず、両国政府間の協約を以てすること。本件は、極めて重要なる問題なるが故に、外務大臣韓国に赴き親しく統

監に説明すること。(中略) 第一案 韓国皇帝をして其大権に属する内治政務の実行を、統監に委任せしむること。第二案 韓国政府をして、内政に関する重要事項は、総て統監の同意を得て之を施行し、且施政改善に付統監の指導を受くべきことを約せしむること。第三案 軍部大臣、及支部大臣は、日本人を以て之に任ずること。韓皇をして皇太子に譲位せしむること。将来の禍根を杜絶せしむるには、斯の手段に出るも止むを得ざるべし。但し、本件の実行は韓国政府をして実行せしむるを得策と為すべし。国王并に政府は、統監の副署なくして政務を実行し得ず。[統監は、副王若くは摂政の権を有すること）各省の中、主要の部は日本政府の派遣したる官僚をして、大臣若くは次官の職務を実行せしむること。伊藤統監 林薰(中略) 電送1906号 明治40年7月12日 午後6時]

이 문서에는 '대한제국 황제로 하여금 태자에게 양위하도록 해야 한다. 장래의 화근을 제거하려면 그런 수단을 쓰는 것도 어쩔 수 없을 것이다. 다만 본 건은 대한제국 정부가 실행하도록 하는 게 좋겠다.'고 쓰여 있다. 그리고 이 문서의 계획대로 고종 황제는 대한제국 내각에 의해 양위라는 형태로 퇴위당하게 되었다. 모든 것이 일제의 음모에 따라 진행된 것이다. 이 문서는 1907년 7월 12일에 당시 사이온지 일본 수상이 한국의 이토 히로부미 통감 등에게 보낸 문서다.

이런 상황을 볼 때 일제는 1910년이 아니라 그보다 6년 전인 1904년 2월에 이미 대한제국(조선) 강점을 시작해, 1907년 7월에 침략을 완성했다고 봐야 한다. 1910년은 일제가 '대한제국 황실과 백성들의 뜻에 반하여' 대한제국을 강제로 보호국으로 삼으면서 '한일병합'이라는 공식적인 명칭을 내세운 것뿐이다.

고종 황제가 퇴위당한 5일 뒤에 당시의 대한제국 내각총리대신 이완용에 의해 황제 공석 중에 체결된 협약이 바로 '제3차 한일협약(정미 7조약)'이다. 한일 양국어로 된 전문은 다음과 같다.

1. 대한제국 정부는 내정 개선에 대해서는 통감의 지도를 받을 것(韓国政府は施政改善に関し統監の指導を受くること)

2. 대한제국 정부가 법령을 제정하는 건과 주요 행정처분에 관해서는 사전에 통감의 승인을 받을 것(韓国政府の法令の制定及重要なる行政上の処分は予め統監の承認を経ること)

3. 대한제국은 사법 사무와 행정 사무를 구분하여 처리할 것(韓国の司法事務は普通行政事務と之を区別すること)

4. 대한제국 정부가 고등관리를 임면할 때는 통감의 동의를 거쳐서 실시할 것(韓国高等官吏の任免は統監の同意を以て之を行ふこと)

5. 대한제국 정부는 통감이 추천하는 일본인을 관리로 임명할 것(韓国政府は統監の推薦する日本人を韓国官吏に任命すること)

6. 대한제국 정부는 통감의 동의 없이 외국인을 관료로 임용하지 말 것(韓国政府は統監の同意なくして外国人を傭聘せざること)

7. 광무 8년(일본 명치 37년 : 1905년) 8월 22일에 조인한 '한일(韓日) 협약' 제1항을 폐지할 것(明治37年8月22日調印日韓協約第1項は之を廃止すること)

이 협약으로 대한제국은 외교권뿐만 아니라 내정 결정권마저 완전히 일제에게 빼앗기게 되었다. 이 협약은 1904년 이후 대한제국을 제압해 온 일본이 그 지배를 법적으로 정당화하기 위해 만든 것으로, 1904년의 '한일의정서' 체결 이후 계속 실행해 온 사항을 법적으로 확인하는 것이었다.

'제3차 한일협약(정미 7조약)'으로 대한제국의 내정까지 완전히 통감부의 통치 하에 들어갔고 내정에 대한 모든 결정권이 통감의 수중에 들어갔다.

한편 심흥택 울도 군수가 독도의 일본 편입을 강원도에 알린 시점은 1906년 3월 29일이었다. 그 시점은 1905년 11월의 '을사늑약' 강제 체

* 고종 황제를 퇴위시키려는 일본 측 문서

결과 '제3차 한일협약'이 맺어진 1907년 7월 24일 사이에 위치한다. 그러면 이 기간을 전후해 일본이 어떤 식으로 한국을 침탈했는지 정리해 보자.

우선 울도 군수가 독도의 일본 편입에 대해 알게 된 시점에서 50일 정도 전인 1906년 2월 9일, 일본 정부는 대한제국 주재 일본 헌병에 대해 종래의 군사경찰권에 더해 행정·사법·경찰권 등을 장악하게 하는 일본 칙령을 공포했다. 그러므로 1906년 2월 시점에 대한제국에서는 일본 헌병들이 사법권을 장악해 대한제국의 재판에 간섭하기 시작한 것이다.

1907년 6월 15일에 '제2차 헤이그 평화회의'가 개최되었는데, 고종 황제는 밀사를 보내 일본이 대한제국을 침략했다고 호소했다. 이른바 헤이그 밀사사건이 일어난 것이다. 이에 7월 3일, 통감 이토 히로부미는 고종 황제에게 위약의 책임을 물었고, 이로 인해 고종 황제는 결국 7월 19일에 퇴위당했다. 대한제국의 백성들은 이런 조치에 불만을 품고 봉기해, 고종 황제 퇴위를 추진한 이완용 총리대신을 습격해 큰 부상을 입히기도 했다. 일본은 대한제국 백성들의 봉기를 진압하기 위해 일본군 1개 사단을 한성(서울)에 급파했다.

1907년 7월 24일, '제3차 한일협약'이 체결되었고, 7월 31일에 일본은 대한제국의 재래식 군대를 해산시켰다. 이것으로 대한제국에 존재하는 군대는 일본이 파견한 한국주답군만 남게 되었다. 황제가 퇴위당하고 군대까지 해산된 대한제국은 이미 독립국가가 아니었다. 즉 대한제국은 1904년 2월부터 이미 일본의 지배 하에 들어갔고, 1907년 7월에는 사실상 일본의 식민지로 전락했다. 1910년 8월까지 약 3년의 기간은 '한일합방조약' 체

✤ 대한제국의 마지막 황제인 순종 황제(1874~1926년). 1907년 7월 20일, 고종 황제가 일본에게 강제로 퇴위됨에 따라 황제가 되었다. 하지만 그 또한 1910년 8월 29일 한일합방조약 발포로 인해 퇴위되었다.

協約

日本國政府及韓國政府ハ速ニ韓國ノ富强ヲ圖リ韓國民ノ幸福ヲ增進セントスル目的ヲ以テ左ノ條款ヲ約定セリ

第一條
韓國政府ハ施政改善ニ關シ統監ノ指導ヲ受クヘシ

第二條
韓國政府ノ法令ノ制定及重要ナル行政上ノ處分ハ豫メ統監ノ承認ヲ經ヘキコト

第三條
韓國ノ司法事務ハ普通行政事務ト之ヲ區別スルコト

第四條
韓國高等官吏ノ任免ハ統監ノ同意ヲ以テ之ヲ行フコト

第五條
韓國政府ハ統監ノ推薦スル日本人ヲ韓國官吏ニ任命スルコト

第六條
韓國政府ハ統監ノ同意ナクシテ外國人ヲ傭聘セサルコト

第七條
明治三十七年八月二十二日調印日韓協約第一項ヲ廢止スルコト

右證據トシテ下名ハ各本國政府ヨリ相當ノ委任ヲ受ケ本協約ニ記名調印スルモノナリ

明治四十年七月二十四日
統監侯爵伊藤博文
光武十一年七月二十四日
内閣總理大臣勳二等李完用

제 5 장 일본의 독도 강제 편입과 고종 •

결을 위한 마무리 기간이었다.

1907년 8월 27일에는 순종(純宗)이 이름뿐인 대한제국 황제로 즉위했고, 11월 1일에는 재한 일본인 경찰관이 대한제국의 내정에 직접 관여할 수 있게 되었다.

일본이 '폭력'으로 약취한 대한제국의 영토, 독도

지금까지 언급한 것처럼, 일본은 '한일의정서'를 체결한 1904년 2월부터 한국주답군을 한성에 주둔시키면서 대한제국 정부에 항상 위협을 가했다. 그것은 '을사늑약'을 강제로 체결할 당시 한국주답군이 왕궁을 포위한 경위를 봐도 확인할 수 있다. '한일의정서' 체결 이후 일본은 '제1차~제3차 한일협약'을 대한제국에게 강요함으로 법적 폭력으로 대한제국 지배를 진행했다.

1906년 2월에는 일본이 주한 일본 헌병에게 대한제국의 사법경찰권을 부여했고, 1907년에는 고종 황제를 퇴위시켰으며 대한제국의 재래식 군대까지 해산시킴으로써 대한제국을 유명무실화해 버렸다. 이런 상황에서 대한제국은 일본에게 직접적으로는 어떤 항의도 할 수 없는 상황이 되었고 고종 황제처럼 해외에 밀사를 보내 일본의 불법 행위를 규탄할 수밖에 없었다. 이런 역사적 사실이 독도가 일본에 의해 폭력적으로 약취되었다는 사실을 여실히 증명하는 것이다.

고종 황제의 밀서와 독도 영유권

앞에서 언급했듯이, 심흥택 울도 군수가 강원도 감찰사에게 '본 군 소속 독도가 일본에 편입되었다.'고 보고한 내용이 대한제국 정부에 보고되었고, 대한제국 정부는 '사실무근'이니 '재조사하라'는 내용을 즉시 강원도에 하달했다. 그러므로 1906년 3월, 울도 군수의 보고 이후 고종 황제가 국권 회복을 호소한 밀서에는 독도 영유권이 포함된 영토 보전에 대한 언급이 있을 가능성이 있으므로 그 점을 살펴보도록 하자.

1907년 7월 11일, 고종 황제는 다음과 같이 국민들이 의병으로 나설 것을 촉구하는 칙서를 발표했다.

> 칠로에 권송하니 각기 의병에 나서라. 슬프다. 나의 죄가 크고 허물이 많은 지라 하늘의 도움을 받지 못하여 강악(强惡)한 이웃나라가 넘보게 되고 역신(逆臣)이 국권을 농단하여 마침내 4,000년 종사와 3,000년 강토(疆土)가 하루아침에 이적(夷狄)의 땅이 되려 하니, 나의 이 실낱같은 목숨이야 아까울 게 없지만 오직 종상한 인민을 걱정하여 애통하는 바이다.(후략)
>
> - 이영철, 「시민을 위한 사료 한국 근현대사」, 2002, p.79

고종 황제는 이 칙서에서 '3,000년 강토(疆土)가 하루아침에 이적(夷狄)의 땅이 되려 하니' 슬프다고 말했다. 고종 황제가 이 칙서를 내린 1907년 7월 11일은 '제3차 한일협약'이 체결되기 전이었다. 하지만 일본은 대한제국의 내정에 계속 간섭해 왔다. 그러므로 고종 황제는 일본이 대한제국의 영토를 집어삼키려 한다는 말을 인민들에게 전한 것이다.

일본은 '한일의정서'를 시작으로 한국의 내정과 외교에 간섭하기 시작해, 1907년 7월, '제3차 한일협약'으로 대한제국에 통감부를 설치해 한반도 전체를 접수하려 했다. 이에 고종 황제는 1906년 5월에도 독일을 비롯해 서양 각국에 밀서를 보냈는데, 그 내용은 다음과 같다.

본인은 대덕국(독일)의 호의와 지원을 항상 기대하고 있습니다. 하지만 본인에게 파국이 닥쳐왔습니다. 이웃 강대국의 공격과 강압성이 날로 심해져 외교권을 박탈당했고 독립을 위협받고 있습니다. 우리는 하늘에 호소하고 있습니다.

본인은 폐하에게 고통을 호소하고, 다른 강대국들과 함께 약자의 보호자로서 본국의 독립을 보장해 줄 수 있는 폐하의 우의를 기대합니다. (후략)

- 고종 황제의 밀서

이 밀서는 고종 황제가 독일 황제에게 보낸 밀서인데, 여기서 고종 황제는 독일에게 보호를 호소하면서 '일본에게 외교권을 탈취당했고 독립을 위협받고 있다.'고 썼다. 그리고 고종 황제가 헤이그 평화회의 (1907년 6월)에 보낸 밀서에는 영토에 대한 언급으로 해석할 수 있는 부분이 강조되어 있는데, 이것은 1906년 3월에 일본이 독도를 슬그머니 편입한 사건의 부당함을 호소하려 했기 때문인 듯하다. 이 밀서의 제3항에는 다음과 같이 적혀 있다.

황제께서는 독립제권(獨立帝權)을 일모도 타국에 양여(讓與)한 적이 없다.

이 말은 고종 황제가 한국의 독립제권, 즉 한국의 독립권과 영토권을 타국에 조금이라도 양보한 적이 없다는 것이다. 또 독도가 이미 일본땅에 편입되었다는 것을 알고 있는 상황에서, '일모도'라는 말로 아무리 작은 영토일지라도 타국에 양보하지 않겠다는 결의를 나타낸 것이다.

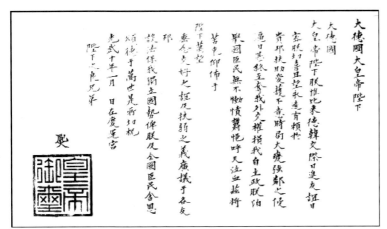

독도는 일본이 탈취해 간 첫 번째 희생의 땅

일본은 독도가 대한제국의 영토일 가능성이 있다는 것을 알면서도 그 사실을 외면했다. 혹시 대한제국에 조회할 경우, 대한제국이 독도가 자국의 영토라고 하면 '한일의정서'에 규정된 '한국 영토 보전'이라는 조항을 지켜야 하기 때문이다. 이렇게 되면 독도 편입을 포기해야 할지도 모르기 때문에, 일본 정부는 독도를 '조용히 그리고 비밀리에' 시마네현에 편입시켰다. 일본 정부의 관보에도 싣지 않고 조용히 편입 처리를 마친 것이다. 일본의 독도 편입은 이런 의미에서 '한일의정서'를 위반한 불법행위임이 분명하다.

그리고 1906년 3월, 일본이 독도를 편입한 것을 알게 된 대한제국 정부는 이를 인정하지 않았지만, '사태를 주시하라'고 명령하는 것에 그치고 일본에게 직접 항의하지는 않았다. 일본 정부는 이를 빌미로 대한제국 정부가 항의하지 않았으므로, 독도는 일본의 영토가 되었다고 주장한다. 그러나 고종 황제는 헤이그 평화회의에 밀사와 밀서를 보내면

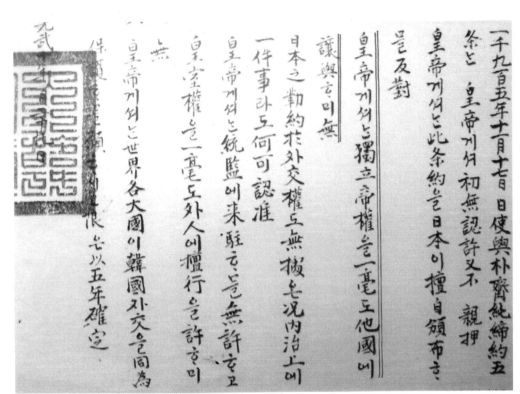

✦ 고종 황제가 헤이그 평화회의에 보낸 밀서

서까지 대한제국의 주권을 타국에 조금도 양도한 적이 없다는 것을 호소하려 했다. 고종 황제의 밀서에는 독도를 포함한 영토 전체를 수호하려는 의지가 담겨 있었다. 대한제국이 일본에게 직접 항의할 수 없었기 때문에, 고종 황제는 밀사와 밀서를 통해 일본에 우회적으로 항의했다.

결국 독도를 시마네현에 편입시킨 일본의 행위는 탐욕과 법적 폭력에 의한 것이었고 '한일의정서'에 위배되는 불법행위였다. 또한 대한제국이 고종 황제의 밀서를 통해 세계 각국에 독도를 포함한 영토 전체를 수호하겠다고 선언하여 일본의 야욕을 규탄한 것이 바로 역사적 진실인 것이다. 대한제국이 일본의 독도 편입에 대해 항의하지 않았기 때

문에, 국제법상 '묵인' 한 셈이므로 독도는 일본땅이 되었다는 일본의
주장은 다음과 같은 이유 때문에 성립하지 않는다.

첫째, 당시는 고종 황제가 각국에 밀사를 보내야 할 정도로 일본에
직접 항의할 수 없는 상황이었다. 둘째, 고종 황제는 밀사와 밀서를 통
해 일본의 침략행위를 고발했는데, 특히 1907년 6월에 열린 헤이그 평
화회의에서 일본의 야욕을 우회적으로 규탄했다. 그렇기 때문에 '묵
인' 이라는 국제법상의 논리를 적용할 수 없으므로, 일본의 독도 편입
은 무효다.

제 2 부

제2차 세계대전 이후의
독도 문제

태평양전쟁에서 패배한 일본은 연합국의 지배를 받게 되었다. 이때부터 연합국은 일본 영토를 재구성하기 시작했는데, 이 과정에서 독도는 먼저 한국의 영토로 확정되었다. 하지만 독도는 평화조약 문안이 최종적으로 확정되기 전까지 일본 영토로 간주되기도 하다가 다시 한국 영토로 복귀되는 등 마지막 순간까지 한치 앞도 내다볼 수 없는 상황이 전개된다. 이것은 일본 정부가 미국을 상대로 집요한 로비공세를 벌였기 때문이며, 이로 인해 독도를 둘러싸고 미국과 나머지 연합국들 사이에 치열한 공방이 이어진다. 마지막에 미국은 '독도는 일본 영토'라는 문서를 한국 정부에게 보낸다. 일본 정부가 '독도는 일본땅'이라고 주장하는 가장 유력한 증거인 이 문서(러스크 서한)의 실체적 진실은 무엇인가? 그리고 그 뒤 한국 정부가 선포한 평화선 문제는 어떻게 정리되었고, 1965년 한일협정으로 독도는 어느 나라의 땅이 되었는가?

독도와

샌프란시스코 평화조약

일본이 태평양전쟁에서 패배함으로써 한국은 광복을 맞이하여 일제의 강점에서 벗어났다. 이와 함께 우리 독도가 현대사의 무대에 그 모습을 나타내기 시작했다. 그러므로 이른바 독도 문제란 제2차 세계대전 이후에 부상한 이슈인 것이다. 이번 장에서는 현대사가 열리는 시점에 독도 문제가 어떻게 시작되었는지부터 풀어나가려 한다.

포츠담선언과 일본의 패전

제2차 세계대전이 막바지로 접어든 1943년 11월, 미국과 영국 및 중국의 지도자들이 이집트의 수도 카이로(Cairo)에 모여 회담을 가졌다. 미국 대통령 프랭클린 루스벨트(Franklin D. Roosevelt), 영국 수상 처칠(Winston Churchill), 그리고 중화민국 총통 장개석(蔣介石) 등 3자가 참가한 이 회담은 제2차 세계대전을 하루속히 끝낼 것에 합의하고, 전후(戰後)의 기본적인 세계 질서를 구상했다.

❊ 장개석. 1943~
1975년까지 중화민
국 주석으로 재임.

❊ 윈스턴 처칠.
1940~1945년,
1951~1955년에
걸쳐 영국 수상으로
재임.

❊ 프랭클린 루스벨트. 1933~1945년까지 미국 대통령으로 재임.

발표된 선언은 '카이로선언'으로 불린다. 이 선언문에는 '코리아
(Korea) 인민들이 노예 상태에 놓여 있음에 유의해, 적당한 시기와 절차
를 밟아 코리아를 자유롭고 독립된 나라가 되도록' 하겠다고 명기되어
있다. 뿐만 아니라 이 선언문에는 '일본은 폭력 및 탐욕으로 탈취한 모
든 지역에서 축출될 것이다.(Japan will also be expelled from all other territories
which she has taken by violence and greed.)'라고 명기되었다.

이 카이로선언은 1895년 청일전쟁이 끝난 뒤 일본이 탈취한 모든 영
토를 1895년 이전의 상태로 원상복귀시키는 것을 원칙으로 하고 있다.
그러므로 1905년 일본이 대한제국으로부터 탈취한 독도는 당연히 한국
으로 반환되어야 한다.

그 뒤 카이로선언은 1945년 7월 26일에 발표된 포츠담선언 제8조에
흡수되어 포츠담선언의 규정내용에 포함되었다. 그리고 연합군이 히로
시마에 이어 나가사키에도 원폭을 투하하자, 일본은 1945년 8월 9일에
포츠담선언을 무조건 수락했다.

*1945년 8월 6일, 히로시마에 투하된 원폭　　　*1945년 8월 9일, 나가사키에 투하된 원폭

*1945년 9월 2일, 항복문서에 서명하는 일본군 참모총장

이어서 8월 15일 무조건 항복한 일본은 9월 2일에 포츠담
선언을 수락하겠다는 내용을 담은 항복문서에 서명함으로,
카이로선언과 포츠담선언의 규정을 법적으로 수용하게 되
었다. 바로 두 선언에 의해 일본의 미래가 결정된다는 법적
근거가 마련된 셈이다.

그렇다면 포츠담선언에서 독도와 관련이 있는 부분은 어
떤 식으로 기재되었을까? 포츠담선언 제8조에는 '카이로선
언의 각 항은 실행되어야 한다.(The terms of the Cairo Declaration shall
be carried out.)'고 명기되어 있다. 그리고 일본의 주권은 혼슈[本
州]와 홋카이도[北海道], 규슈[九州] 및 시코쿠[四國] 그리고 우리(연
합국)가 결정할 '작은 섬들'에 국한될 것이라고 규정했
다.(Japanese sovereignty shall be limited to the islands of Honshu, Hokkaido,
Kyushu, Shikoku and such minor islands as we determine.)

✝ 연합국 총사령부 최고 사령관 맥아더 장군

한국 영토 조항에 대한 한국과 일본의 견해 차이

그러면 독도는 포츠담선언이 규정한 '연합국이 결정할 작은 섬들'
에 포함되어 일본 영토로 남았는가? 그렇지 않으면 거기에 포함되지
않아서 한국 영토로 돌아왔는가? 이 관점이 바로 샌프란시스코 평화
조약(이하 대일평화조약)과 독도를 생각할 때 가장 핵심적인 내용이다.

그런데 샌프란시스코 평화조약의 최종안에는 독도의 이름이 어디에
도 기재되지 않았다. 그리고 독도는 한국 영토 조항뿐만 아니라 일본 영
토 조항에도 기재되지 않았다. 더 정확히 말하면 일본 영토 조항 자체가
최종안에서 다 삭제되었다. 그러면 독도와 관련이 있는 한국 영토 조항
최종안은 어떻게 기재되었을까? 아래가 그 최종안이다.

> "일본은 한국의 독립을 승인하고, 제주도, 거문도, 울릉도를 포함한 한국에 대한 모든 권리, 권원(權原), 그리고 청구권을 포기한다."
>
> (Japan, recognizing the independence of Korea, renounces all right, title and claim to Korea, including the islands of Quelpart, Port Hamilton and Dagelet.)
>
> - 1951년 9월 7일

CHAPTER II

TERRITORY

Article 2

(a) Japan, recognizing the independence of Korea, renounces all right, title and claim to Korea, including the islands of Quelpart, Port Hamilton and Dagelet.

(b) Japan renounces all right, title and claim to Formosa and the Pescadores.

(c) Japan renounces all right, title and claim to the Kurile Islands, and to that portion of Sakhalin and the islands adjacent to it over which Japan acquired sovereignty as a consequence of the Treaty of Portsmouth of September 5, 1905.

(d) Japan renounces all right, title and claim in connection with the League of Nations Mandate System, and accepts the action of the United Nations Security Council of April 2, 1947, extending the trusteeship system to the Pacific Islands formerly under mandate to Japan.

(e) Japan renounces all claim to any right or title to or interest in connection with any part of the Antarctic area, whether deriving from the activities of Japanese nationals or otherwise.

(f) Japan renounces all right, title and claim to the Spratly Islands and to the Paracel Islands.

Article 3

Japan will concur in any proposal of the United States to the United Nations to place under its trusteeship system, with the United States as the sole administering authority, Nansei Shoto south of 29° north latitude (including the Ryukyu Islands and the Daito Islands), Nanpo Shoto south of Sofu Gan (including the Bonin Islands, Rosario Island and the Volcano Islands) and Parece Vela and Marcus Island. Pending the making of such a proposal and affirmative action thereon, the United States will have the right to exercise all and any powers of administration, legislation and jurisdiction over the territory and inhabitants of these islands, including their territorial waters.

✳ 샌프란시스코 평화조약 최종안. 제2조 (a)항이 한국 영토 조항이다.

한국 영토 조항은 이와 같이 기재되었는데 조문에서 독도가 빠진 것이다. 이것을 가리켜 일본 측은 독도가 일본 영토로 남았다고 주장하고 있다.

한편 한국 측은 최종안에서 독도에 대한 언급이 없으므로 대일평화조약 한국 영토 조항은 1946년에 연합국 총사령부가 발표한 '연합국 총사령부 훈령(SCAPIN) 제677호'를 계승해 독도는 한국 영토로 재확인되었다고 주장하고 있다. SCAPIN 제677호란 연합국에 의한 일본점령시대에 독도를 일본 영토에서 제외시킨 연합국 문서다. 이에 대한 현 한국 정부의 공식 견해는 다음과 같다.

[제2차 세계대전 이후 대한민국의 독도 영유권 재확인]

"1945년 제2차 세계대전의 종전과 더불어, 일본은 폭력과 탐욕에 의해 약취한 모든 지역으로부터 축출되어야 한다는 카이로선언(1943년)에 따라 우리 고유 영토인 독도는 당연히 대한민국 영토가 되었다.
아울러 연합국의 전시 점령 통치 시기에도 SCAPIN 제677호에 따라 독도는 일본의 통치·행정범위에서 제외된 바 있으며, 샌프란시스코 강화조약(1951년)은 이러한 사항을 재확인하였다. 이후 우리는 현재까지 독도를 실효적으로 점유하고 있다.
이러한 사실에 비추어 볼 때, 독도에 대하여 역사적, 지리적, 국제법적으로 확립된 우리의 영유권은 현재에 이르기까지 중단 없이 이어지고 있다."

- 대한민국 정부의 독도에 대한 기본 입장(2010년)

제2차 세계대전 이후의 독도 영유권에 관한 한국 정부의 견해는, 연합국 총사령부가 발표한 SCAPIN 제677호에서 독도가 한국의 영역에 포함되었다는 것을 근거로 그 효력이 대일평화조약에 계승되었고 그것이 현재까지 이어지고 있다는 논리를 중심으로 구축되고 있다.

그러면 이에 대한 일본 측 견해는 어떨까? 일본 외무성이 '다케시마 문제'라는 웹사이트에 올린 '다케시마(독도) 문제를 이해하기 위한 10가지 포인트' 팸플릿에 제2차 세계대전 뒤의 일본 영토 처리 문제에 대해 비교적 상세하게 기재되어 있다.

제2차 세계대전 이후 대한민국의 독도 영유권 재확인

- 1945년 제2차 세계대전의 종전과 더불어, 일본은 폭력과 탐욕에 의해 약취한 모든 지역으로부터 축출되어야 한다는 카이로선언(1943년)에 따라 우리 고유 영토인 독도는 당연히 대한민국 영토가 되었다.
- 아울러 연합국의 전시 점령 통치시기에도 SCAPIN 제677호에 따라 독도는 일본의 통치 · 행정범위 에서 제외된 바 있으며, 샌프란시스코 강화조약(1951년)은 이러한 사항을 재확인하였다.
- 이후 우리는 현재까지 독도를 실효적으로 점유하고 있다.
- 이러한 사실에 비추어 볼 때, 독도에 대하여 역사적, 지리적, 국제법적으로 확립된 우리의 영유권은 현재에 이르기까지 중단 없이 이어지고 있다.

자료 5. 동도 등대 사진

7 | 우리 땅 독도

✤ 대한민국 정부의 독도에 대한 기본 입장 (2010년)에 나오는 제2차 세계대전 이후 부분

"샌프란시스코 평화조약 기초 과정에서 한국은 일본이 포기해야 할 영토에 다케시마(독도)를 포함시키도록 요구했습니다만, 미국은 다케시마(독도)가 일본의 관할 하에 있다고 해서 이 요구를 거부했습니다.

1.1952년 9월에 서명된 샌프란시스코 평화조약은 일본의 조선 독립 승인을 규정하는 동시에 일본이 포기해야 할 지역으로서 '제주도, 거문도 및 울릉도를 포함한 조선'으로 규정했습니다.

2.이 부분에 관한 미영 양국에 의한 초안 내용을 알게 된 한국은 같은 해 7월, 양유찬 주미 한국대사로부터 애치슨 미 국무상관 앞으로 서한을 제출했습니다. 그 내용은 '한국 정부는 제2조 a항의 "포기한다"라는 말을 "(일본국이) 조선 및 제주도, 거문도, 울릉도, 독도 및 파랑도를 포함하는 일본에 의한 조선 합병 이전에 조선의 일부였던 섬들에 대한 모든 권리, 권한, 권원 및 청구권을 1945년 8월 9일에 포기했음을 확인한다."로 바꿀 것을 요망한다.'는 것이었습니다.

3.이 한국 측 의견서에 대해 미국은 같은 해 8월, 러스크 극동담당 국무차관보로부터 양유찬 대사에게 보낸 서한에서 다음과 같이 답변하여, 한국 측 주장을 명확히 부정했습니다."

"(전략) 합중국 정부는 일본이 1945년 8월 9일자로 포츠담선언을 받아들였지만, '그 선언에 포함된 지역에 대해 일본이 공식적이고 최종적으로 주권을 포기했다.'는 논리를 이 평화조약(샌프란시스코 평화조약)에서 적용해야 한다고 생각하지 않는다. 독도 또는 다케시마 내지 리앙쿠르 암(岩)으로 알려진 섬에 관해서는, 통상 무인(無人)인 이 바위섬은 우리들의 정보에 의하면 조선의 일부로 취급된 적이 결코 없으며, 1905년경부터 일본의 시마네현 오키섬 지청의 관할 하에 있다. 이 섬은 일찍이 조선에 의해 영유권 주장이 이루어졌다고는 볼 수 없다. (후략)"

"이 내용들을 보면 다케시마(독도)는 일본의 영토라는 것을 긍정하고 있는 것이 명백합니다.

4. 또한 밴 플리트 대사의 귀국보고서에서도 다케시마(독도)는 일본 영토이며 샌프란시스코 조약에서 포기한 섬들에 포함되지 않았다는 것이 미국의 결론이라고 명기되어 있습니다."

- '다케시마 문제를 이해하기 위한 10가지 포인트' [7]

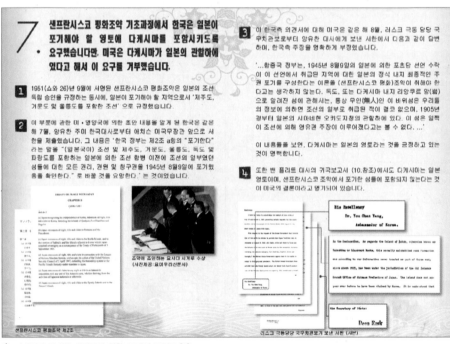

❋ 다케시마 문제를 이해하기 위한 10가지 포인트 [7]

일본 정부는 이를 근거로 대일 평화조약의 기초 과정에서 독도가 일본 영토로 남았다고 주장하며, 미국의 '러스크 서한'과 '밴 플리트 대사의 귀국보고서'를 유력한 증거로 내세우고 있다. 그렇기 때문에 이런 일본의 주장을 완벽히 비판하고 극복하는 것은 독도 영유권을 지키는 데 있어서 매우 중요하다. 왜냐하면 아무 말도 하지 않은 채 무시해 버린다면 제3자는 일본의 주장이 옳다고 생각할 소지가 충분히 있기 때문이다.

SCAPIN 문서의 효력

한국은 SCAPIN 제677호에 의해 독도는 일본 영토에서 제외되었고 그것이 대일 평화조약에 계승되었기 때문에, 독도가 한국 영토라는 사실을 다시 한 번 확인할 수 있었다고 주장한다. 하지만 일본은 이 논리를 다음과 같이 부정한다.

"일본이 연합국의 점령 하에 있었을 때, 연합국은 일본에 대하여 정치 및 행정상의 권력 행사를 중지해야 하는 지역과, 어업과 포경을 금지하는 지역을 지정하였으며 그 중에는 다케시마(독도)도 포함되어 있습니다. 그러나 이러한 연합국의 규정에는 영토 귀속의 최종적 결정에 관한 연합국 측의 정책을 의미하는 것으로 해석되어서는 안 된다는 취지가 모두 명기되어 있습니다."

— 일본 외무성 웹사이트 '다케시마 문제' 한국판

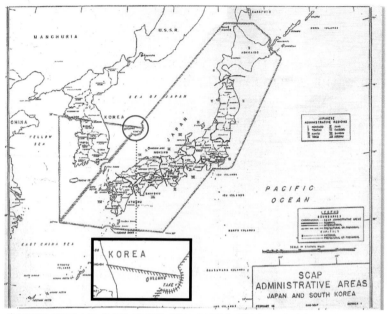

＊ SCAPIN 제677호 부도. 1946년 1월 29일, 연합국 총사령부는 일본이 독도에 정치적·행정적 권력 행사를 하지 못하도록 중지시켰다. 빨간색 원을 확대한 부분을 보면 독도가 TAKE로 표시되어 있다.

제2차 세계대전이 끝난 뒤 연합국 총사령부는 일본에게 독도에 대한 정치적·행정적 권력 행사를 중지하도록 규정한 SCAPIN 제677호와, 독도 주변에서 어업과 포경 등의 활동을 금지시킨 SCAPIN 제1033호를 하달했다.

하지만 일본은 SCAPIN 제677호와 제1033호는 일본 영토를 최종적으로 결정하는 문서가 아니라고 반박한다. 일본 정부는 이 두 훈령에는 그 취지가 다음과 같이 명기되어 있다고 지적한다.

[SCAPIN 제677호 제6조]

"6.이 지령 가운데 어떠한 규정도 포츠담선언 제8조에 기술된 '작은 섬들'의 최종적 결정에 관한 연합국의 정책을 나타내는 것으로 해석되어서는 안 된다."

(6.Nothing in this directive shall be construed as an indication of Allied policy relating to the ultimate determination of the minor islands referred to in Article 8 of the Potsdam Declaration.)

[SCAPIN 제1033호 제5조]

"5.이 허가는, 해당 구역 또는 그 외의 어떠한 구역에 관해서도, 국가 통치권, 국경선 또는 어업권에 대한 최종적 결정에 관한 연합국 정책의 표명이 아니다."

(5.The present authorization is not an expression of Allied policy relative to ultimate determination of national jurisdiction, international boundaries or fishing rights in the area concerned or in any other area.)

이와 같이 SCAPIN 제677호와 제1033호에는 그 문서들이 정한 내용이 최종적인 결정이 아니라고 명기되어 있기 때문에, 독도가 한국 영토로 결정된 것이 아니라는 것이 일본의 주장이다.

한국 측은 이런 일본 측 주장에 대해 공식적으로는 어떤 반박도 하고 있지 않다. 그러나 통치의 역사의 실체를 보면 SCAPIN 제677호로 결정된 일본의 시정 구역은 변경이 명기되지 않는 한 샌프란시스코 조약에서 그대로 집행되었다. 소련(현, 러시아)은 일본의 북방 4개 섬을 SCAPIN 제677호가 정한대로 점령했고 미국도 오키나와와 오가사와라 제도를 신탁 통치했다. 독도도 미군정 하에 있던 한국이 1947년 조사단을 파견한 것을 시작으로 독도를 구체적으로 지배하기 시작했다. 이것은 샌프란시스코 조약이 발효된 후에도 마찬가지였고 이에 반대하는 연합국은 없었다.

대일평화조약 초안 작성 과정 개관

'러스크 서한' 이나 '밴 플리트 대사의 귀국보고서' 의 기본적 성격을 파악하기 위해, 우선 대일 평화조약의 초안 작성 과정이 어떻게 진행되었는지 살펴보자.

연합국은 미국이 연합국을 대표하여 조약의 초안을 작성하기 전인, 1947년 초에 '구 일본 영토에 관한 연합국의 합의서(Agreement Respecting The Disposition of Former Japanese Territories : 이하 '연합국 합의서')' 를 체결했다. 독도는 이 '연합국 합의서' 에서 한국 영토로 명기되어 있었다.

그 뒤에 조약 초안이 작성되기 시작했는데, 1차부터 5차 초안까지는 독도가 한국 영토로 분명히 기재되었다. 1차 초안은 1947년 3월 19일자로 작성되었고, 5차 초안은 1949년 11월 2일자로 작성되었다. 이런 조치는 대일 평화조약의 초안을 작성하는 초기 단계에서, 독도를 한국 영토로 인정한 '연합국 합의서' 를 한국 영토 조항에 그대로 적용한 결과였다.

> "일본은 이로써 한국을 위해 한국의 본토와, 제주도, 거문도, 울릉도, 리앙쿠르 락스(다케시마, 독도) (중략) ○○○를 포함한, 한국의 모든 해안 도서들에 대한 권리와 권원을 포기한다."
>
> - 5차 초안(1949년 11월 2일)

그런데 6차 초안에서는 놀랍게도 독도가 갑자기 정반대로 일본 영토로 변경되어 기재되었다. 당시 일본은 조금이라도 영토를 확보하려고 요시다 시게루[吉田茂] 수상 이하 일본 정부 사람들이 미국 정부에 엄청난 로비 활동을 전개하고 있었다. 그 일환으로 일본에 체류하고 있던 미국 정부의 일본 정치고문관(U.S. Political Adviser for Japan) 윌리엄 제이 시볼드

Sakhalin (Karafuto) south of 50° N. latitude, and adjacent
islands, including Totamoshiri (Kaiba To, or Moneron), and
Robben Island (Tyuleniy Ostrov, or Kaihyo To).

2. Japan hereby cedes to the Union of Soviet Socialist
Republics in full sovereignty the Kuril Islands.

Article 6

1. Japan hereby renounces in favor of Korea all rights
and titles to the Korean mainland territory and all offshore
Korean islands, including Quelpart (Saishu To), the Nan How
group (San To, or Komun Do) which forms Port Hamilton (Tonaikai),
Dagelet Island (Utsuryo To, or Matsu Shima), Liancourt Rocks
(Takeshima), and all other islands and islets to which Japan has
acquired title lying outside the line described in Article 3
and to the east of the meridian 124° 15' E. longitude, north
of the parallel 33° N. latitude, and west of a line from the
seaward terminus of the boundary approximately three nautical
miles from the mouth of the Tumen River to a point in 37° 30'
N. latitude, 132° 40' E. longitude.

2. This line is indicated on the map attached to the
present Treaty.

Article 7

✠ 샌프란시스코 평화조약 5차 초안.
제6조에 독도가 Liancourt Rocks
(Takeshima)로 표기되어 한국 영
토로 분류되어 있다.

(William J. Sebald)에 대해 일본 정부는 일본 측 자료를 제공해 설득했다. 그의 아내가 일본 여성이었으므로 접근이 쉬웠을 것으로 보인다.

결과적으로 제이 시볼드는 1949년 11월 14일자로 다음과 같은 내용이 포함된 전문(電文)을 미 국무성에 보냈다. 그는 평화조약 5차 초안을 조목조목 비판하면서 독도의 소속에 대

✠ 제45대, 제48대~제
51대 일본 수상으로 재
임한 요시다 시게루
(1878~1967년). 연합
국 점령 하에 일본을
이끈 대표적인 수상이
었다.

해 다시 생각해 줄 것을 요구했다. 독도를 한국 영토로 인정한 5차 초안이 나온 지 약 12일 만의 일이었다.

"일본의 이들 도서(독도)에 대한 영유권 주장은 예로부터 있었고 유효한 것으로 보인다. 전략적으로는 그곳에 기후관측 기지나 레이더 기지를 설치할 것을 고려할 수 있다."
                                                                        -1949년 11월 14일

SECRET

-3-, 495, November 14, from Tokyo

The following are our preliminary comments concerning those provisions which we consider of high importance:

Article 4: Presumably security provisions will affect eventual determination Taiwan and adjacent islands. Suggest consideration question of trusteeship for Taiwan consequent upon plebiscite.

Article 5, paragraph 2: Japan will unquestionably advance strong claim to Etorofu, Kunashiri, Habomai, and Shikotan. Believe United States should support such claim and due allowance made in draft for peculiarities this situation. Consider problem highly important in view questions permanent boundary and fisheries.

Article 6: Recommend reconsideration Liancourt Rocks (Takeshima). Japan's claim to these islands is old and appears valid. Security considerations might conceivably envisage weather and radar stations thereon.

Article 14: Query: Should Japan be committed to recognize treaties of little or no direct concern to herself, or treaties which have not yet been concluded?

Article 19: Strongly recommend deletion this entire article.

Articles 33 to 37, inclusive: Suggest single article containing general statement referring these matters to annexes.

Article 38: Recommend deletion.

Article 41, paragraph 2: Consider this paragraph gratuitous.

Article 43: We are somewhat skeptical concerning proposed arbitral tribunal by reason of its being an extension into era of peace, presumably for many years, of forced means of adjudication.

Article 48: Recommend deletion or rewording this article to state a principle rather than an enforced administrative measure.

Article 49: Question the necessity for this article.

SEBALD

✱ 제이 시볼드의 건의 전문(1949년 11월 14일)

제이 시볼드는 이어 1949년 11월 19일에도 독도가 일본 영토가 되면 미국의 국익과 일치한다는 내용의 전문을 미 국무성에 보냈다.

이런 제이 시볼드의 의견은 전략적으로 독도가 일본 영토가 되는 것이 냉전이 시작된 당시의 상황에서 미국의 국익에 부합한다는 관점에서 나온 것으로 보인다. 그리고 제이 시볼드는 독도 영유권에 대해 한국 측에 조회하지 않고, 오로지 일본 측 주장만을 받아들였다. 결국 일본 편에 선 제이 시볼드로 인해 독도 영유권 문제는 예상치 못했던 방향으로 움직이고 말았다.

그런데 미 국무성은 제이 시볼드의 제안을 받아들여 1949년 12월 8일자 6차 초안에서는 독도를 일본 영토로 분류했다.

> "일본의 영토는 혼슈, 규슈, 시코쿠, 그리고 홋카이도 등 4개 주요 일본의 본도(本島)와, 내해의 도서들, 그리고 대마도, 다케시마(리앙쿠르 락스, 독도) (중략) ○○○ 등 일본해에 위치한 모든 다른 도서들을 포함한, 모든 부속 소도(小島)들로 구성된다."
>
> - 6차 초안(1949년 12월 8일)

그런데 6차 초안이 나온 지 11일 만에 나온 1949년 12월 19일자의 7차 초안에서는, 1947년의 '연합국의 합의서' 형식으로 독도가 한국 영토로 다시 복귀되었다.

> "연합국은, 한국의 본토와, 제주도, 거문도, 울릉도, 다케시마(리앙쿠르 락스, 독도)를 포함한, 한국의 모든 해안 도서들에 대한 권리와 권원을, 대한민국에게 전권으로 부여한다는 데 동의한다."
>
> - 7차 초안(1949년 12월 19일)

```
                    SECRET
                     -2-

Union of Soviet Socialist Republics in full sovereignty.
                    Article 3

    The Allied and Associated Powers agree that there shall be
transferred in full sovereignty to the Republic of Korea all
rights and titles to the Korean mainland territory and all
offshore Korean islands, including Quelpart (Saishu To), the
Nan How group (San To, or Komun Do) whikh forms Port Hamilton
(Tonaikai), Dagelet Island (Utsuryo To, or Matsu Shima),
Liancourt Rocks (Takeshima), and all other islands and islets
to which Japan had acquired title lying outside . . . and to
the east of the meridian 124° 15' E. longitude, north of the
parallel 33° N. latitude, and west of a line from the seaward
terminus of the boundary approximately three nautical miles
from the mouth of the Tumen River to a point in 37° 30' N. lati-
tude, 132° 40' E. longitude.

    This line is indicated on the map attached to the present
Agreement.
                    Article 4
```

* 샌프란시스코 평화조약 7차 초안. 제3조에 독도가 한국 영토라는 사실이 연합국 합의 형식으로 기재되었다.

7차 초안은 6차 초안에 대한 반발로 11일 만에 독도를 한국 영토로 복귀시켰다. 이것은 미국 측과 기타 연합국들, 특히 11개국으로 구성된 연합국을 대표하는 극동위원회 회원국들 사이의 의견 대립에 의한 결과로 보인다.

이런 결과를 지켜본 제이 시볼드는 1949년 12월 29일자로 미 국무성에 다시 전문을 보내 독도의 소속에 대한 미 국무성의 재고를 촉구했다. 그 결과 제이 시볼드의 전문이 보내진 날짜와 같은 날짜에 작성된 8차 초안과 1950년 1월에 나온 9차 초안에는 다시 독도가 일본 영토로 기재되었다.

제이 시볼드의 끈질긴 요구가 대일 평화조약 작성 과정에서 독도의 지위에 지대한 영향을 미친 것으로 확인된다. 하지만 1950년 8월 7일자의 10차 초안에서는 '일본과 한국과의 관계는 1948년 12월 유엔총회에서 채택된 결의에 의거한다.'라고 명기되었고 사실상 독도가 한국 영토임을 다시 인정하고 있다. 1950년 9월 11일자의 11차 초안도 마찬가지로 독도가 한국 영토임을 인정하고 있다. 왜냐하면 1948년까지는 독도가 한국 영토라는 것이 연합국의 합의였기 때문이다.

하지만 미 국무성은 1950년 10월 26일에 '호주의 질문에 대한 미국 답변서' 중에서 독도를 '다케시마(Takeshima)'로 기재해 일본 영토임을 주장했다.

이에 영국은 독자적으로 대일 평화조약 초안을 작성하기 시작해 1차 초안을 1951년 2월 28일에 선보였지만, 독도뿐만 아니라 울릉도까지 일본 영토로 기재하는 오류를 범했기 때문에 2차와 3차 초안에서는 그 점을 명확히 수정하여 독도를 한국 영토로 표기해 공표했다. 영국은 1951년 4월 7일 일본 영토를 선으로 포위하는 형식의 초안을 작성했고, 독도는 명백히 '일본 영토 바깥'에 있는 것으로 표기했다.

```
                        SECRET
                          -4-

                        CHAPTER II
                    TERRITORIAL CLAUSES
                        Article 3

      1.  The territory of Japan shall comprise the
four principal Japanese islands of Honshu, Kyushu,
Shikoku and Hokkaido and all adjacent minor islands,
including the islands of the Inland Sea (Seto Naikai);
Tsushima, Takeshima (Liancourt Rocks), Oki Retto,
Sado, Okujiri, Rebun, Riishiri and all other islands
in the Japan Sea (Nippon Kai) within a line connecting
the farther shores of Tsushima, Takeshima and Rebun;
the Goto archipelago, the Ryukyu Islands north of 29°
N. latitude, and all other islands of the East China
Sea east of longitude 127° east of Greenwich and
north of 29° N. latitude; the Izu Islands southward
to and including Sofu Gan (Lot's Wife) and all other
islands of the Philippine Sea nearer to the four
principal islands than the islands named; and the
Habomai group and Shikoten lying to the east and south
of a line extending from a point in 43° 35' N. lati-
tude, 145° 35' E. longitude to a point in 44° N.
latitude, 146° 30' E. longitude, and to the south
of a line drawn due east on the parallel in 44°N. lati-
tude.  All of the islands identified above, with a
three-mile belt of territorial waters, shall belong to
Japan.
                                        2.   All
                        SECRET
```

✱ 샌프란시스코 평화조약 8차 초안(1949년 12월 29일). 제3조에 독도가 Takeshima(Liancourt Rocks)라는 명칭으로 일본 영토로 분류되었다.

THE TERRITORY UNDER JAPANESE
SOVEREIGNTY AS DEFINED IN
ART. I OF THE PEACE TREATY

✝ 영국 초안에 삽입된 부도(1951년 4월 7일).
독도가 '일본 영토 바깥'에 있는 것으로 표기되었다.

미국 측이 영국 초안과의 통합을 기도해 1차~7차에 걸쳐 미영 토의를 벌였는데, 7차 토의 자료만 남아 있어 구체적으로 토의가 어떤 식으로 이루어졌는지 상세히 알기가 어렵다.

결과적으로 영국과 미국의 토의 결과 1차 '영미합동초안'이 1951년 5월 3일자로 나왔고 거기에는 한국 영토 조항이 다음과 같이 기재되었다.

"일본은 제주도, 거문도, 울릉도를 포함한, 한국에 대한 모든 권리, 권원, 그리고 청구권을 포기한다. (후략)"

- 1차 영미합동초안(1951년 5월 3일)

이 초안에는 한국 영토로 귀속되는 섬 가운데 독도를 기재하지 않았다. 하지만 일본 영토 조항이 삭제되어 독도가 한일 양국 가운데 어느 나라에 귀속되었는지 이 초안만으로는 알 수 없게 되었다.

그런데 이 '영미합동초안'에 대한 연합국을 대표하는 극동위원회 11개국의 토론이 1951년 6월 1일에 워싱턴 D.C.에서 열렸다. 이때 뉴질랜드가 '일본에 속하는 작은 섬들에 대한 앞으로의 논쟁을 없애기 위해 영국의 초안처럼 경위도로 일본 영토를 표시하는 것이 좋다.'는 의견을 제시했다. 뉴질랜드는 영국과 마찬가지로 독도가 한국 영토라

CHAPTER I

PEACE

Article 1

The state of war between Japan and each of the Allied Powers is hereby terminated as from the date on which the present Treaty comes into force between Japan and the Allied Power concerned.

CHAPTER II

TERRITORY

Article 2

Japan renounces all rights, titles and claims to Korea (including Quelpart, Port Hamilton and Dagelet), /Formosa and the Pescadores/; and also all rights, titles and claims in connection with the mandate system /or based on any past activity of Japanese nationals in the Antarctic area./ Japan accepts the action of the United Nations Security Council of April 2, 1947, in relation to extending the trustee-ship system to Pacific Islands formerly under mandate to Japan.

(U.K. reserves position on passages between square brackets.)

✚ 1차 영미합동초안
(1951년 5월 3일)

는 입장을 취하고 있었던 것이다.

하지만 이에 대해 미국은, '이어지는 선으로 일본 영토를 포위하여 표시하는 것은 일본에게 (일본을 둘러싸는) 벽이 쌓여졌다는 심리적 압박을 준다. 도쿄에서 일본인들과 토론했을 때 이미 그들은 영국 초안을 거부했다.'는 코멘트를 피력했다. 여기서 주목할 만한 점은 미국이 영국 초안을 사전에 일본 정부에 제시했고 수용 여부를 타진했다는 부분이다. 그러나 일본측은 독도에 대해서 어떤 요구도 하지 않았다.

결국 미국이나 영국은 '영미합동초안'에서 독도가 어느 나라 영토로 귀속되었는지에 대해 어떤 언급도 하지 않았다.

이상과 같은 연합국들의 토론을 거쳐 수정된 '2차 영미합동초안'이 1951년 6월 14일에 작성되었다. 한국 영토 조항 부분은 이것으로 최종 확정되었다.

> "일본은 한국의 독립을 승인하고, 제주도, 거문도, 울릉도를 포함한, 한국에 대한 모든 권리, 권원, 그리고 청구권을 포기한다."
>
> - 2차 영미합동초안(1951년 6월 14일)

이후 '영미합동초안'은 1951년 8월 13일까지 3차례에 걸쳐서 수정되었지만, 한국 영토 조항은 6월 14일자 초안과 같았고 그것이 최종안이 되었다. 그러면 여기까지의 진행 상황으로 연합국들은 독도의 귀속을 어떻게 생각했을까?

초안 작성 과정으로 보아 최종안은 일본을 배려한 형태로 작성되었을 것이다. 하지만 연합국이 일본을 배려했다고 해도 독도가 일본 영토가 되었다고 것을 의미하지는 않는다.

독도가 일본 영토라는 게 연합국의 결론이라면, 일본 영토 조항이 삭제되어야 할 이유가 없기 때문이다. 연합국이 일본을 배려한 부분이 있었다면, 독도를 한국 영토라고 명백히 기재하지 않았다는 것뿐이다. 독도의 귀속이 조약에 명시되지는 않았지만, 당초의 '연합국 합의서'에 결정된 내용, 즉 독도가 한국 영토라는 내용이 수정되었다는 기록은 어디에도 없다. '영미합동초안'의 토대가 된 영국 초안이 독도를 명백히

```
                    CHAPTER I.

                      PEACE

                   Article 1.

     The state of war between Japan and each of the Allied Powers is
hereby terminated as from the date on which the present Treaty comes
into force between Japan and the Allied Power concerned, as provided
for in Article 23.

                    CHAPTER II.

                    TERRITORY

                   Article 2.

     (a) Japan, recognizing the independence of Korea, renounces all
right, title and claim to Korea, including the islands of Quelpart,
Port Hamilton and Dagelet.

     (b) Japan renounces all right, title and claim to Formosa and
the Pescadores.
```

✽ 2차 영미합동초안
(1951년 6월 14일)

한국 영토로 명기했고 이에 대한 반대는 없었다. 하지만 독도의 귀속에
대한 명시가 없었기 때문에, 후에 일본이 이 점을 이용한 것 뿐이다.

독도 문제의 시작 : '러스크 서한'

한국은 대일평화조약의 조인국이 아니었기 때문에 초안 작성 과정
에 대한 정보가 충분치 못했다. 그러므로 한국 정부는 처음에는 한국
영토로 명기되었던 독도가 최종안에서 빠진 사실을 뒤늦게 알게 되었
다. 그러므로 한국 정부는 당시 주미 한국대사였던 양유찬 대사를 통

해, 한국의 독도 영유권을 초안에 명시해 달라고 미 국무성에 요청하도록 했다.

이에 양유찬 주미 한국대사는 미 국무성 고문이었던 덜레스 대사를 만나 서한을 건네주었다. 그 서한에서 한국 정부는 한국 영토 조항을 다음과 같이 수정해 달라고 요청한다.

> "일본은, 한국과 제주도, 거문도, 울릉도, 독도, 그리고 파랑도를 포함한, 일본의 한국에 대한 합병 이전, 한국의 일부였던 도서들에 대한, 모든 권리, 권원, 그리고 청구권을, 1945년 8월 9일자로 포기했다는 것에 동의한다."
>
> -1951년 7월 19일자 양유찬 대사의 서한

이어서 열린 양유찬 대사와 덜레스의 회담에서 덜레스는 "1905년 이전에 이 섬들이 한국 영토였다는 것이 확실하다면 일본이 포기해야 할 한국 영토 조항에 이들의 명칭을 명기하는 것은 큰 문제가 아니다."라고 대답했다. 덜레스는 이때 독도와 파랑도의 위치에 대해서 물어봤으나, 양유찬 대사 대신에 대답한 한표욱 일등서기관은 "아마도 울릉도 가까이에 있다고 생각한다."고 애매하게 답했다. 파랑도는 현재 제주도 남쪽에 있는 '이어도'를 뜻하지만 이때 한국 측은 그 섬의 위치를 전혀 몰랐다.

그 뒤 미 국무성은 다시 주미 한국대사관에 독도와 파랑도에 대해 문의했다. 그런데 대사관 직원들이 '독도는 울릉도, 혹은 다케시마 가까이에 있는 섬이라고 생각한다. 파랑도도 아마 그럴 것이다.'라는 엉터리 대답을 했다는 사실이 1951년 8월 3일자 미 국무성 메모에 나타나 있다. (신용하 편, 독도 영유권 자료의 탐구3, 2000, p.383) 당시 주미 한국대사관은

＊존 포스터 덜레스 대사

In European, Japanese and Korean forms.

H. O. Pub.

No.122B(1947) page	European name	Japanese name	Korean name
606	Quelpart	Saishu To	Cheju Do
584	"Port Hamilton"	Tonai Kai	Tonae Hae
534	Dagelet	Utsuryo To Matsu-shima(?)	Ullung Do
535	Liancourt Rocks	Take-shima	(none)
	?	?	Dokdo
	?	?	Parangdo

OIR/GE:SWBoggs:mg

✤ 1951년 8월 3일, 미국이 한국대사관에 조회한 내용으로 작성된 미 국무성의 독도 관련 메모. 다케시마와 독도가 동일한 섬이라는 것도 모르고 있다.

다케시마가 독도의 일본명이라는 것도 모르고 있었던 것이다.

이런 상황에서 애치슨 국무장관은 결단을 내릴 수밖에 없었다. 아무래도 한국대사관의 서투른 조치가 큰 문제를 불러일으킨 것으로 판단된다.

> "지리학자뿐만 아니라 한국대사관에서도 아직 독도와 파랑도의 위치를 확인시켜 주지 못하고 있다. 그러므로 금방 우리(미 국무성)가 이들 섬들에 대한 정보를 듣지 못한다면, 우리는 이들 섬에 대한 한국 주권을 확실히 해 달라는 한국의 요구를 고려하기 어렵다."
>
> - 1951년 8월 7일, 애치슨 국무장관이 덜레스 대사에게 보낸 서한

제 6 장 독도와 샌프란시스코 평화조약 •

```
JL  NARA  DATE 8-5-9              CONFIDENTIAL
                                TELEGRAM RECEIVED

   FROM:  Department of State,     DATE:  August 7, 1951
          Washington, D.C.         NR:    111
   PREC:  Priority                 RECD:  August 8, 8:45 a.m., 1951

   Priority 111, August 7, 11 a.m., 1951.

        For MUCCIO from DULLES.

        Neither our geographers nor Korean Embassy have been
   able locate Dakdo and Parangdo Islands.  Therefore unless we
   hear immediately cannot consider this Korean proposal to confirm
   their sovereignty over these islands.

                                        Acheson
```

❋ 애치슨 국무장관이
덜레스 대사에게 보낸
서한(1951년 8월 7일)

　　독도의 위치도 확인할 수 없었던 당시의 한국 정부에 대해 어떻게 생
각해야 할까? 한국대사관의 대답을 15일 정도나 기다렸던 미 국무성은
어이가 없었을 것이다. 그리고 애치슨 장관이 서둘렀던 이유는 바로 그
날 1951년 8월 7일에 연합국을 대표하는 극동위원회 회원국들에게 대
일 평화조약에 대해 설명해야 했기 때문이었다. 그 회의 기록을 보면
한국 관련 내용은 다음과 같이 기록되어 있다.

> "2조 (한국) 한국이 두 가지 질문을 제기했다.
> (1) 한국은 '1945년 8월 9일자로 포기' 라는 표현을 원했지만, 우리는 그
> 렇게 할 수 없다는 데 합의했다.
> (2) 독도와 파랑도에 대해서는 (한국에 있는 고문관) 뭇쵸(Muccio)에 정보를
> 보내라고 연락했다."
>
> -1951년 8월 7일자 극동위원회 회의록 메모, 평화조약 제2조 관련 부분

```
Article 2 --(Korea)- Two questions raised by Korea 1) want

            "renunciation as of August 9, 1945" - agree

            we cannot do this. 2) Dokdo and Perangdo

            Islands- cable sent to Muccio for information

2(f) -FRANCE- Agree to French proposal that clause

            will read "Japan renounces all rights, title

            and claim to the  Spratly Islands and to the

            Paracel Islands".
```

✛ 극동위원회 회의록, 평화조약
제2조 관련 부분(1951년 8월 7일)

1951년 8월 7일에 열린 대일평화조약에 관한 극동위원회에서는 독도의 소속에 대해 한국에 있는 정치고문관 뭇쵸에게 정보를 얻는 것으로 했다고 기록되어 있다. 그러므로 독도의 명칭을 대일 평화조약의 한국 영토 조항에 기재하느냐 마느냐의 문제는 아직 해결되지 않은 상태였다.

그런데 사흘 뒤인 1951년 8월 10일자로 미 국무성은 극동담당 국무차관보 딘 러스크 명의로 다음과 같은 서한을 주미 한국대사관에 보낸다.

"(전략) 합중국 정부는 일본이 1945년 8월 9일자로 포츠담선언을 받아들였지만, '그 선언에 포함된 지역에 대해 일본이 공식적이고 최종적으로 주권을 포기했다.' 는 논리를 이 평화조약(샌프란시스코 평화조약)에서 적용해야 한다고 생각하지 않는다. 독도 또는 다케시마 내지 리앙쿠르암(岩)으로 알려진 섬에 관해서는, 통상 무인(無人)인 이 바위섬은 우리들의 정보에 의하면 조선의 일부로 취급된 적이 결코 없으며, 1905년경부터 일본의 시마네현 오키섬 지청의 관할 하에 있다. 이 섬은 일찍이 조선에 의해 영유권 주장이 이루어졌다고는 볼 수 없다. (후략)"

미국 정부는 비록 일본이 포츠담선언을 받아들였지만, 대일 평화조약에서는 이 선언 내용을 지킬 필요가 없다고 전제했다. 그리고 나서 자국이 조사한 정보에 따르면, 독도가 1905년 이전에 한국의 일부였다는 증거가 없고 한국 또한 독도 영유권을 주장한 적이 없는데, 일본은 1905년 이후 독도를 시마네현 오키섬 관할 하에 두었다는 것이다. 그러므로 독도를 한국 영토 조항에 넣어 달라는 한국 정부의 요구를 수용할 수 없다는 것이 미국 정부의 결론이었다.

현재 일본 정부는 이 부분을 크게 선전하면서 결국 독도는 일본 영토로 남았다고 주장한다. 이에 대해 한국 정부는 명료한 비판과 극복 논리를 제시한 적이 없다. 그러므로 여기서는 이 문제를 극복하는 방안을 제시하겠다.

'러스크 서한'의 본질

우선 러스크 서한에는 '통상 무인(無人)인 이 바위섬은 우리들의 정보에 의하면 한국의 일부로 취급된 적이 결코' 없다고 기재되어 있다. 미국은 '우리들의 정보' 즉 '미국 정보'에 따라, 독도가 일본 영토라고 결론 내렸다는 뜻이다. 그렇다면 여기서 말한 '우리들(미국)의 정보'란 구체적으로 어떤 정보를 말하는 것일까?

그것을 알 수 있는 문서가 남아 있다. 1952년 2월 4일자로 작성된 그 문서는 미 국무성의 미공개문서로 분류되어 있는데, 제목은 '리앙쿠르

or final renunciation of sovereignty by Japan over the areas dealt with
in the Declaration: As regards the island of Dokdo, otherwise known as
Takeshima or Liancourt Rocks, this normally uninhabited rock formation
was according to our information never treated as part of Korea and,
since about 1905, has been under the jurisdiction of the Oki Islands
Branch Office of Shimane Prefecture of Japan. The island does not ap-
pear ever before to have been claimed by Korea. It is understood that
the Korean Government's request that "Parangdo" be included among the
islands named in the treaty as having been renounced by Japan has been
withdrawn.

The United States Government agrees that the terms of paragraph (a)
of Article 4 of the draft treaty are subject to misunderstanding and ac-
cordingly proposes, in order to meet the view of the Korean Government,
to insert at the beginning of paragraph (a) the phrase, "Subject to the
provisions of paragraph (b) of this Article"; and then to add a new
paragraph (b) reading as follows:

(b) "Japan recognises the validity of dispositions of property
of Japan and Japanese nationals made by or pursuant to
directives of United States Military Government in any of

*러스크 서한 두 번째 페이지

락스(다케시마 혹은 독도)를 둘러싼 한일 논쟁(Japanese-Korean Dispute over Liancourt Rocks(Takeshima or Tok-do)'이다.

이 문서는 미 국무성의 존스(W. G. Jones) 과장이 주일 미국대사 제럴드 워너(Gerald Warner) 앞으로 보낸 내부 문서다. 이 문서에서 존스는 독도가 일본 영토라는 근거를 다음과 같이 제시했다.

"1947년 6월에 일본 외무성은 '일본 본토에 근접한 작은 섬들(Minor Islands Adjacent Japan Proper)' 제5권을 출판했다. (중략) 이 연구는 일본인들이 전통적으로 마쓰시마라는 섬에 대해 알고 있었다는 사실을 언급했다. 마쓰시마는 현재의 다케시마(독도)이고, 그들은 1667년의 공문서를 인용하고 있다. 이 연구는 한국인들이 그 섬보다 북서쪽 가까운 거리에 있는 울릉도에는 한국명을 붙였지만, 그 섬에 대해서는 명칭을 붙이지 않았다고 주장한다. 이 섬은 1905년 2월 22일에 일본 시마네현 오키섬 지청 관할 하에 들어갔다. 1904년에 오키섬의 어부들이 이 섬에 임시 오두막을 설치해 울릉도를 기점으로 강치 사냥을 하기 시작할 때까지 이 섬에는 거주자가 없었다. 1912년에 출판된 『일본백과대사전』 제6권 880 페이지를 보면 보다 상세하게 나와 있다. 일본의 어부 나카이는 1904년에 이 섬에 일본 깃발을 세웠다. (후략)"

위의 내용을 보면 알 수 있듯이 미국 측의 정보는 일본의 연구서나 백과사전에서 얻은 것이었다. 이런 정보들은 대일평화조약 각 조항이 일본에 유리하게 기재되도록 일본 정부가 1949년에 미 국무성 정치고 문관 제이 시볼드에게 제출한 자료들과 동일하다.

그리고 이 문서는 당시 한국 신문지상에 나온 독도에 대한 기사들을 열거하면서 '여기에는 (독도에 대한) 한국 측 영유권을 증명할 만한 어떤 발전된 정보도 없다.'고 주장하고 있다. 한마디로 이 문서는, 일본 측

CONFIDENTIAL
SECURITY INFORMATION

Office Memorandum • UNITED STATES GOVERNMEN[T]

FOR DEPARTMENT OF STATE USE ONLY

TO : NA/Japan — Mr. Gerald Warner   DATE: February 4, 1952
     Attn: Mrs. Dunning

FROM : DRF/NA — W. G. Jones

SUBJECT: Japanese-Korean Dispute over Liancourt Rocks (Takeshima or Tok-do)

At the request of Mrs. Dunning, the following information is provided on Japanese and Korean claims to Liancourt Rocks, also known in Japanese as Takeshima and in Korean as Tok-do. Only very general information has been drawn together to assist NA; well-based conclusions could be drawn only upon careful study by OIR/GE and L after the Japanese claims had been clarified and the basis for the Korean claims had been determined.

The current dispute over the rocks is in the context of the fishing dispute between Japan and the Republic of Korea. The ROK proclamation of sovereignty over adjacent seas of January 18, 1952 (T-709, Pusan, January 21, 1952, UNCLASSIFIED) included the Liancourt Rocks. The Japanese note of January 25, 1952 denouncing the Korean proclamation in general specifically challenged the claim to the Liancourt Rocks, saying that these islets are "without question Japanese territory".

A prelude to this dispute took place in discussions in drafting of the Japanese Peace Treaty. The ROK asked the US to spell out in Article 2 of the treaty five islands (T-50, Pusan, July 17, 1951, CONFIDENTIAL): Quelpart, Port Hamilton, Dagelet, Tok-do, and Prangdo. The first three were included in the treaty, the last was withdrawn by the ROK, but Tok-do was not included in the treaty. (T-111, to Pusan, August 7, 1951, CONFIDENTIAL; T-135, Pusan August 8, 1951, CONFIDENTIAL).

The Japanese Government has not formally set forth the bases for its claims to the islets in connection with the present dispute, but information available in DRF affords a sound basis for prediction of the evidences Japan may present in support of its case. In 1947, the Japanese Government published a study Minor Islands Adjacent to Japan Proper, Part IV, June 1947, Foreign Office (Enclosure to D-1296, Tokyo, September 23, 1947, For Dept. Use Only). This study states that Japanese had knowledge of the island of Matsushima, presently called Takeshima, from ancient times, and cites a documentary reference in 1667. It asserts that the Koreans have no name of their own for the islets, as they do for Ullung Island a short distance northwest. The island was placed under the Oki Islands Branch Office of Shimane Prefecture on February 22, 1905. The islets have never been settled, except that Oki Island seal hunters who began operations there in 1904 shortly thereafter built temporary summer shelters on the islets, using Ullung Island as their base. The Nihon Hyakka Daijiten (Encyclopedia Japonica), Tokyo, Sanseido Press, 1912 VI, p. 880 gives further detail. A Japanese fisherman named Nakai placed a Japanese flag on the islets in 1904. Subsequently he had competition in fishing there and decided to secure a license. He thought the islets probably were Korean territory, and approached the Japanese Ministry of Commerce

CONFIDENTIAL
SECURITY INFORMATION

158640

---

* Japanese-Korean Dispute over Liancourt Rocks(Takeshima or Tok-do) (1952년 2월 4일) 첫 번째 페이지

은 독도 영유권을 증명할 만한 자료를 제출했으나 한국 측 정보로는 한국의 독도 영유권을 증명할 수 없다는 것이다.

가장 큰 문제점은, 미 국무성이 일본 정부와 지속적으로 접촉하면서 일본 측의 주장을 상당히 수용했지만, 비조인국이었던 한국 측 주장에 대해서는 1951년 7월에 충분치 못한 조사를 끝으로, 독도가 일본 영토라는 식으로 서둘러 결정해 버린 것이다.

그런데 러스크 서한은 치명적인 결함을 갖고 있다. 이 부분은 일본 정부와 일본 국민들의 '러스크 서한'에 대한 맹신을 완전히 무너뜨릴 수 있을 만큼 강력한 이 책의 핵심 주장 가운데 하나다.

1952년 11월 5일에 미 국무성 동북아과장 케네스 영(Kenneth T. Young)이 주한 미국대사관 임시대리대사 앨런 라이트너(Allan Ligtner)에게 '러스크 서한'으로 독도는 일본 영토가 되었다고 전달했다. 이에 앨런 라이트너 주한 임시대리대사는 다음과 같은 답장을 케네스 영 앞으로 보냈다.

"(전략) 독도(리앙쿠르 락스)의 지위에 관해 11월 14일자 귀하의 서한을 보내주셔서 대단히 고맙습니다. 귀하가 알려주신 정보는 대사관에서는 지금까지 알지 못한 내용이었습니다. 우리는 미 국무성이 이 문제에 관해 명백한 입장을 취한 러스크 서한을 한국대사 앞으로 보냈다는 이야기를 들은 적이 없습니다. (중략) 우리는 제2조 a항이 수정되지 않았다는 것을 알고 있었지만, 그 결정이 한국의 (독도에 대한) 영토 주장을 부인하는 것이었다는 사실을 전혀 알지 못했습니다. 이제 우리는 그것을 알았고 우리가 오랫동안 틀린 가정 하에서 활동해 온 것을 생각할 때 정보를 얻은 것을 매우 기쁘게 생각합니다. (후략)"

THE FOREIGN SERVICE
OF THE
UNITED STATES OF AMERICA

Received
12/10

CONFIDENTIAL
SECURITY INFORMATION
OFFICIAL-INFORMAL

ADDRESS OFFICIAL COMMUNICATIONS TO

American Embassy, Pusan
December 4, 1952

Dear Ken:

TO NA/K—
why was this
in Pusan not
to the Embassy?
KY

Sorry to hear that your neighbor up north is a bother. Guess so. We will try very much more seriously to keep your mind on it in the east.

I have a positive memo letter of November 14 regarding the status of the Dokdo Islets (Liancourt Rocks). The information you have sent me has never been previously available in this Embassy. We had never heard of Pak Soon's letter to the Korean Ambassador in which the Korean Government took a definite stand on this question. We of course know of the ROK Government's desire to have Article 2(a) of the Peace Treaty amended to include Dokdo and Parangdo and conveyed this request in a telegram to the Department at that time, along with other ROK suggestions for amendments to the draft treaty. We were subsequently made aware of the fact that Article 2(a) was not to be amended but had no inkling that that decision constituted a rejection of the Korean claim. Well, now we know and we are very glad to have the information as we have been operating on the basis of a misconception for a long time.

I am sending with a transmitting despatch, a copy of the note that we have just sent to the Ministry of Foreign Affairs which includes as a final paragraph the wording suggested in the Department's telegram no. 365 of November 27 and which refers to Dean Rusk's note to Ambassador Yang of August 10, 1951.

Sincerely yours,

E. Allan Lightner, Jr.

Kenneth T. Young, Jr., Esquire,
Director, Office of Northeast Asian Affairs,
The Department of State,
Washington 25, D. C.

CONFIDENTIAL-SECURITY INFORMATION

* 라이트너 서한(1952년 12월 4일)

주한 미국대사관 임시대리대사 라이트너는 미 국무성 동북아과장 케네스 영에게 보낸 이 서한에서, 한국의 독도 영유권을 부인한 '러스크 서한'이 주미 한국대사에게 보내졌다는 사실을 전혀 몰랐다고 말하면서 자신들은 틀린 가정, 즉 독도는 한국 영토라는 가정 하에서 활동해 왔다고 말하고 있다. 이런 주한 미 대사의 말은 당시의 상황을 고려할 때 상당히 이상하게 들린다. 독도 문제의 당사자인 주한 미국대사가 독도의 지위에 관한 미국 측의 결정사항을 왜 몰랐을까? 그것도 '러스크 서한'이 주미 한국대사에게 보내진 지 1년 3개월 이상 지난 시점에서 말이다. 그렇다면 '러스크 서한'은 공개된 서한이 아니라 극히 일부 인사들에게만 송부된 비밀 서한이었던 것이 아닐까?

주한 미국대사관 임시대리대사 라이트너가 미 국무성으로부터 독도가 일본 영토가 되었다는 '러스크 서한'을 받게 된 이유는, 그가 독도를 한국 영토라는 취지로 쓴 '리앙쿠르 락스의 한국인(Koreans on Liancourt Rocks)'이라는 서한을 1952년 10월 3일자로 먼저 미 국무성에 보냈기 때문이었다. '리앙쿠르 락스의 한국인'이라는 서한에서 라이트너 주한 미국대사관 임시대리대사는 다음과 같이 썼다.

"이 바위들의 역사에 대해서는 국무성에서 몇 번 확인한 적이 있어서 여기서는 다시 거론하지 않겠다. 강치의 좋은 서식지가 된 이 바위(독도)는 한때 조선 왕조의 일부였다. 물론 그 바위는 일본이 제국주의 세력을 한국까지 확장했던 시기에 한국의 다른 영토와 함께 일본에 병합되었다. 그런데 제국 통치 과정에서, 일본 정부는 공식적으로 이 영토를 일본에 귀속시켜 현의 행정 관할 하에 놓았다. 따라서 일본이 '제주도, 거제도 및 울릉도를 포함한 한국에 대한 모든 권리, 권한 및 이익을 포기한다.'고 규정한 샌프란시스코 평화조약 제2조에 동의했을 때, 이 조약의 작성자는 이 바위를 일본이 포기한 섬들 속에 삽입하지 않았다. 이러한 이유로 일본은 자국의 주권이 역시 이 섬에 미치고 있다고 추정한다.
물론 한국은 이러한 추정에 대해 충분한 이유를 들어 이의를 제기하고
있다. (후략)"

AMEMBASSY, TOKYO   659

October 3, 1952.

KOREANS ON LIANCOURT ROCKS.

In the constant clash of interests which continues to exacerbate
relations between Japan and Korea, there has recently occurred a minor
incident which may achieve larger proportions in the near future, and
which may introduce repercussions affecting the United States. The in-
cident concerns the disputed territory known as the Liancourt Rocks, or
Dokto Islands, the sovereignty to which is in dispute between Korea and
Japan.

The history of these rocks has been reviewed more than once by the
Department, and does not need extensive recounting here. The rocks,
which are fertile seal breeding grounds, were at one time part of the
Kingdom of Korea. They were, of course, annexed together with the re-
maining territory of Korea when Japan extended its Empire over the former
Korean State. However, during the course of this imperial control, the
Japanese Government formally incorporated this territory into the metro-
politan area of Japan and placed it administratively under the control
of one of the Japanese prefectures. Therefore, when Japan agreed in
Article II of the peace treaty to renounce "all right, title and claim
to Korea, including the islands of Quellait, Port Hamilton and Dagelet",
the drafters of the treaty did not include these islands within the
area to be renounced. Japan has, and with reason, assumed that its
sovereignty still extends over these islands. For obvious reasons, the
Koreans have disputed this assumption.

The rocks, standing as they do in the open waters of the Japan Sea
between Korea and Japan, have a certain utility to the United Nations
aircraft returning from bombing runs in North Korean territory. They
provide a radar point which will permit the dumping of unexpended bomb
loads in an identifiable area. Being uninhabited and providing a point
of navigational certainty, they are also ideal for a live bombing tar-
get. Therefore, in the selection of maneuvering areas by the Joint Com-
mittee implementing Japanese-American security arrangements, it was
agreed that these rocks would be designated as a facility by the Japan-
ese Government and would serve the purposes mentioned above. They were
turned into a bombing target, were declared a danger area, and have been
posted as out-of-bounds on a 24-hour, 7-day a week basis.

Information to this effect was disseminated throughout the Far East
Command and presumably throughout the subordinate commands of the Far
East Air Force and the Naval Forces, Far East. Very recently, the in-
formation has been passed on to the Commander-in-Chief of the Pacific

* '리앙쿠르 락스의 한
국인' (1952년 10월 3일)
첫 번째 페이지

앞에서 언급한 인용문처럼 주한 미 대사관 측의 주장은, 독도는 조선의 일부였고, 일본의 독도 영유권 주장은 일본인들의 추정일 뿐이며, 독도가 한국 영토라는 근거는 충분하다는 내용이다. 즉 한국의 독도 영유권을 인정하는 내용을 포함하고 있었다. 그러자 미 국무성 동북아과장 케네스 영은 이에 답하는 형식으로 주한 미 대사관에 서한을 보낸 것이다.

'러스크 서한'이 비밀 서한이었다는 것을 증명하는 또 다른 자료들도 있다. 1953년 7월 22일에 미 국무성 동북아과 직원 버매스터(L. Burmaster)가 동북아과장대리 로버트 맥클러킨(Robert J. G. McClukin)에게 보낸 각서 '한일 간의 리앙쿠르 락스 논쟁에 대한 바람직한 해결책 (Possible Methods of Resolving Liancourt Rocks Dispute between Japan and the Republic of Korea)'이라는 문서에는 다음과 같은 내용이 기재되어 있다.

> "(전략) 누가 리앙쿠르 락스(일본에서는 다케시마, 한국에서는 독도로 알려져 있다.)에 대한 주권을 갖느냐는 문제에 대해서는, 1951년 8월 10일에 한국 대사 앞으로 보내진 통첩에 있는 합중국의 입장을 상기시키는 것이 유익하다. (중략) 이 입장(독도가 일본 영토라는 미국의 입장)은 지금까지 한 번도 일본 정부에게 정식으로 전달된 적이 없는데 이 분쟁이 중개, 조정, 중재재판, 또는 사법적 재판에 회부되면 밝혀질 것이다. (후략)"
>
> — 버매스터의 각서(1953년)

이 각서에서 미국은 대일평화조약이 발효된 지 1년 4개월이 지난 1953년 7월 22일 시점까지도 일본 정부에 '러스크 서한'에 담긴 내용을 알리지 않았음을 자인하고 있다. 결국 '러스크 서한'은 미국 정부 내부에서도 비밀문서 취급을 받고 있었고, 일본 정부에게는 통보된 바가 없으며 오로지 한국 정부에게만 송부된 극히 비밀스러운 문서였던 것이다.

CONFIDENTIAL SECURITY INFORMATION

NA - Mr. McClurkin   I-5.10   July 22, 1953.

NA - Mrs. Dunning

Possible Methods of Resolving Liancourt Rocks Dispute between Japan and
the Republic of Korea.

During the past six months the question of whether Japan or the
Republic of Korea has sovereignty over the Liancourt Rocks has been
raised on three separate occasions. According to the Japanese version,
in the latest incident on July 12, 1953, a Japanese vessel was patrolling
the waters adjacent to the Liancourt Rocks when it was fired upon by
Korean shore-based small arms and machine guns. The Japanese Foreign
Office verbally protested the incident to the ROK Mission in Tokyo on
July 13, demanding the immediate withdrawal of Koreans from the Rocks.
On July 14 Foreign Minister Okazaki at a Cabinet meeting stated that
the Japanese Government intends to explore every possibility of settling
the dispute amicably by direct negotiation with the Republic of Korea.
However, Okazaki also stated that it was conceivable that the question
might later be submitted to the United States or the United Kingdom for
mediation. Some Japanese newspapers have also indicated that as alterna-
tives the question might be submitted either to the Hague Tribunal (Inter-
national Court of Justice) or to the United Nations; Jiji Shimpo has
taken the somewhat extreme view of suggesting that the Japanese Coastal
Security Force be despatched to the Rocks.

With regard to the question of who has sovereignty over the Lian-
court Rocks (which are also known in Japanese as Takeshima, and in Korean
as Dokdo), it may be of interest to recall that the United States position,
contained in a note to the Republic of Korea's Ambassador dated August
10, 1951 reads in part:

"....As regards the island of Dokdo, otherwise known as Takeshima
or Liancourt Rocks, this normally uninhabited rock formation was
according to our information never treated as part of Korea and,
since about 1905, has been under the jurisdiction of the Oki Islands
Branch Office of Shimane Prefecture of Japan. The island does not
appear ever before to have been claimed by Korea......"

(This position has never been formally communicated to the Japanese Govern-
ment but might well come to light were this dispute ever submitted to
mediation, conciliation, arbitration or judicial settlement.)

Since sending the August 10, 1951 note to the ROK Government, the
United States Government has sent only one additional communication on the

                                              / subject

CONFIDENTIAL SECURITY INFORMATION

그러면 '러스크 서한'은 대일 평화조약의 당사자였던 다른 연합국들에게도 비밀리에 전달되었을까?

이 부분을 알려주는 좋은 자료가 있다. 그것은 일본이 자국의 독도 영유권 주장의 근거로 외무성 웹사이트에 게재하고 있는 '밴 플리트 대사 귀국보고서'다. 이 보고서는 한국전쟁에 참전한 밴 플리트가 극동사절단 단장으로 아이젠하워 대통령의 특명을 받아, 한국, 일본, 대만, 필리핀 등을 순방한 결과를 1954년 8월에 아이젠하워에게 보고한 내용으로 구성되어 있다. 이 보고서에 나오는 독도 관련 내용은 다음과 같다.

4.독도의 소유권

독도(리앙쿠르, 다케시마라고도 불린다.)는 일본해(동해)에 위치해 있고 대략 한국과 혼슈[本州] 중간에 있다.(동경 131.8도, 북위 36.2도) 이 섬은 사실 불모의, 거주자가 없는 바위들의 집합체일 뿐이다. 일본과의 평화조약 초안이 작성되었을 때, 대한민국은 독도 영유권을 주장했지만 합중국은 그 섬이 일본의 주권 하에 남는다는 결론을 내렸고 그 섬은 일본이 평화조약 상 포기한 섬들 중에 포함되지 않았다. 이 섬에 대한 합중국의 입장은 대한민국에 비밀리에 통보되었지만 우리의 입장은 아직 공표된 바가 없다. 합중국은 이 섬을 일본 영토로 생각하지만 [두 나라 간의] 논쟁을 방해할 우려가 있다. 이 논쟁을 국제사법재판소로 회부하는 것이 바람직하다는 우리의 입장은 비공식적으로 대한민국에 전달된 바 있다.

- 밴 플리트 대사 귀국보고서 일부(밑줄은 필자)

'밴 플리트 대사 귀국보고서'에는 미국이 독도가 '일본의 주권 하에 남는다는 결론을 내렸고'라고 기재되어 있고, 독도에 대한 '합중국의 입장은 대한민국에 비밀리에 통보되었지만 우리의 입장은 아직 공

*밴 플리트 대사 귀국보고서(1954년 8월)

표된 바가 없다.'고 되어 있다. 즉 '러스크 서한'이 비밀리에 한국 정
부에 송부되었지만 공표되지는 않았다는 것이다. 이 말은 러스크 서한
이 오로지 한국에게만 송부되었고 패전국 일본은 물론 다른 연합국에
도 미국이 일체 비밀로 하여 알려주지 않았다는 사실을 증명한다.

결국 다른 연합국들과 합의가 안 된 상태에서 비밀리에 한국에 통보
된 미국의 견해는 대일평화조약의 공식 견해로 볼 수 없다. 쉽게 말해
연합국의 합의 없이 한국으로 송부된 '러스크 서한'은 연합국들의 통
일된 견해가 아니기 때문에 결국 무효라는 이야기다.

아울러 미국의 샌프란시스코 조약 책임자였던 덜레스 대사가 '러스
크 서한'에 대해 비밀문서에 적은 바 있다. 그는 후에 미국 국무장관이
되었는데 1953년 12월 9일 '러스크 서한'을 잘 아는 그의 고백은 그 문
서의 본질에 관한 것이었다. 덜레스는 이 문서 속에서 "독도에 대한 미
국의 견해는 조약에 참가한 많은 서명국 중 하나의 견해일 뿐(US view
re Takeshima simply that of one of many signatories to treaty)"이라고

TELEGRAM — Foreign Service of the United States of America

INCOMING

FROM: SecState WASHINGTON
NR : 497
DATE: December 9, 1953, 7 pm

SENT TOKYO 1387 RPTD INFO SEOUL 497 FROM DEPT.

Tokyo's 1306 repeated Seoul 129.

Department aware of peace treaty determinations and US administrative decisions which would lead Japanese expect us act in their far in any dispute with ROK over sovereignty Takeshima. However to best our knowledge Formal statement US position to ROK in Rusk Note August 10, 1951 has not rpt not been communicated Japanese. Department believes may be advisable or necessary at sometime inform Japanese Government US position on Takeshima. Difficulty this point is question of timing as we do not rpt not wish add another issue to already difficult ROK-Japan negotiations or involve ourselves further than necessary in their controversies, especially in light many current issues pending with ROK.

Despite US view peace treaty a determination under terms Potsdam Declaration and that treaty leaves Takeshima to Japan, and despite our participation in Potsdam and treaty and action under administrative agreement, it does not rpt not necessarily follow US automatically responsible or settling formal statement US position to ROK in Rusk Note...

intervening in Japan's international disputes, territorial or otherwise, arising from peace treaty. US view re Takeshima simply that of one of many signatories to treaty. Article 22 was framed for purpose settling treaty disputes. New elementmentioned paragraph 3 your 1275 of Japanese feeling United States should protect Japan from ROK pretensions to Takeshima cannot rpt not be considered as legitimate claim for US action under security treaty. Far more serious threat to both US and Japan in Soviet occupation Habomais does not rpt not impel US take military action against USSR nor rpt nor would Japanese seriously contend such was our obligation despite our public declaration Habomais are

* US view re Takeshima simply that of one of many signatories to treaty. (독도에 대한 미국의 견해는 많은 서명국 중 하나의 견해일 뿐이다.): 델레스 국무장관(당시)이 기록한 비밀문서. 미국만의 견해는 샌프란시스코 조약의 결론이 되지 못함.

* 미국의 샌프란시스코 조약 책임자였던 델레스 대사가 국무장관이 되었을 때, '러스크 서한은 미국만의 견해'라고 밝힌 바가 있다.

기록했다. 이 말은 '러스크 서한'의 견해, 즉 1905년 이래 독도는 일본 오키 섬 관할 하에 있다는 견해는 미국만의 견해이므로 샌프란시스코 조약의 결론이 되지 않는다는 점을 강조한 견해다. 환언하면 이 말은 샌프란시스코 조약의 결론은 '독도는 한국영토'라는데 있다.

샌프란시스코 조약에 대해 누구보다 잘 아는 델레스가 독도영유권의 본질, 즉 독도가 한국영토임을 비밀리에 기록해 놓았던 것이다. 연구자들이 흔히 '덜레스 전문'이라고 말하는 이 문서는 현재는 비밀이 해제되어 미국 국립공문서관(NARA)에서 열람할 수 있다.

그러면 미국은 왜 이런 중요한 결정이 담긴 문서를 연합국들과 합의하지 않고 한국에만 보냈을까?

연합국들의 반발을 피하려 한 미국

당시 미소냉전이 시작되었고 한국전쟁이 진행되는 상황에서 미국은 일본을 하루빨리 자유주의 진영의 일원으로 복귀시키는 것을 급선무로 여기고 있었다. 그러므로 대일평화조약의 조인식을 되도록 빨리 하겠다는 방침을 세워 놓았는데, 1951년 7월 19일 한국이 자국의 영토 조항에 독도를 한국 영토로 명기해 달라고 요구한 것이다.

미국은 독도의 역사에 대해 제대로 조사하지 않은 채 주미 한국대사관의 실수를 이용하면서, 한국에게 독도 영유권을 포기하도록 1951년 8월 10일자로 '러스크 서한'을 보냈다. 그리고 한국이 납득하지 못하면 나중에 국제사법재판소에 제소할 수 있도록 대일평화조약 제22조에 국제사법재판소에 의한 해결 방안을 명기했다.

그런데 당시 '러스크 서한'을 다른 연합국들에게 공개하면 모처럼 초안에 합의한 연합국들이 미국의 일방적인 결정에 반발할 가능성이 충분했다. 연합국들의 토론은 1951년 6월 1일자로 끝났고, '2차 영미 합동초안'은 그 결과로 6월 14일에 작성되었다. 그런데 한국의 수정 요구가 들어온 7월 19일 이후 연합국들이 다시 모여 독도 문제에 대해 토의한 흔적은 없다.

8월 7일, 미국은 다른 연합국과 회의하는 가운데 독도의 명칭을 한국의 영토 조항에 포함시키기 어렵다고 설명하면서도, 한국 고문에게 독도에 관한 정보를 얻겠다고 했다. 사실 당시 미 국무성은 다케시마와 독도가 같은 섬이라는 사실을 모르고 있었다. 그것은 이 책 201쪽에 게재한 1951년 8월 3일의 미 국무성 메모에서 확인할 수 있다. 그러므로 이 시점에서 독도에 대한 미국의 관심은 '독도란 어떤 섬인가?' 하는 점이었다. 그 뒤 미 국무성은 한국 고문 뭇시오 대사로부터 '독도란 다케시마의 한국명'이라는 보고를 받았다고 판단된다. 결국 '러스크 서한'은 미 국무성이 '독도는 다케시마'라고 확인한 뒤에 한국 정부에게만 보낸 문서인 것이다.

정리하자면, 미국은 단독으로 8월 10일에 한국 정부에만 '러스크 서한'을 보냈다. 한국의 요구에 대해 미국이 답변을 보냈으니 그것으로 '러스크 서한'은 법적 효력을 가졌다는 의견이 있지만, 한국이 미국의 견해를 수용했다는 문서는 어디에도 없다.

또한 미국은 한일 양국의 대립에 개입하지 않겠다는 견해를 피력하기도 했다. 앞에서 언급한 미 국무성 동북아과 직원 버매스터의 각서에는 다음과 같은 내용이 있다.

> "일본 정부가 합중국에게 중재자로서 행동해 달라고 요청해 올 경우, 한국의 동의를 얻어야 할 뿐만 아니라, 합중국은 (사건의 사실관계를 막론하고) 일본 혹은 한국 가운데 한 쪽을 선택하는 것처럼 보이는 불편한 입장에 놓일 것이다. 통상 중재자의 역할은 행복하지 못한 법이다. 이런 관점에서 그리고 양국에 대한 합중국의 필요 및 책무를 감안할 때, 합중국은 최대한 이 분쟁에서 빠져 나가는 것이 바람직하다. (중략)
> [제언]
> 1. 동북아과 일본담당은 오카자키 일본외상이 한국과의 직접 교섭으로 이 분쟁을 해결하기 위해 노력하겠다고 말한 이상, 현 시점에서는 미 국무성이 어떤 행동도 취하지 않을 것을 제언한다.
> 2. 하지만 일본 정부가 합중국 정부에게 이 분쟁에 대한 중재를 요청할 경우에 대해 동북아과 일본담당은 다음 사항을 제언한다.
>   a) 합중국은 이를 거절해야 한다.
>   b) 합중국은 이 문제를 국제사법재판소로 위탁하는 것이 적절할 것이라고 시사해야 한다. 합중국은 일본 정부에 대해 이와 같은 절차는 유엔에 제소하는 것보다 바람직하다고 전달해야 한다.
> 3. 일본 정부가 이 문제에 대한 합중국 정부의 법적 의견을 요청할 경우, 동북아과 일본담당은 1951년 8월 10일의 러스크 통첩에서 표명된 대로 리앙쿠르 락스(독도)에 대한 합중국의 입장을 일본 정부에게 알려줘야 할 것이다."

✽ '버매스터의 각서'
(1953년 7월 22일)
세 번째 페이지

c) Submission to the United Nations General Assembly or Security Council — Japan would have the right unilaterally to bring the Liancourt Rocks dispute to the United Nations under Article 35 section 2 of the United Nations Charter, which states:

"A state which is not a Member of the United Nations may bring to the attention of the Security Council or of the General Assembly any dispute, to which it is a party if it accepts in advance, for the purposes of the dispute, the obligations of pacific settlement provided in the present Charter.",

if it were willing to state, as required by Article 33 of the UN Charter, that the Liancourt Rocks dispute was one "likely to endanger the maintenance of international peace and security." It is indeterminable at this time whether Japan would be willing to go that far. It is also unlikely that the United States and/or the other Members of the anti-Soviet bloc in the United Nations would want to add this grist to the Soviet propaganda mill.

Recommendation

1. NA/J recommends that the Department of State take no action at this time inasmuch as Foreign Minister Okazaki has stated that the Japanese Government will try to settle the dispute with the ROK Government by direct negotiation.

2. However, if the Japanese Government requests the United States Government to act as a mediator in this dispute, NA/J recommends that:

a) the United States should refuse;

b) the United States should suggest that the matter might appropriately be referred to the International Court of Justice. The United States could inform the Japanese Government that this procedure might be preferable to submitting it to the United Nations for the reasons stated above.

3. If the Japanese Government requests the legal opinion of the United States Government on this question, NA/J recommends that the United States should make available to the Japanese Government the United States position on the Liancourt Rocks as stated in the Rusk note of August 10, 1951.

Concurrences

NA/K concurs.

PT:NA:LBurmaster:eb

NA/K - Mr. Treumann

이 각서로 알 수 있듯이 미국은 독도 문제에 대한 개입을 처음부터 회피하려고 마음 먹고 있었다. 하지만 미국은 일본 편을 든 다음에 자국만 빠져 나가려 했다. 이런 미국식 사고방식은 상당히 무책임하다고 말하지 않을 수 없다.

포츠담선언을 지킬 필요가 없다고 한 '러스크 서한'과 평화선

러스크 서한의 또 하나의 문제점은 서한에 포츠담선언을 지킬 필요가 없다는 견해를 다음과 같이 포함시켜 한국에만 송부한 점이다.

"(전략) 합중국 정부는 일본이 1945년 8월 9일자로 포츠담선언을 받아들였지만, '그 선언에 포함된 지역에 대해 일본이 공식적이고 최종적으로 주권을 포기했다.'는 논리를 이 평화조약(샌프란시스코 평화조약)에서 적용해야 한다고 생각하지 않는다. 독도 또는 다케시마 내지 리앙쿠르 암(岩)으로 알려진 섬에 관해서는 (후략)"

- 1951년 8월 10일자 '러스크 서한'의 일부

우선 '러스크 서한'에 기재된 이 문장이 무엇을 뜻하는지를 알아 봐야 한다. 포츠담선언은 8조에서 '카이로선언의 조항은 이행되어야 한다. 그리고 일본국의 주권은 혼슈[本州], 홋카이도[北海道], 규슈[九州] 및 시코쿠[四国], 그리고 우리(연합국)가 결정할 제 소도(諸小島)에 한정되어야 한다.'고 명기했다. 앞에서 언급한 '러스크 서한'의 일부분은 독도에 관한 이야기로 이어지고 있으므로, 결국 '러스크 서한'은 '우리(연합국)가 결정할 제 소도(작은 섬들)로 한정되어야 한다.'고 한 부분에 대해 지킬 필요가 없다는 식으로 연합국의 기본 합의를 부인하고 있는 것으로 판단된다. 그러므로 이런 식으로 독도가 일본 영토라고 언급한 미국 정부의 견해는 연합국의 합의 없이 한국에만 통보되었다는 문제를 안고 있는 것이다. 그런데 포츠담선언 제8조에 명기된 '일본의 제 소도', 즉 일본의 작은 섬들은 '우리' 바로 '연합국'이 결정해야 한다고 되어 있는 점이 중요하다. 미국 정부는 연합국의 합의 없이 '러스크 서한'을 한국에 송부하면서, '우리(연합국)가 결정할 제 소도(작은 섬들)'라고 기재된 포츠담선언을 이제 미국과 연합국은 지킬 필요가 없다고 언급한 것으로 판단된다.

그런데 1947년 6월 19일에는 연합국 극동위원회가 포츠담선언 제8조를 재확인했다. 극동위원회는 영·미·소련·중화민국·네덜란드·호주·뉴질랜드·캐나다·프랑스·필리핀·인도 등 11개국 대표로 구성되어 있었고, 그들은 '일본의 주권은 혼슈, 홋카이도, 규슈, 시코쿠, 그리고 이제 결정될 작은 외곽의 섬들로 제한될 것'이라는 점을 다시 한 번 확인했다.(신용하 저, 2000, p.269) 그러므로 일본 영토가 될 작은 섬들은 적어도 극동 위원회의 승인을 받아야 했다.

하지만 미국은 극동위원회의 합의 절차를 거치지 않았다. 미국 정부는 '러스크 서한'에서 볼 수 있듯이, 미국이 포츠담선언의 규정내용을 지킬 필요가 없다는 입장을 연합국과의 합의, 적어도 극동위원회와의

With respect to the request of the Korean Government that Article 2(a) of the draft be revised to provide that Japan reconfirms that it renounced on August 9, 1945, all right, title and claim to Korea and the islands which were part of Korea prior to its annexation by Japan, including the islands Quelpart, Port Hamilton, Dagelet, Dokdo and Parangdo," the United States Government regrets that it is unable to concur in this proposed amendment. The United States Government does not feel that the Treaty should adopt the theory that Japan's acceptance of the Potsdam Declaration on August 9, 1945 constituted a formal or final renunciation of sovereignty by Japan over the areas dealt with in the Declaration. As regards the island of Dokdo, otherwise known as

Dr. You Chan Yang,
Ambassador of Korea.

✻ 미국이 포츠담선언의 규정 내용을 '지킬 필요가 없다'고 언급한 러스크 서한의 일부

합의를 거치지 않고 일방적으로 정당화시켜버린 것이다.

결국 미국은 '러스크 서한'에 독도가 일본 영토라는 자국의 일방적인 견해를 피력하고는, '(미국이) 포츠담선언의 규정내용을 지킬 필요가 없다.'고 기재했다. 미국은 마치 자국의 견해가 정당성이 있고 대표성을 띤 견해인 것처럼 보여 주면서 한국을 설득하는 수단으로 이용한 것이다.

이런 사실을 밝히면 한국 국민들 사이에 반미감정이 일어날까 봐 걱정하는 사람들이 있다. 하지만 이것은 감출 수 없는 역사적 사실이다. 물론 대한민국이 '러스크 서한' 같은 문서가 나오지 않도록 덜레스와의 회담을 통해 1905년 이전에 한국이 독도를 영유했다는 사실을 증빙자료와 함께 증명했어야 했다. 한국이 반성할 점은 이런 점일 것이다.

하지만 당시 대한민국 정부는 한국전쟁 때문에 부산 임시수도에 있었고, 제대로 된 보고서를 작성할 수 있는 상황이 아니었다. 이런 사정은 충분히 고려되어야 할 것이다.

그 뒤 대한민국은 국제적 선례에 의거해, 1952년 1월 18일에 이승만 대통령이 '해양주권 선언'을 선포해 동해에 평화선을 긋고 독도를 한국 측 해역에 포함시켰다. 이런 행동은 한국이 1948년 8월 15일에 유엔 감시 하에 대한민국을 선포하여, 일본이나 미국 등에게 독립을 인정받은 주권국가였기 때문에 가능했다. 주권국가인 한국이 일방적으로 작성된 '러스크 서한'을 따라야 할 이유는 전혀 없었기 때문이다. 한편 한국 정부가 '해양주권 선언'을 선포했을 때 연합국 총사령부는 어떤 조치도 취하지 않았다. 연합국들이 사실상 맥아더 라인을 계승한 평화선(이승만 라인)을 묵인하고 독도를 한국 영토로 인정한 셈이다.

대일 평화조약 발효 전의 독도에 관한 미일 대화

미국은 대일 평화조약이 발효되기 전에는 독도가 일본 영토라는 서한을 일본에 공식적으로 보내지 않았다고 확인했다. 그리고 평화조약 발효 후 몇 년간에 걸쳐 미국은 독도에 대한 견해를 일본에 공식적으로 전달한 바 없다고 공문서로 확인했다.

그런데 1951년의 일본 국회의사록을 보면 미국은 비공식적으로 독도는 일본 영토가 될 것이라고 일본 정부 측에 전했다는 사실을 알 수 있다. 1951년 10월 22일에 일본 중의원에서 열린 '평화조약 및 미일 안전보장조약 특별위원회'에서의 대정부 질문과 일본 정부의 공식견해에 그런 내용이 나온다.

[1951년 10월 22일자 중의원 '평화조약 및 미일 안전보장조약 특별위원회']

야마모토 위원의 질의 : "(전략) 지금 우리가 참고자료 「일본 영역 참고도」를 보고 있는데 바로 일본해(동해)에 그어진 일본 영역을 표시하는 선이 다케시마(독도) 위에 그어져 있습니다. 울릉도는 조선에 속하는 섬이라고 해도 다케시마(독도)는 원래 시마네현 관할 하에 있는 섬이고 중요한 어장을 이루고 있습니다. 이 다케시마(독도)가 이 지도로 볼 때 우리(일본)의 영토인지 혹은 울릉도에 부속되어 조선 등에 옮겨지는 것인지, 이런 점에 대해 시마네현민들은 물론 이 섬은 일본 영토가 되었다고 해석하고 있는데 오늘 분명한 설명을 해 주시기 바랍니다."

(今回われわれが参考資料としていただきました「日本領域参考図」を拝見いたしますと、ちょうど日本海を通つておりますこの日本の領域を表わします線が、竹島の真上を通つておるのであります 欝陵島は朝鮮にあるいは属するものとしても、竹島は元来島

쿠사바 정부위원의 답변 : "현재의 점령 하 행정구역에서는 다케시마(독도)는 (일본 영토에서) 제외되어 있습니다만, 이번의 평화조약에 있어서는 다케시마(독도)는 일본에 들어온다고 할까 일본 영토라는 것이 확실히 확인된 것으로 알고 있습니다."

　　1951년 10월 22일에 일본 중의원에서 열린 '평화조약 및 미일 안전보장조약 특별위원회'에서 야마모토 국회의원이 독도의 귀속에 대해 질문했는데, 이에 대해 당시 쿠사바 정부위원이 답변했다. 쿠사바는 (현재 연합국이 일본을 점령하고 있는 상황에서는) 독도가 일본의 행정구역에서 제외되어 있지만 '평화조약에 있어서는 다케시마(독도)는 일본에 들어온다고 할까 일본 영토라는 것이 확실히 확인된 것으로 알고 있습니다.'

✽ 일본 중의원 본회의 장면

라고 답변했다.

　　왜 쿠사바 정부위원은 이렇게 확실히 독도가 일본 영토가 된다고 말할 수 있었을까? 답은 하나다. 즉 미국이 공식적으로는 통보하지 않았지만, 독도가 일본 영토가 된다는 얘기를 일본 정부에게 비공식적으로 알려주었기 때문일 것이다. 1951년 10월이라는 시점은 '러스크 서한'이 한국 정부에 전달된 지 두 달 정도 지난 시점이고, 대일 평화조약이 조인된 지 한 달 정도 지난 시점이다.

이처럼 미국이 비공식적으로 일본 정부에게 독도가 일본 영토가 된다고 전했다는 사실을 시사하는 일본 정치가들의 발언은 국회의사록에 또 남아 있다. 예를 들면, 1952년 5월 23일에 열린 외무위원회에서의 질의응답에는 다음과 같은 내용이 포함되어 있다.

[1952년 5월 23일자 외무위원회]

야마모토 위원의 질의 : "그러면 여쭙겠습니다만 점령 하에서 맥아더 라인에 걸려 있던 일본해(동해)의 다케시마(독도) 영유를 한국이 주장하고 있었는데, 이제 그 점에 대해서는 다케시마(독도)는 일본 영토라고 상대방(한국)도 동의한 것인지 말씀해 주세요."

(それではお伺いいたしますが、占領下においてマッカーサー・ラインにかかつており ました日本海の竹島の領有を、韓国は主張しておつたと考えるのでありますが、すでに その点については、竹島は日本の領土であるということに先方側も同意をいたしてお りますかどうか。)

이시하라 간이치로 정부위원의 답변 : "그 문제에 대해서는 일본 측으로서는 이것(독도)은 당연히 이쪽의 섬이라는 생각을 갖고 있고, 조약 발효 전에도 이른바 사령부 측도 그런 입장(독도가 일본 영토라는 입장)에 서서 (서로) 여러 가지 이야기를 나누고 있었습니다. 그러므로 앞으로도 이 점에 대해서는 일본 측으로서는 아무런 문제가 없고 확신을 갖고 처리해 나가고 싶습니다. 이런 생각입니다."

그런데 '일본 영역 참고도'의 실물이 발견되었다. 일본의 어느 인터넷사이트에 있었다고 한다. 이 약도는 1951년 8월 일본수로부가 작성했고 같은 해 10월 22일 일본국회에서 샌프란시스코 평화조약 조인 이후의 일본영토를 설명하기 위해 일본정부가 국회의원들에게 배포한 것이다.

일본 영역 참고도(1951. 10. 22)

일본 영역도(1952. 4.)

전술한 바와 같이 '일본 영역 참고도'에 대한 일본 측 주장은 1951년 10월 22일 시점에서 1946년에 정해진 맥아더-라인이 남아 있고 맥아더-라인은 독도를 일본의 행정구역에서 제외했기 때문에 '일본 영역 참고도'는 독도를 한국영토로 기재할 수밖에 없었다는 데 있다. 여기서 중요한 내용은 일본정부는 샌프란시스코 평화 조약이 발효되면 맥아더-라인이 철폐된다는 얘기를 미국으로부터 들은 바가 없었다는 사실이다. 맥아더-라인 철폐의 계획은 '러스크서한'에 기재되어 한국에만 비밀리에 통보되었기 때문에 일본은 그것을 전혀 몰랐다.

샌프란시스코 평화조약은 1951년 9월 7일 연합국과 일본 사이에서 서명되었다. 서명된 이후 10월 22일 일본정부는 '일본 영역 참고도'로 앞으로의 일본의 영역을 국회의원들에게 설명한 것이므로 독도가 한국영토가 될 수밖에 없다는 것을 일본정부도 잘 알고 있었다.

그리고 1952년 4월 샌프란시스코 평화조약이 발효된 후에 발간된 마이니치신문사의 '대일평화조약'이라는 제목의 특별책자에 '일본영역도'가 실렸다.

이 '일본 영역도'를 보면 다케시마(독도)는 한국영토로 명백히 분류되었음을 알 수 있다. 마이니치신문의 '대일평화조약' 특별책자는 샌프란시스코 평화조약의 한국영토에 관해서는 SCAPIN 677호의 규정이 그대로 계승되었다는 입장을 취했다. 마이니치신문이 일본외무성의 도움을 받아서 특별책자를 작성했을 것이기 때문에 '일본 영역도'는 독도가 한국영토임의 중요한 증거가 된다.

1952년 5월 23일자 외무위원회가 개최되었을 무렵은 대일평화조약이 발효된 지 한 달 정도가 경과된 시점이었다. 그런데 일본 정부는 '조약 발효 전에도 이른바 사령부 측도 그런 입장(독도가 일본 영토라는 입장)에 서서 (서로) 여러 가지 이야기를 나누고 있었습니다.'라고 밝혔다. 이 말은 '독도는 일본 영토'라는 이야기를 대일평화조약 발효 전에 미국이 비밀리에 일본 정부를 상대로 비공식적으로 전달했다는 사실을 확인할 수 있는 답변이다.

6.25의 발발로 미국의 대일정책에 변화가 있었다. 일본 민주화 정책을 재고하여 일본의 군국주의자들을 석방하기 시작했다. 미국은 당시 대한민국의 소멸을 가장 걱정했고 만일 북한이 남한을 점령하게 되면

❈ 일본 참의원 국회의사당

군사적 가치가 있는 독도를 아예 일본 영토로 하는 것이 낫다고 생각했을 가능성이 있다. 그런 판단이 미 국무성이 한국으로 '러스크 서한'을 보낸 배경이라는 일반학자에 의한 연구가 있다(竹內猛, 2013).

일본이 지금도 독도 문제에 있어서 한국에게 전혀 양보하지 않는 이유는 대일평화조약에서 미국이 일본 편을 들었기 때문으로 판단된다. 대일평화조약에서 독도가 일본 영토라는 증거가 많이 남아 있다는 잘못된 믿음과, 미국이 그때처럼 마지막에는 일본 편을 들어줄 것이라는 기대 때문이다.

미국이 일본의 잘못된 생각에 이용당하고 있다는 점에서, 독도 문제는 한일 양국뿐만 아니라 분명 미국에게도 책임이 있다. 그러므로 한국은 일본뿐만 아니라 미국을 설득하기 위해 노력해야 한다. 미국을 설득하는 작업은 평화조약에 관련된 연합국의 대표 11개국을 설득하는 일과 연결된다. 앞으로도 이런 작업을 체계적으로 진행해야 한다.

한일 간
독도논쟁 본격화와 평화선

이승만 대통령의 '해양주권 선언'

＊ 빨간색으로 그어진 평화선

대한민국은 1952년 1월 18일 '해양주권 선언'을 전 세계에 선포했다. 한국은 해양주권을 선언하면서, 동해를 동서로 나누는 선을 그어 한국 측 해역에 일본 어선이 출입하지 못하도록 금지시켰다. 동해 한가운데에 그어진 이 선을 평화선, 혹은 이승만 라인이라 부른다.

평화선은 독도를 한국 측 수역에 포함시켰다. 일본 정부는 현재 외무성 웹사이트를 통해, 한국이 평화선을 '국제법을 위반하면서 일방적으로 설정' 했다고 주장했다. 또한 '한국 측의 조치는 공해상에 위법적인 선 긋기' 를 한 것이라며, 한일 국교 정상화 이전의 시각으로 지금도 계속 비난하고 있다.

이런 식으로 일본은 '해양주권 선언' 과 평화선을 불법으로 간주하려는 정부 견해를 외무성 웹사이트에 올려 자신들의 주장을 전 세계에 알리고 있다. 이것은 한국이 독도 영유권을 불법으로 행사하고 있다는 주장이지만, 이에 대해 한국 정부는 별다른 반박을 내놓지 않고 있다.

일본 정부가 외무성 웹사이트의 '다케시마 문제' 웹페이지를 통해 목표로 삼고 있는 것은 두 가지로 정리할 수 있다.

첫째, 독도가 일본 영토라는 사실을 국민에게 끊임없이 교육시켜, 한국이 독도를 불법으로 점거하고 있다는 것을 확인시키는 것이다. 이를 통해 언젠가는 독도를 한국으로부터 '탈환'해야 한다는 심리적 교육 효과를 노리고 있기 때문이다.

둘째, 독도에 대한 자국의 입장을 전 세계에 표명함으로써, 때가 되면 세계 각국의 지지를 얻어 독도를 쉽게 일본 영토로 전환하려는 사전 준비를 하고 있는 것이다.

이런 일본의 전략을 극복하려면 논리 개발과 자료 수집이 지속적으로 필요하고, 그 결과를 일본 국민과 세계 각국을 대상으로 꾸준히 홍보해야 하며, 한국 정부의 공식 견해를 상세히 밝히는 웹페이지를 정부 웹사이트에 구축해야 한다. 정부 차원에서 적극적으로 홍보하지 않더라도, 한국 정부의 견해를 전 세계에 납득시키려면 인터넷을 통해 공식적인 견해를 상세하게 공개해야 한다.

일본 측은 대일평화조약의 한국 영토 조항에 독도가 포함되지 않았기 때문에 한국이 실력 행사로 나선 것이 '해양주권 선언'이라고 비난하고 있다. 대일평화조약은 1952년 4월에 발효되었기 때문에, 일본이 주권을 회복하기 전이었던 1952년 1월에 의도적으로 평화선을 선포해 독도를 '불법으로 점거했다'고 비난하고 있는 것이다.

나아가 일본은 이승만 대통령이 '해양주권 선언'으로 독도를 실효지배하기 시작했는데, 이것은 '한국의 불법 점거'라며 비판적인 의견을 내놓았다. "국제법상 아무런 근거가 없는 가운데 이루어지고 있는 불법 점거이고, 한국이 이런 불법 점거에 입각해 다케시마(竹島, 독도)에 대해 행하는 어떤 조치도 법적 정당성을 갖지 못한다."고 외무성 웹사이트를 통해 주장하는 것이다. 그런데 이런 일본 정부의 주장에 대해 한국 정부는 너무도 관용적인 태도로 일관하면서 직접적인 논쟁을 피하고 있다.

다케시마 문제의 개요
8. 「이승만 라인」의 설정과 한국의 다케시마 불법점거

1952(쇼와27)년1월 이승만 한국대통령은 '해양주권선언'을 발표하였는데, 이는 국제법에 반하는 소위 '이승만 라인'을 일방적으로 설정하고 이 라인의 안쪽에 있는 광대한 구역에 대한 어업관할권을 일방적으로 주장함과 동시에 그 라인 내에 다케시마를 포함시켰습니다.

1953(쇼와28)년3월 일미합동위원회에서 다케시마를 재일미군의 폭격훈련구역으로부터 해제할 것을 결정하였습니다. 이로 인해 다케시마에서의 어업이 다시 시행되게 되었습니다만, 한국인도 다케시마와 그 주변에서 어업에 종사하고 있다는 사실이 확인되었습니다. 같은 해 7월에는 일본의 해상보안청 순시선이 불법어업에 종사하는 한국 어민에 대하여 다케시마에서 철거할 것을 요구하자 한국어민을 보호하고 있던 한국관헌에 의하여 총격을 받는 사건이 발생하였습니다.

다음 해인 1954(쇼와29)년 6월 한국 내무부는 한국 연안경비대의 주둔부대를 다케시마로 파견하였음을 발표하였습니다. 같은 해 8월에는 다케시마 주변을 항해중인 해상보안청 순시선이 다케시마로부터 총격을 받았으며, 이 사건으로 인해 한국의 경비대가 다케시마에 주둔하고 있음이 확인되었습니다.

한국측은 지금도 계속하여 경비대원을 상주시킴과 동시에 숙사 및 감시소, 등대, 접안시설 등을 구축하고 있습니다.

'이승만 라인'의 설정은 공해(公海)에 대한 위법적인 경계 설정이며, 한국의 다케시마 점거는 국제법상 아무런 근거가 없이 행해지고 있는 불법점거입니다. 한국이 이러한 불법점거에 근거하여 다케시마에서 행하는 모든 조치는 법적 정당성을 가지는 것으로 볼 수 없습니다. 이러한 행위는 다케시마의 영유권을 둘러싼 일본의 입장에 비추어 보더라도 결코 용인될 수 없는 것이며, 다케시마에 대하여 한국측이 취하는 모든 조처 등은 철해질 때마다 엄중한 항의를 하고 있으며 행위를 철회할 것을 요구하고 있습니다.

✤ 일본 외무성 '다케시마 문제' 웹페이지에 언급된 '이승만 라인'

대한민국 정부 수립과 '해양주권 선언'

일본은 대한민국 정부 수립을 1948년으로 간주하는데, 이 부분은 일본이 제대로 인식하고 있는 것이다. 한국이 대일평화조약이 발효된 1952년 4월에 독립한 것이 아니라, 1948년 8월 15일에 독립했음을 일본 스스로가 인정하고 있다. 이것은 한국이 '해양주권 선언'을 한 1952년 1월 시점에 이미 주권행위를 할 수 있는 독립 국가였음을 일본이 인정하고 있다는 것이다.

미국도 1949년 1월에 한국을 정식 국가로 승인했다. 한국은 1948년 8월 15일 정부 수립과 동시에 영토를 한반도와 그 부속 도서로 규정하고, 그 통치권이 한반도 전체를 통괄함을 선포했다. 대일평화조약이 체결되기 전에 이미 한국은 주권국가가 된 것이고 독도를 영토로 지배하기 시작했다.

1952년 1월 18일 이승만 대통령이 '인접 해양의 주권에 관한 대통령 선언', 즉 '해양주권 선언'을 발표하여 '평화선'을 선포했다. 당시 미국과 중남미 몇 개국은 자국의 바다를 확정해 해역에 대한 권리를 주장했는데, 그 나라들은 지금의 배타적 경제수역 200해리와 비슷한 권리를 선언했다. 한국은 이를 근거로 1952년 1월 28일 구상서를 통해 한국의 평화선 설정에는 국제적 선례가 있다고 일본 정부에 전달했다.

"1945년 9월 28일, 미 대통령이 두 가지 일방적 선언을 했는데, 하나는 대륙붕에 관한 것이었고 또 하나는 미국에 인접한 수역의 어업 자원에 관한 것이었다. 그 뒤 멕시코는 1945년 10월 20일에, 아르헨티나는 1946년 11월 11일에, 대륙붕에 관한 이론을 토대로 미국의 사례를 본받아 일방적 선언을 했다. 이어서 칠레는 1947년 6월 23일에, 페루는 1947년 8월 1일에, 그리고 코스타리카는 1948년 7월 21일에 대륙붕 이론과 200해리 이론이라는 두 가지 이론에 입각해 미국을 따라 일방적 선언을 했다. (후략)"

이 문서를 들여다보면, 당시 트루먼 선언 이후 한국과 같은 '해양주권 선언'을 한 나라 가운데는, 아르헨티나(1946년), 파나마(1946년), 칠레(1947년), 페루(1947년), 코스타리카(1948년), 엘살바도르(1950년), 온두라스(1951년), 칠레·페루·에콰도르(1952년) 등이 있다. 당시 아시아에서는 아직 배타적 경제 수역에 대한 관심 자체가 거의 없었으나 중남미에서의 '해양주권 선언'을 보면 한국의 이승만 정권의 조치가 국제적으로 선례가 있다는 것을 확인할 수 있다.

일본은 트루먼 선언과 한국의 '해양주권 선언'은 질적으로 다른 것이라고 강조하면서, 한국의 '해양주권 선언'과 평화선이 미국의 트루먼 선언을 선례로 할 수 없다고 주장하고 있다. 다시 말해서, '공해 일

REPUBLIC OF KOREA

KOREAN DIPLOMATIC MISSION
IN JAPAN

NOTE VERBALE

The Korean Diplomatic Mission in Japan presents its compliments
to the Japanese Ministry of Foreign Affairs and with reference
to the latter's Note Verbale of January 28, 1952 pointing out
the incompatibility of the Proclamation of the President of the
Republic of Korea of January 18, 1952, with the international
principle of the freedom of high seas, etc., has the honor to
convey the following statement of the Government of the Republic
of Korea for information and consideration of the Japanese
Government:

On September 28, 1945, the President of the United States made
two unilateral proclamations, one on what may be regarded the
continental shelf and the other on certain fishing grounds
adjacent to the United States. The American example was
followed by Mexico, October 20, 1945, and Argentine, October 11,
1946, whose proclamations were based on the continental shelf
theory, and by Chile, June 23, 1947, Peru, August 1, 1947, and
Costa Rica, July 21, 1948, whose proclamations were based on two
distinct theories, the continental shelf theory and the theory
of a distance of 200 nautical miles. The Kingdom of Saudi Arabia,
on May 28, 1949, made a proclamation dealing with the subsoil and
sea bed of those areas of the Persian Gulf seaward from the
coastal sea of Saudi Arabia but contiguous to its coasts. On
November 26, 1948, the United Kingdom, one of the staunchest
advocates of the principle of freedom of high seas, too,
unilaterally proclaimed, by two Orders in Council, the extension
of the frontiers of Jamaica and Bahamas so as to include their
areas of continental shelf. The Korean proclamation under
discussion should be judged, the Government of the Republic of
Korea feels, with the understanding and in the light of the
international precedents cited above.

The Government of the Republic of Korea desires to call the
attention of the Japanese Government to the fact that the Korean
proclamation in question is primarily designed for the preservation
of ... between the two nations, for which it also would be too

* '해양주권 선언' 의 선례에 관한 구상서

정 수역에 있어서의 연안 어업에 관한 대통령 선언'(1945년)이라는 정식 명칭을 가진 트루먼 선언의 본질은 '수산 자원의 보존과 보호'를 위해 '보존 수역'을 설정했다는 데 있었다고 강조하고 있다. (http://toron.pepper.jp/jp/take/sengo/truman.html)

미 국무성 법률 고문 플레저는 1955년에 뉴욕에서 가진 강연회에서 다음과 같이 주장했다.

"이 선언은 미국 국민을 위해 연안 수역에서의 어업 독점권을 주장하는 것으로 오해받아 왔다. 이 선언은 그러한 주장을 포함하지는 않았고, 또 그것이 미국의 입장도 아니다. (중략) 이 선언의 유일한 목적은 적당한 법적 수단에 의해 국제 어장의 황폐를 막으려고 하는데 있다."

(Phleger, "Some Recent Developments affecting the Regime of the High Sea" 〈Address before the American Branch of the International Law Association on 13 May 1955〉, http://toron.pepper.jp/jp/take/ sengo/truman.html)

그러므로 트루먼 선언은 공해상에서 미국의 주권을 확장하려고 한 것이 아니라는 이야기다. 하지만 트루먼 선언에는 다음과 같은 문장이 삽입되어 있다.

"그 (보호) 해구에서 미국 국민만이 활동했을 경우에는 미국의 규칙 및 관리법에 따라야 하고, 미국 국민 및 다른 국민이 합법적으로 함께 활동했을 경우에는 해당국 사이의 협정으로 정해진 규칙 및 관리법에 따르지 않으면 안 된다. 어떤 국가도 그런 원칙에 따라 자국 연안 앞바다에

이 인용문을 보면, 미국은 트루먼 선언을 통해 미국 연해뿐만 아니라 타국 연해에서도 미국인의 어업 상 이익을 확보하려 했다. 한국의 '해양주권 선언'도 한국인의 어업 상 이익을 확보하려 했다는 점, 그리고 자국민의 어업 상 이익을 추구하고 있었다는 점에서 트루먼 선언과 일맥상통한다. 그리고 미국 외의 중남미 국가들의 선언은 공해상의 국가 주권을 선포한 것으로 한국의 '해양주권 선언'과 매우 흡사한 것들이 많았다.

현재 세계적으로 통용되고 있는 '배타적 경제수역(EEZ : Exclusive Economic Zone)'이라는 개념은 미국 트루먼 대통령이 1945년에 처음으로 사용한 용어다. 그러므로 이승만 대통령이 선포한 '평화선'은 일종의 배타적 경제수역을 의미하기 때문에, 일본이 주장하는 '불법 행위'와는 거리가 멀다.

한국이 '해양주권 선언'을 선포하자, 패전국으로서 아직 주권을 회복하지 못했던 일본은 반대 의사를 표명했다. 하지만 연합국 총사령부는 한국에 대해 별다른 조치를 취하지 않았다. 이것은 한국이 맥아더 라인을 계승한 평화선을 긋고 독도를 한국 수역에 포함시킨 행위를 연합국 총사령부가 묵인했음을 의미한다. 이렇게 볼 때 연합국 총사령부는 독도를 한국 영토로 사실상 인정했다고 봐야 한다.

한편 한국 정부가 '한일 양국의 평화 유지에 목적이 있다.'고 명분을 밝힌 뒤부터 '평화선'이라는 명칭이 정착되기 시작했다. 평화선을 선포했을 당시에는 연합국이 설정한 '맥아더 라인' 이 아직 존재하고 있었다. '맥아더 라인' 은 SCAPIN 제1033호로 결정된 선이었고, 동해상에 일본이 접근할 수 없는 구역을 표시했으며 독도를 한국 측 수역 내에 포함시켰다. 하지만 일본 어선들은 '맥아더 라인' 을 무시하면서 한국 측 수역을 여러 차례 침범했다.

당시 한국 어선보다 훨씬 크고 어획량도 많았던 일본 어선들은 '맥아더 라인' 을 침범하여 어로활동을 했다. 그러다가 급기야 독도까지 와서 '일본령 다케시마' 라는 목비를 세워 놓고 돌아가는 만행을 저질렀다. 이런 일본 어선들의 침략적 불법 행위에 대해 한국 정부는 상당히 신경을 쓰고 있었다.

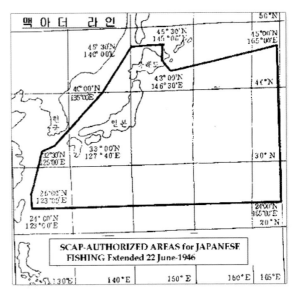

＊ 맥아더 라인. 독도는 한국 측 수역에 들어가 있었다.

1952년 4월에는 대일평화조약이 발효되어 '맥아더 라인' 이 철폐될 상황이 되었다. 그렇게 되면 동해가 일본 어선에게 점령당한다고 판단한 한국 정부는 그 대책의 일환으로 '평화선' 을 선포했다. 다시 말해서, '평화선' 은 일본 어선의 불법 어로활동을 막기 위해 설정한 것이었다. 또한 한국의 독도 영유권을 지키기 위한 방위 조치이기도 했다.

'맥아더 라인' 을 침범한 일본 어선들이 불법 어로활동을 일삼았고 독도에 무단으로 상륙해 불법 행위를 한 사실에 대해, 일본 정부는 지금까지 그 어떤 사과나 해명도 하지 않았으며 '평화선' 으로 피해를 입었다는 자기 입장만을 과장해서 선전하고 있다.

당시 한국 정부는 '평화선' 에 명시한 한국 측 수역을 철저히 지켜야만, 한국 근해 수역의 자원을 일본 어선들로부터 보호 · 보존할 수 있

＊이승만 대통령

었다. 또 '평화선'으로 동해의 평화가 유지되었으므로 이승만 라인은 그야말로 '평화선'이었다.

그런데 현재 일본은 한국이 '평화선'을 설정한 것에 대해 격렬히 비난하고 있지만, 한국은 당시의 일본 어선들의 불법 어로활동에 대해 이상할 정도로 침묵을 지키고 있다. 그러므로 '평화선'을 선포한 한국 정부가 그 선을 침범한 일본 어선에게 총격을 가하거나 나포한 사실만이 부각되어 왜곡된 정보가 세계적으로 홍보되고 있다. 이렇게 세계인의 독도 인식이 일본의 주도로 왜곡되고 있다는 사실에 대해 우려하지 않을 수 없다.

그런데 일본 정부의 비난에도 불구하고, '평화선'은 1965년 6월 한일 기본조약을 비롯한 한일 협정이 맺어질 때까지 13년 이상 유지되었다. 이승만 정권은 평화선을 국내법적으로 뒷받침하려고, 1953년 '어업자원보호법'을 제정해 이 수역에서 외국 선박의 불법 어로활동을 엄격히 단속했다. 이 법에 의해 1965년 6월에 체결된 '한일기본조약'이 발효될 때까지 일본 선박은 313척이 나포됐고, 이들 가운데 126척만 일본으로 송환되었으며 나머지 185척은 한국에 압류되었다.

미국과 일본, 독도를 폭격 연습장으로 지정하다

일본은 1952년 4월에 대일평화조약이 체결된 뒤에도, 1952년 10월까지 미군이 독도를 일본 영토로 간주해 폭격 연습장으로 사용했다고 주장하고 있다.

[미군 폭격훈련구역으로서의 다케시마]

"일본이 아직 연합국의 점령 하에 있을 때인 1951년(쇼와 26년) 7월, 연합국 총사령부는 연합국 총사령부 각서(SCAPIN) 제2160호에 따라 다케시마(독도)를 미군의 해상폭격훈련구역으로 지정하였습니다.

샌프란시스코 평화조약 발효 직후인 1952년(쇼와 27년) 7월 미군이 계속하여 다케시마(독도)를 훈련구역으로 사용하기를 희망하자 미일행정협정(주 : 구 미일안보조약에 근거한 것으로, 현재의 '미일지위협정'으로 이어짐)에 근거하여 동 협정의 실시에 관한 미일 간의 협의기관으로 설립된 합동위원회는 재일미군이 사용하는 폭격훈련구역의 하나로 다케시마(독도)를 지정함과 동시에 외무성에 그 취지를 알렸습니다.

그러나 다케시마(독도) 주변 해역의 강치 포획 및 전복과 미역 채취를 원하는 지역 주민들의 강한 요청이 있었으며, 미군 역시 같은 해 겨울 다케시마(독도)를 폭격훈련구역으로 사용하기를 중지하였기 때문에 1953년(쇼와 28년) 3월 합동위원회는 이 섬을 폭격훈련구역으로부터 해제할 것을 결정하였습니다.

일미행정협정에 따르면 합동위원회는 '일본 국내 시설 및 구역을 결정하는 협의기관으로서의 임무를 수행'하는 것으로 되어 있습니다. 따라서 다케시마(독도)가 합동위원회에서 협의된 후 재일미군이 사용하는 구역으로 결정되었다는 사실은 다시 말하자면 다케시마(독도)가 일본의 영토임을 보여 주는 사실이라고도 할 수 있습니다.

- 일본 외무성 웹사이트 '다케시마 문제' [7]

그리고 일본은 독도를 폭격연습장으로 사용해 왔던 미군이 자국의 요청에 따라 사용을 중지했다면서, 이것이야말로 샌프란시스코 평화조약(1952년 4월)이 발효된 뒤 일본이 독도 영유권을 갖고 있음을 보여 주는 확실한 증거라고 주장한다. 그런데 사실관계를 확인해 보면 전혀 다른 내용이 드러난다.

1952년 7월 26일에 열린 미일합동위원회에서는, 행정협정 제2조에 입각해 주일미군이 사용할 해상 연습 및 훈련 구역으로 독도를 다음과 같이 지정함과 동시에, 일본 외무성은 같은 해 7월 26일자 '고시 제34호'로 그 취지를 공시했다.

[공군 훈련구역]
9.다케시마(독도) 폭격 훈련구역
(1) 구역
북위 37도 15분, 동경 131도 52분의 점을 중심으로 하는 지름 10마일(약 16킬로미터)의 원 내
(2) 연습시간
매일 24시간

하지만 미 공군은 1952년 12월 이후 독도를 폭격연습장으로 사용하는 것을 중지했고, 1953년 3월 19일에 열린 미일합동위원회는 독도를 폭격연습장 구역에서 제외하기로 결정했다.

일본은 1952년에 대일평화조약이 발효된 뒤에도 독도가 미일 간 협정에 따라 미군의 폭격연습장으로 사용된 경위를 거론하면서, 독도를 일본 영토로 간주해야 한다고 주장한다. 그런데 정작 이에 대한 반박 논리는 일본 스스로가 제공해 주었다.

1952년 5월 23일 중의원 외무위원회에서 독도를 폭격연습장으로 정한 건에 대한 질의응답이 있었다. 그날 시마네현에서 선출된 야마모토[山本] 국회의원은 1952년 5월 23일 중의원 외무위원회에서 이시하라[石原] 외무차관과 다음과 같은 질의응답을 하면서 독도의 폭격연습장 지정에 대한 일본 정부의 의도를 확인한 바 있다.

야마모토 위원 : (연합국의 일본) 점령 시 맥아더 라인에 걸려 있던 일본해 (동해)의 다케시마(독도)에 대해 한국이 영유권을 주장하고 있다고 생각합니다. 다케시마(독도)가 일본 영토라는 점에 대해 상대방(한국)이 동의하고 있습니까?

이시하라 정부 위원 : 그 문제에 대해 일본 측은 이것(독도)은 당연히 일본 것이라고 생각합니다. (대일 평화) 조약이 발효되기 전에 사령부 측도 그런 견지에서 여러 가지 이야기를 하고 있었습니다. 이 점에 대해 일본 측으로서는 앞으로도 아무런 문제가 없을 것이므로, 확신을 갖고 처리해 나가고 싶습니다.

야마모토 위원 : 다케시마(독도)는 에도시대 초기부터 일본과 밀접한 관계였으며, 일본 영토로 선언된 것은 메이지 38년(1905년) 2월이었으니 한일합방보다 이전의 일이므로 이것(독도)이 우리나라(일본) 영토라는 점에는 어떤 의문점도 없습니다. 그런데 이번에 일본에 주둔하는 군대의 (폭격)연습장을 선정할 때 그 다케시마(독도) 주변이 연습장으로 지정된다면, 이(독도) 영토권이 일본 것이라는 점을 쉽게 확인할 수 있다는 생각에서, 이것(독도)의 연습장 지정을 외무성이 오히려 바라고 있는지 질문합니다.

이시하라 정부 위원 : 이것은 방금 말씀드렸습니다만, 대충 그런 생각으로 여러 가지 업무를 진행하고 있는 것 같습니다.

[山本(利) 委員 : それではお伺いいたしますが、占領下においてマッカーサー・ラインにかかつておりました日本海の竹島の領有を、韓国は主張しておつたと考えるのでありますが、すでにその点については、竹島は日本の領土であるということに先方側も同意をいたしておりますかどうか。

石原(幹) 政府委員 : その問題につきましては、日本側としては、これはもう當然こちらのものであるという考えを持つておりますし、條約發効前におきましても、いわゆる司

令部側といたしましても、その見地に立つていろいろの話をしておつたのでありまして、今後もこの点については、日本側としては何ら問題はなく、確信を持つて処理して行きたい、こういうつもりでおります。

山本（利）委員：竹島は江戸時代の初期から日本と密接な関係があつたものであり、さらに日本領土として宣言されたのは明治三十八年の二月のことでありますから、日韓併合より以前のことであつて、もうこれがわが国の領土であるということは、いささかの疑いもないところであります、ところが今度日本に駐留軍の演習地の設定にあたつて、その竹島あたりが演習地に指定されるならば、この領土権を日本のものと確認されやすい、そういうような考えから、これが演習地の指定を外務省がむしろ望んでおられるというようなことがあるかどうか、その点についてお伺いいたします。

石原（幹）政府委員：これは先ほどちよつと触れた問題でありますが、大郎そういう考え方でいろいろ進んでおるようであります。]

이 의사록을 보면, 야마모토 국회의원이 '이것(독도)의 (폭격)연습장 지정을 외무성이 오히려 바라고' 있는지 묻자, 정부 위원이 '대충 그런 생각으로 여러 가지 업무를 진행하고 있는 것 같습니다.' 라고 밝히고 있다. 이것은 독도를 주일미군의 해상폭격연습장으로 결정하는 제안이 일본으로서는 환영할 만한 일이었다는 뜻이다. 그런데 당시 독도에 한국인들이 있을 가능성을 알면서도, 독도를 주일미군의 폭격연습장으로 제공한 일본의 비인도적인 행위는 지탄받아 마땅하다.

일본 외무성 웹사이트의 '다케시마 문제' 웹페이지에는 '미군 역시 같은 해 겨울(1953년 1월) 다케시마(독도)를 폭격훈련구역으로 사용하기를 중지하였기 때문에'라고 기술되어 있다. 이것만 읽으면 마치 미군이 독도를 폭격연습장으로 사용하는 것을 독자적으로 포기한 것처럼 보이지만, 사실은 한국의 항의를 받아들였기 때문이었다. 외무성 사이트는 이 중대한 사실을 일부러 누락시켜서 일본 국민과 전 세계를 속이고 있는 것이다. 미군은 1953년 1월 20일자 서한을 통해, 앞으로 독도를 폭격연습장으로 사용하지 않겠다고 한국에 통보해 왔다.

장관님 귀하

미국대사관으로 송부된 1952년 11월 10일자 귀하의 구두각서에 답하기 위해 합중국 총사령부는 본인에게 다음과 같은 내용을 귀하께 알리도록 위임했습니다. 총사령부가 리앙쿠르 락스(독도)를 폭격연습장으로 사용하는 것을 중지하는 데 필요한 행동을 취하도록 모든 지휘관들에게 명령을 내렸음을 알려드립니다.

총사령부의 명령이 현재 유효함을 알려드리게 되어 본인은 기쁘게 생각합니다.

미국 장군 토마스 W. 헤란

　　미국은 한국이 1952년 11월 10일자로 보낸 항의각서에 대해 1953년 1월 20일자로 답하면서, 1953년 1월 20일자로 독도를 폭격연습장으로 사용하지 못하게 했다고 한국에 연락했다.

　　만약에 미국이 독도를 일본 영토로 확정했었다면, 한국 측의 항의를 받아들였을 리가 없다. 미국이 한국의 항의를 수용해 독도에 대한 폭격연습장 중지를 결정한 것은, 한국의 독도 영유권을 인정했기 때문이었다.

한국 정부가 증명한 한국의 독도 영유권

　　1953년부터 1954년까지 약 2년 동안 한일 양국은 독도 영유권이 자국에게 있다는 주장을 담아 상대국에게 서한을 보냈다. 처음으로 이루어진 본격적인 한일 독도논쟁이었다. 그 중에서도 1953년 7월 13일, 일본 정부 앞으로 송부된 문서는 역사적 사실을 거론하면서 한국의 독도 영유권을 논증하고 있다. "독도(다케시마)에 관한 일본 정부의 견해에 대한 1953년 7월 13일자 한국 정부의 반박[The Korean Government's Refutation of the Japanese Government' Views concerning Dokdo(Takeshima) dated July 13, 1953]*이라는 제목의 이 문서는 1853년 9월 9일에 도쿄에서 공개되었다. 이 문서는 영어로 작성되어 있으므로 미국 정부도 참조했던 모양이다. 1951년 7월에 독도에 관한 역사적 사실은커녕 독도의 위치조차 지적할 수 없었던 한국이 처음으로 본격적인 독도 영유권 증명서를 내놓은 것이다. 이 문서에서 한국이 주장한 내용을 요약하면 다음과 같다.

THE KOREAN GOVERNMENT'S REFUTATION

OF THE

JAPANESE GOVERNMENT'S VIEWS

CONCERNING

DOKDO ("TAKESHIMA") DATED

JULY 13, 1953

RELEASED IN TOKYO

ON SEPTEMBER 9

1953

* 독도에 관한 일본 정부의 견해에 대한 한국 정부의 반박(1953년 7월 13일) 표지

독도(다케시마)에 관한 일본 정부의 견해에 대한 1953년 7월 13일자 한국 정부의 반박

Ⅰ. 일본이 울릉도와 독도에 대한 역사적 영유 사실을 고문서를 인용하면서 주장하고 있으나, 모두 독도 영유권과 관계가 없는 울릉도, 독도의 일본 명칭을 확인하는 것들이다. 그러나 한국 측 고문서들은 울릉도와 독도에 대한 한국 측 영유권을 다음과 같이 증명하고 있다.

　　a. 원래 독도는 우산도로 불렸다. 한편 근래에 와서 독도로 불리게 되었는데 독도라는 명칭은 바위섬이라는 뜻으로 생긴 돌섬이 경상북도 방언으로 독섬, 그리고 독도로 변화한 것이다.

　　b. 『세종실록지리지』에는 "우산과 무릉 두 섬은 동해 바다 가운데

있는데, 서로 거리가 멀지 아니하고 날씨가 맑으면 바라볼 수 있다."고 기록되어 있다.

c. 독도는 세 봉우리가 있어 삼봉도로도 불렸다. 『동국여지승람』에 그렇게 기재되어 있고 김자주 등 조사단이 독도 가까이에서 세 봉우리를 확인하기도 했다.

d. 『숙종실록』에는 1696년에 조선인 안용복이 울릉도와 독도를 조선의 영토로 일본인들에게 천명하여 조선 영토인 두 섬과 그 수역을 지킨 내용이 기록되어 있다.

e. 1906년 울도 군수 심흥택이 독도를 '본 군 소속 독도'라고 명백히 기록에 남겨 상부에 보고했다. 이런 역사적 사실로 판단할 때, 1910년까지 울릉도 행정을 맡은 한국 관리가 독도를 지배하고 있었다는 것은 명백한 사실이다. 독도는 울릉도의 속도로서 역사적으로 계속 한국에 의해 통치되어 왔다.

II. 국제법으로는 무주지를 발견하여 실효적으로 지배해야 그 나라의 영토가 되는데, 독도는 한국 역대 정권들이 발견해서 통치해 왔기 때문에 국제법상으로도 명백히 한국의 영토다.

III. 지리적으로 말하면 울릉도에서 독도까지는 49해리고, 오키섬에서 독도까지는 86해리다. 울릉도에서 독도는 날씨가 맑으면 보이지만 오키섬에서 독도는 전혀 보이지 않는다.

IV. 일본은 독도를 1905년에 선점해 시마네현에 편입했다고 하지만, '선점'이란 그 땅이나 섬이 무주지가 아니면 성립하지 않는다. 독도는 역대 한국 정권에 의해 통치되어 왔으므로, 1905년 시마네현의 독도 편입은 불법적이고 폭력적으로 이루어진 것이다.

(후략) (이후 한국 정부는 샌프란시스코 평화조약 등을 거론하면서 독도가 역사적으로도 국제법상으로도 한국의 영토임을 강조했다.)

a. With regard to names of Ulneungdo and Dokdo in Korea, Ulneungdo had been called Wooneung, Mooneung, Ulneungdo, etc., while Dokdo had been called Woosan or Sambongdo. And, in the meantime, Dokdo has been given its present name of "Dokdo" due to the following backgrounds:

According to the dialect of Kyungsang Province of Korea, Dok means stones or rocks. Dokdo means an island of stones or rocks. It happens that the pronunciation of the present Dokdo which means "isolated island" coincides with that of Dokdo (island of rocks or stones). Thus, the said island came to be called Dokdo by Koreans very suitably and symbolically, for Dokdo is really a rocky island.

b. In the chapter of Oolchin Prefecture of Seijong Shillok (one of the most authentic Korean history books compiled by King Seijong of the Li Dynasty), it is stated that "Woosan and Mooneung are located in the midst of the sea just to the eastern direction of this Prefecture and the distance of these two islands are not so far, and so when the weather is fine, these two islands can be seen from each other."

c. Dokdo had also been called Sambongdo (three peak island) from the beginning of the Li Dynasty. According

＊독도에 관한 일본 정부의 견해를 반박한 한국 정부의 견해 3번째 페이지

독도 영유권을 역사적으로 입증하는 한국 정부의 반박은 약간 수정할 필요는 있지만 지금도 충분히 통할 수 있는 내용이며, 미 국무성은 이런 한국 정부의 독도 영유권 주장을 면밀히 검토한 것으로 보인다.

1905년 이전, 독도의 소속은 어디였나?

1954년 8월 26일자 미 국무성의 비밀보고서 '독도 영유권을 둘러싼 한일 분쟁(Conflicting Korean-Japanese Claims to Dokdo Islands〈otherwise known Takeshima or Liancourt Rocks〉)'에는 다음과 같은 중요한 내용이 포함되어 있다.

> "(전략) 1953년 미 국무성은 서울과 도쿄의 대사관에 한일 간의 독도논쟁은 국제사법재판소로 회부해야 한다고 표명했다. (중략) 우리(미국)의 견해로는 평화조약이 다케시마(독도)를 일본 영토로 남겼다고 본다. 하지만 미 국무성은 미국의 견해는 평화조약의 서명국들 가운데 하나의 견해일 뿐이고, 평화조약 제22조는 국제사법재판소에 대한 회부를 조약에 관한 논쟁을 해결하는 수단으로 기재한 바 있다."

1953년 시점에 작성된 이와 같은 문서에서 미국은 '(독도가 일본령이라는) 미국의 견해는 평화조약의 서명국들 가운데 하나의 견해일 뿐'이라고 인정했다. 즉 '러스크 서한'이 밝히지 않았던 내용을 1954년 8월에 미국이 문서로 남긴 셈이다. 하지만 이 책 6장에서 밝힌 것처럼, 미국은 연합국에 아무런 통보도 하지 않은 채 '러스크 서한'을 한국 정부에게만 비밀리에 보냈다는 내용에 대해서는 언급하지 않았다. 이 문서는 다음과 같이 계속된다.

"'러스크 서한'에 대해서는 (샌프란시스코) 평화조약이 '독도(다케시마)'를 일본 영토로 남겼다는 법적 결론이 났는가?라는 의문이 생겼다. (중략) '러스크 서한'은 일본이 포기해야 할 섬의 목록에 독도를 포함시키지 않았는데, 그 서한이 '우리의 정보'에 의한 역사적 이해(독도가 한국의 일부로 취급된 적이 없다는 '우리의 정보'에 따른 것이다.)에 입각해 작성되었다는 것은 (저자 주 : 연합국 전부가 아닌 미국만의 역사적 이해이고, 그 정보가 지극히 제한적일 소지도 있고 자의적일 수도 있으며 오류의 가능성도 있으므로) 논란의 소지가 있다. 그리고 1905년 일본이 독도를 시마네현 오키섬 지청의 관할 하에 두기 전에, 독도가 한국의 일부로 취급되었다는 사실을 한국이 입증할 수 있는 길을 열어 놓았다. 이런 논리 하에 한국은 독도의 이름을 평화조약에 포함시키는 것을 포기한 이유를 법적으로 확립할 수 있다.

(밑줄은 미 국무성에 의한 것 : 저자)

미국이 행정협정을 맺어 일본으로부터 독도를 '시설과 구역'으로 수용했다고 하지만, 한국 정부가 독도 폭탄 투하에 대해 항의한 뒤에 독도를 더 이상 폭격연습장으로 사용하지 않겠다고 한국 정부에 통보한 사실로 미루어 볼 때, 일본이 독도를 보유했다고 미국이 인정했다고 하더라도 그다지 의미 있게 보이지 않는다. (후략)

이 문서는 '러스크 서한'에 나온 '우리(미국)의 정보'가 믿을 수 있는 것이있는지 의문을 제기하면서, 1905년 이전에 독도가 한국의 일부로 취급된 적이 없다는 부분에 대해서도 논의가 필요하다고 말하고 있다. '러스크 서한'에 대한 비판이 열거되어 있는 것이다. 그리고 미국이 독도를 더 이상 폭격연습장으로 사용하지 않겠다고 한국에 통보한 것으로 볼 때, 독도가 일본 영토라고 할 수 없다고 주장한다. 결국 이 문서는 독도가 일본 영토라는 주장은 의미가 없고, 1905년 이전에 독도가 한국 영토였다면 독도는 한국 영토가 될 수 있다고 주장하고 있는 것이다.

- 3 -

On the one hand it may be argued that the determination of the
minor islands to be left under Japanese sovereignty required by the Potsdam
Proclamation has been made by the peace treaty (i.e. Japan retains everything
not renounced under Article 2), that Korea, prior to the signing of the treaty
specifically asked for a renunciation of Dokdo by Japan and was turned down
and that therefore it was the intent of the drafters of the treaty that Japan
not renounce Dokdo, and that this island is therefore included in the minor
islands determined to remain under Japanese sovereignty.

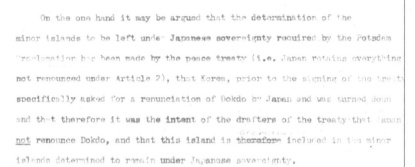

On the other hand, it may be argued that Mr. Rusk's letter refusing to
include Dokdo in the enumeration of islands renounced in connection with the
renunciation of Korea was based on our understanding of the historical facts
("Dokdo . . . was according to our information never treated as part of Korea"
and that his statement left the door open to Korea to show that it had in fact
treated Dokdo as part of Korea prior to 1905, when the Japanese placed Dokdo
under the jurisdiction of the Shimane Prefecture of Japan. (Japan established
a protectorate over Korea in 1904 and annexed Korea in 1910.) Under this
theory Korea would still be free to establish legally if it could, that the
"Korea" renounced in the peace treaty included the island of Dokdo.

United States acceptance of Dokdo from Japan as a "facility and area" under
the Administrative Agreement would not seem of significance in committing the
to the view that Japan has retained the island, in the light of the fact that
Korean protests against our dropping bombs on the island, we informed the Korea
that we were dispensing with the use of Dokdo as a bombing range.

Both

✤ '독도 영유권을 둘러싼 한일 분쟁' (1954년 8월 26일)

일본 국회 내 일본 정부 답변과 비밀문서로 본 평화선

한국이 평화선을 선포하여 독도를 한국 측 수역에 포함시킨 뒤, 일본에서는 이에 반대하는 목소리가 높아졌다. 그런데 이승만 대통령의 '해양주권 선언'(1952년 1월 18일) 이후 한일기본조약 조인(1965년 6월 22일)까지의 일본 국회의사록을 보면 평화선 문제에 대한 일본 측의 태도 변화를 읽을 수 있다. 처음에는 반대만 외치다가 나중에는 평화적으로 해결하겠다는 명분을 내세워 현실적인 문제를 해결하는 것을 우선시하기 시작해 결국 평화선을 일부 인정하게 되었다.

예를 들어, 1955년 7월 22일에 열린 참의원 예산위원회에서 평화선 문제가 논의되었다. 일본 정부를 대표해서 시게미츠 마모루[重光葵] 외상이 답변했다. 당시 일본 총리는 하토야마 이치로[鳩山一郎]였다. 그는 2009년 8월 31일에 54년 만에 자민당을 이기고 정권 교체를 이루어낸 하토야마 유키오 전 총리의 할아버지다. 시게미츠 외상은 한국 측의 정당성을 인정해 타협의 길을 모색하자고 말했다.

시게미츠 외상의 답변 : 저희들은 한국과의 국제분쟁, 이승만 라인 문제도 국제분쟁입니다. 그러나 한국에는 한국 나름의 논리가 있습니다. 그렇기 때문에 그 논리를 충분히 확인한 다음에 정당성이 있는가 하는 것도 충분히 생각해야 합니다. 우리 쪽에는 분명한 견해가 있습니다. 그 바탕 위에서 도대체 어떻게 하면 두 나라의 이해관계를 조정할 수 있는가 하는 것을 생각해 내는 것이 타결의 길이라고 생각합니다. 그런 방향으로 모든 노력을 다해야 합니다.

(私どもは韓国との間において国際紛争——李ラインの問題もこれは国際紛争でございます。しかし韓国としては韓国としての議論があるのであります。そうでありますから、その議論を十分に尽してもらって、そうしてその正当さがどこにあるかという

시게미츠 외상의 이야기는 결국 한국과 타협의 길을 모색하자는 이
야기였다. 그렇게 하려면 한국의 논리가 정당성이 있는가를 충분히 고
려해야 한다는 게 그의 발언 요지다. 또한 그는 1956년 4월 13일에 열린
중의원 법무위원회에서도 한국의 주권행위를 인정하는 발언을 했다.

시게미츠의 발언 : 한국이 독립국으로서 행한 행위가 좋다 나쁘다 하는
것은 별개의 문제입니다만, 오늘날 일본은 (한국이) 독립국이 된 (샌프란시
스코) 조약을 인정하지 않으면 안 됩니다. 샌프란시스코 평화조약 (발효)
이래 한국은 독립국이 되었습니다. 그 나라가 독립국의 주권을 행사했
는데, 그 행사 방법에 대한 비판은 국제적으로 여러 가지 있기 때문에
(비판하는 것 자체에는) 지장이 없다고 생각합니다만, 그것(주권 행사 방법)에
대해 일본이 부정할 수는 없습니다. 만약 그런 일(상대국의 주권 행사를 부
정하는 것)을 하고 싶은 대로 할 수 있다는 입장을 취한다면 친선우호 관
계는 성립되지 못할 것으로 봅니다.

いて日本がこれを否認していくということはできぬことであります。もしさようこと
が自由にできる立場をとつたならば、親善友好の関係は樹立ができぬと思います。)

시게미츠는 인용문에서 밝힌 것처럼, 독립국이 된 한국이 주권을 행사한 행동에 대해 부정할 수 없다고 하면서, 이승만 대통령의 '해양주권 선언' 등을 부정할 생각이 없다는 뜻을 밝혔다.

당시 일본의 하토야마 내각은 각국과의 친선우호를 목표로 내세웠기 때문에, '해양주권 선언'으로 생긴 평화선이나 독도 영유권 문제에 대한 한국 측 주장을 어느 정도 인정하면서 타협의 길을 찾으려는 방침을 세우고 있었다. 즉 이 시점에서 한국은 평화선을 선언하고 독도 문제를 제기했으며, 일본은 그런 것들을 묵시적으로 인정하게 된 것이다. 그리고 일본 정부는 이제 '평화적으로 해결한다'는 답변만을 되풀이하게 되었다.

평화선에 대한 일본의 정책은 한일관계 정상화를 추진하면서 더욱 분명해졌다. 평화선을 그대로 인정하지는 못하지만 한국 측이 의도하는 문제점을 되도록 해결한다는 방향으로 정책이 정해졌다. 1957년 5월, 일본 수산청의 '비밀문서 : 한일어업교섭요강(안)'에 나타난 일본의 '기본적 태도'에는 다음과 같이 기재되었다.

(3) 어업 능력이 열등한 한국에 대해 실질적 불평등을 시정할 뿐만 아니라 한국 어업의 장래의 발전성도 고려한다.

(4) 현재의 이른바 이(李)라인을 그대로 인정하지는 못하지만, 이라인 설정으로 한국이 의도하는 문제점을 양국 간의 실질적인 조정 조치에 따라 되도록 해결하기로 한다.

「日韓漁業交渉要領（案）

昭和32年3月 水産庁

○ 基本的態度

'わが方としては、公海においては沿韓国の漁業
管轄権を認めることはできないが、漁業管
轄権に関する日韓両国双方の主張はこれを
留保することとし、韓国が従来の交渉において
主張した諸案をも参照し、次の基本的構要をも
って臨むものとする。

(1) 日韓両国がともに漁業上関心を有する公海
における漁業資源の最大の持続的生産性
を確保する。

(2) 両国の地理的、歴史的な特殊事情に
かんがみ、両国漁民が友誼に接触して操業する
水域における両国漁民の漁撈活動を調整
する。

(3) 漁業能力の劣部を韓国に対し、実質的不
平を是正するがごとく、韓国漁業の
将来の発展性をも考慮に入れる。

(4) 現在の李承晩ラインをそのまま認める事
はできないが、李ラインの設定によって韓国
が意図する問題点を両国間の実質的な調整
措置によって、できるだけ解決するものとする。

(5) 協定取極に関する日韓両国間の品名に
おいては、必要に応じて、韓国に対する水産
物の輸入制限の緩和、漁船、漁具、漁網等
の輸出の促進、水産技術援助等の便宜の供与
ことを明らかにする。

水産庁

결국 일본 정부는 평화선이 목표로 하는 내용에 대해서는 실질적인 조정을 통해 해결한다는 입장을 취하게 되었다. 그러므로 시게미츠 외상이 국회에서 말한 '한국 정부의 입장을 존중하는' 태도는 일본 정부의 평화선에 대한 자세가 되었다. 즉 일본 정부가 평화선과 한국의 '해양주권 선언'을 일부 인정한 것이 바로 역사의 진실이었다.

그리고 1962년 1월 12일자 일본 외무성 북동아시아과의 극비문서에는, 일본에서 평화선 문제를 국제사법재판소에 제소하는 안이 거론된 사실이 다음과 같이 기록되어 있다.

"그리고 한국이 어디까지나 이(李)라인이 국제법상 타당하다고 주장하여 그 토대 위에 선 해결책(중략)을 고집할 경우, 이라인의 합법성에 대해 국제사법재판소에 제소를 제안할 것도 생각할 수 있다.
그러나 이럴 경우 일본 측에서 수용할 수 있는 것은 상기와 같은 어업협정을 체결한 다음에 이라인을 국제사법재판소에 회부하여 합법이라는 판결이 나면 그 판결에 따르겠지만, 한국 측은 국제사법재판소에서의 전망을 불리하다고 판단할 것이므로 이런 입장을 아마도 수락하지 않을 것이다.
따라서 이라인의 합법·비합법성을 명확히 논하지 않고, 어업협정 체결과 그에 위반되는 문제의 국제사법재판소 회부라는 형태로 이라인을 자연적으로 해소시키는 것이 적당하다고 생각된다."

이 문서를 보면 국제사법재판소에 평화선을 회부해도 합법이라고 나올 경우, 일본 정부는 이에 따르겠다고 했다. 그러므로 평화선이 불법이라는 이야기는 확고한 근거가 있는 것이 아니라 오로지 일본의 견해였을 뿐이다. 평화선이 없어진 뒤에도 일본은 계속 평화선이 불법이었다고 주장하고 있지만, 그것은 그들의 억지 주장에 불과하고 한국

李ラインの合法、非合法性を明確に触れずに

漁業協定の締結と、その違反の国際司法裁判

所への提訴という形で李ラインを自然的に解

消せしめるのが適当であると考えられる。

☆ 「한일 어업문제의 해결책에 관해서」(1963년 7월 11일)의 지워진 부문

9. なお韓国があくまで李ラインが国際法上妥

当なものであるとの主張を行い、その上に立

った解決策（例えば李ライン内において李

韓漁業委員会が資源等に悪影響なしと認めた範

囲内においてのみ日本漁船に業業を許すとい

う如き）に固執する場合には、李ラインの合法

性について国際司法裁判所への提訴を提案す

ることも考えられよう。しかし、この場合日

本側で受け入れられるのは上記の如き漁業協

定を締結した上で李ラインを国際司法裁判所

へもって行き、その結果もし、合法であると

の判決があればその判決に従うということで

あるが、韓国側はその国際司法裁判所におけ

る見通しを不利と判断するであろうからこの

立場をあくまで固執しないであろう。従って

☆ 이문서는 비공개문서로 「유엔한국독립문서」(1962년 1월 12일)

✛ 일본 《마이니치신문》의 보도
(1960년 11월 15일). 한국이 청구
권을 담보로 이(李)라인 축소도
(가능).

제 7 장 한일 간 독도논쟁 본격화와 평화선 •

의 국익을 손상시키면서 시행하고 있는 매우 잘못된 홍보다.

이런 문제는 결국 일본 측이 청구권 문제를 양보하고 한국 측이 평화선을 양보하는 형태로 정리되어, 한국의 영해를 기본적으로 12해리로 하는 것으로 마무리되었다.

어업협정과 관련해서 일본 정부에서 독도에 관한 논의가 있었던 것으로 판단되지만, 그런 부분은 모두 읽을 수 없게 검정색으로 칠해서 공개되었다. 하지만 이렇게 문서를 검정색으로 숨긴 부분은 한국에 유리한 부분으로 판단된다. 결국 일본은 독도에 대해서도 12해리 영해를 인정하지 않았나 추측할 수 있는 대목이다. 예를 들어, 1963년 7월 11일자 외무성 북동아시아과 회의록 '한일 어업문제의 해결책에 관해서'라는 극비문서에도, 12해리를 결정하는 방법을 논하는 부분에 검정색으로 지워진 곳이 있다. 제주도의 특수성을 논한 다음에 나오는 부분인데 독도의 특수성을 논했을 가능성이 있기 때문이다.

이런 지워진 부분이 한일기본조약관계문서 도처에 있기 때문에, 현재 재일 한국인들이 이런 부분을 모두 공개하라고 일본 정부를 상대로 소송을 진행하고 있다고 한다. 검정색으로 지워진 부분이 공개되어야 독도 문제에 대해 일본이 어떤 양보를 했는가를 알 수 있게 될 것이다.

독도는 미일안보조약의 발동 대상이 되는가

독도에 대해서는 1952년 4월에 대일평화조약과 함께 발효된 '미일안보조약'과 1954년 11월에 발효된 '한미상호방위조약'의 적용대상이 되는가에 대한 공방이 벌어지기도 했다.

먼저 1956년 5월 24일에 열린 참의원 내각위원회에서 사회당의 에다 사부로[江田三郎] 국회의원이 한 대정부 질문과 이에 대한 후나다 나카[船田中] 방위청장관의 답변은 다음과 같다.

에다 사부로 : 이제 후나다 씨, 필요 없는 이야기는 뺍시다. 간단하고 솔직하게 답하길 바랍니다. 다케시마(독도)는 침략당하고 있는지에 대해 여쭙고 있습니다. 필요 없는 이야기는 일절 빼고 말씀해 주세요.

후나다 나카 국무대신 : 종종 말씀드렸듯이 (미일)행정협정 24조의 적용을 받아야 할 침략 행위가 일어났다는 식으로 정부는 해석하고 있지 않습니다.

에다 사부로 : 다시 말씀드립니다. 필요 없는 이야기는 됐습니다. ('위원장, 주의를 주어라!'고 하는 사람이 있음) 다케시마(독도)는 일본 영토라고 당신들은 생각하고 있지요? 타국의 병력을 사용하고 있는지는 모르지만 점거당하고 있다. 그것이 침략이 아닌지 여쭙고 있는 겁니다. 형용사는 일절 빼고 답변해 주세요.

후나다 나카 국무대신 : 그러니까 저는 (미일)행정협정 24조의 적용을 받아야 할 일본의 지역에 침략이 일어났다는 식으로는 보고 있지 않다고 말씀드리고 있습니다.

(江田三郎君：この際一つ船田さん、余分なことは抜きにしましょう。簡明率直にいこうじゃありませんか、竹島は侵略されておるのかどうかということを聞いておるのです。余分なことは一切抜きですよ。

国務大臣 船田中君：しばしば申し上げるように、行政協定二十四条の適用を受くべき侵略行為が起っているというふうに、政府は解釈いたしておりません。

江田三郎君：重ねて言いますよ、余分なことはよろしい。〈「委員長、注意を与えろ」と呼ぶ者あり〉竹島は日本の領土だとあなた方は考えておる。それを他者の兵力を使っているのかどうか知らんけれども、占領されている。それは侵略かどうかということを聞いているのですよ。形容詞は一切抜きですよ。

国務大臣船田中君：ですから、私は行政協定二十四条の適用を受くべき日本の地域に侵略が起つたというふうには見ておらないと言つておるわけであります。）

제 7 장 한일 간 독도 논쟁 본격화와 평화선

259

후나다 방위청장관은 한국이 독도를 지배하고 있는 상황을 가리켜 미일행정협정 24조, 즉 협정 체결국이 침략을 당한 경우 한쪽의 협정국은 상대방 협정체결국을 군사적으로 도와야 한다는 내용이 독도 문제에는 적용되지 않는다고 주장하고 있다. 미국이 군사적으로 개입할 수 있는 침략이 일본 지역에 일어나지 않았다는 견해다.

1960년 4월 6일에 열린 중의원의 미일안보조약 등 특별위원회에서 1954년 11월에 발효된 '한미상호방위조약'과 독도의 관계에 대해 질의응답이 있었다. 독도가 한미상호방위조약이 적용되는 한국의 구역인가가 중심적 이슈였다. 즉 '독도가 제3국으로부터 공격을 받았을 때 미국은 그 제3국을 제거하기 위해 한국을 군사적으로 돕겠는가?'라는 질문이었다.

*오누키 위원 : 한미상호방위조약 제3조의 '각각의 행정적 관리 하에 있는 영역'에 다케시마(독도)가 들어가 있는 것이 아닙니까?

*후지야마 국무대신 : 우리의 입장으로 볼 때, 다케시마(독도) 같은 것이 들어가 있다고는 생각할 수 없습니다. 또 미국도 이번 경우, 다케시마(독도)가 한미조약의 발동대상지역이 된다고는 승인하지 않고 있습니다.

*오자와 위원장 : 지금 우케다 신키치군으로부터 관련 질의 신청이 있었기 때문에 허락하겠습니다. 우케다 신키치군.

*우케다 위원 : 외무대신의 지금 답변과 관련해 질문을 하고 싶습니다. 다케시마(독도)가 한미조약에 있어서 대한민국의 행정구역을 벗어나 있다는 사실을 미국이 보증하는 어떤 문서가 있다면 제시해 주십시오.

*후지야마 국무대신 : 특별히 문서는 없습니다. 그렇지만 우리는 미국에

게 다케시마(독도)가 과거에도 불법으로 점거당한 사실에 대해 말하고 있습니다. (중략) 우리는 오늘날 미국에게 (다케시마가) 일본의 행정구역에 들어가 있다고 주장하고 있습니다. 하지만 동시에 이것은 국제분쟁이 되어 있기 때문에 한미조약의 적용 지역이 되지 않습니다.

(大貫委員:米韓相互防衛条約の第三条の「それぞれの行政的管理の下にある領域」という中に、竹島は入っているんじゃないですか、どうです。

藤山国務大臣:われわれの立場からいたしまして、そういう竹島のようなものが入っているとは考えられないわけでございます。またアメリカも、今回の場合において、竹島が米韓条約の発動の対象地域になるとは了承いたしておりません。

小澤委員長:この際、受田新吉君より関連質疑の申し出がありますので、これを許します。受田新吉君。

受田委員:外務大臣のただいまの御答弁に関連して、お尋ねをしたいのでありますが、竹島が、米韓条約における大韓民国の施政下でないということが、アメリカで保蓄されている何らかの文書があれば、お示しを願いたいのです。

藤山国務大臣:特段に文書はございません。しかしながら、われわれはアメリカに対して、竹島の問題につきましては、過去においても不法に占拠された事実を述べております。(中略) われわれは今日アメリカに対して、そういう日本の施政下にある領域ということを主張しておるわけでございます。同時に、しかしこれは現に国際紛争になっておりますから、従って、米韓条約の適用地域にはならないのでございます。)

당시 외무대신이었던 후지야마 대신은 미국이 독도를 한미조약의 발동 대상으로 생각하고 있지 않다고 답변했다. 이에 대한 근거는 문서가 아니라, 일본 측이 미국과 대화하면서 확인한 것으로 생각된다.

한국과 일본이 미국과 따로따로 맺은 일종의 동맹조약에서, 제3국의 침략에 대한 군사적 공동대응조치에 독도가 포함되어 있는지를 물어본 것은 상당히 본질적인 문제제기인 동시에 현실을 잘 파악한 질문이라 할 수 있다. 결론적으로 미국은 독도를 양국과 별도로 맺은 동맹조약에서 방위 의무를 다해야 하는 지역에서 제외시킨 것이다. 한일 두 나라는 미국의 중재로 상대방에 대한 격한 대응을 자제해 왔다고 할 수 있다.

일본 국회에서의 이런 질의응답은 2010년에 접어든 뒤에도 찾아볼 수 있다. 다음은 2010년 2월 12일자 일본 《시사통신》이 보도한 내용이다.

- '미국의 방위의무는 다케시마(독도)에서는 생기지 않는다.'는 일본 정부 답변서

[일본] 정부는 2월 12일 오전의 내각회의에서 한일이 영유권을 주장하고 있고 한국이 실효지배하고 있는 다케시마(한국명 독도)에 대해 미일안전보장 조약에 입각하는 미국의 방위 의무는 현재 상태로는 생기지 않는다는 답변서를 결정했다.

가메이 아키코[龜井 亞紀子] 참의원(국민신당)이 질문 주의서(主意書)로 "무력에 의해 불법 점거된 다케시마(독도)는 (안보 조약이 규정한) '일본이 무력공격을 받았을 경우'에 해당되지 않는가?"라는 질문에 대해, 답변서는 "현재의 다케시마(독도)는 우리나라(일본)가 행정을 할 수 없는 상태에 있다."고 지적하고 미국이 방위 의무를 지는 것은 "일본의 행정력이 미치는 영역에 대한 무력공격"이라고 설명했다.

- 2010년 2월 12일자 《시사통신》

(-米の防衛義務、竹島では生じず＝政府答弁書-政府は１２日午前の閣議で、日韓が領有権を主張し、韓国が実効支配している竹島(韓国名・独島)について、日米安全保障条約に基づく米国の防衛義務は、現状では生じないとする答弁書を決定した。亀井亜紀子

이와 같이 2010년 2월 당시 민주당과 연립 여당을 형성하고 있던 국민신당 소속 국회의원이 해묵은 질문을 다시 꺼냈는데, 이에 일본 정부는 '독도는 일본의 행정력이 미치지 않는 범위에 있기 때문에, 현 시점에서 독도는 미일안보조약의 제3국에 대한 방위 의무 발동의 내상이 될 수 없다.'는 답변서를 확정했다. 매우 정확한 답변이었다. 하지만 질문을 한 국회의원처럼 아직도 일본의 일부 정치인들과 국민들은 독도를 한국이 침략하고 있는 일본 영토로 간주하고, 그것을 해결하려면 무력 사용밖에 없다고 주장한다. 사실 미국이 독도를 둘러싼 한일 양국의 기세를 식히지 못하게 될 때가 오면, 그때야말로 한국은 일본의 독도 무력 공격에 대비해야 한다.

8장 한일협정에 나타난
독도

14년간에 걸친 한일 외교기록에 나타난 독도 영유권 문제

한일회담이란 1951년 10월 20일부터 1965년 6월 22일 한일기본조약 (한일협정)이 타결되기까지 14년간, 7차례에 걸쳐 열린 한일 간의 국교 정상화를 목표로 한 회담을 말한다.

첫 회담은 샌프란시스코 평화조약이 조인된 한 달쯤 뒤인 1951년 10월 20일, 한국의 양유찬 대표와 일본의 마쓰모토 슌이치 대표가 도쿄에서 가진 예비회담이었다. '러스크 서한'이 작성된 직접 요인을 제공한 양유찬 주미 한국대사가 이때는 한국 대표로 참석한 것이다.

그리고 1952년 2월 15일에 제1차 본회담이 열렸지만, 이때는 이승만 대통령이 '해양주권 선언'을 선포한 지 한 달쯤 지난 시점이었다. 이 회담에서는 양국 간의 국교 회복을 위한 기본조약 체결, 재일 한국인의 법적 지위, 재산 청구권, 문화재 반환, 어업 문제, 선박 문제 등 여러 문제를 중심으로 교섭이 시작되었다. 이 교섭은 원래 평화조약이 발효될 1952년 4월 28일 전에 타결할 것을 목표로 하였지만, 처음부터 독도 문제, 평화선 문제, 배상 문제 등 다수의 논점을 안고 있었다. 이 때문에 결국 14년에 걸친 장기 교섭이 되고 말았고, 결과적으로 1965년 6월 22일에 박정희 정권 하에서 겨우 타결되었다.

2005년 8월 26일, 1965년 6월 22일에 체결된 한일협정 문서가 한국에서 공개되었다. 그때 공개된 문서는 1951년부터 1965년까지 14년 간에 걸친 한일 외교기록 3만 5,354쪽이었다. 이 문서 공개로 분명해진 독도 관련 부분은 다음과 같다.

회담 과정에서 '독도를 폭파해 버리자.' 라는 발언이 나온 사실은 잘 알려져 있다. 그런데 2005년 1월의 1차 공개 때는 《서울신문》만이 이 이야기를 일본 측에서 먼저 꺼냈다고 공개했다. 하지만 8월 26일에는 거의 모든 일간지가 일본 측이 '독도 폭파 발언' 을 먼저 했다고 확인해 주었다. 이것은 일본이 독도를 가치가 없는 섬으로 보았다는 의미로, 독도 영유권 문제를 이야기할 때 한국 측에 유리한 부분이다. 이 화제에 대해 당시 한국 언론들은 다음과 같이 보도한 바 있다.

"독도 폭파 발언은 일본이 먼저 꺼낸 것으로 밝혀졌다. 62년 9월 3일 이세키 유지로[伊関雄次郎] 아시아국장은 제4차 한일 예비회담에서 '독도는 무가치한 섬이다. 크기는 히비야[日比谷] 공원* 정도인데 폭파라도 해서 없애버리면 문제가 없어질 것' 이라고 했다. (중략) 김종필 부장은 이 회담을 마치고 하네다공항에서 기자들과 만나 '농담으로 독도에서 금이 나오는 것도 아니고 갈매기 똥도 없으니 폭파해 버리자고 말한 일이 있다.' 고 말해 김 부장이 '독도 폭파 발언' 의 발설자로 지목돼 왔다."

- 《조선일보》, 2005년 8월 27일자

*히비야 공원 : 도쿄 치요다구에 위치한 공원으로 1903년에 개원했다. 이 공원에는 야외음악당, 도서관, 시민회관 등 다양한 시설들이 있다.

"한편 그동안 JP(김종필 씨)가 한 것으로 알려졌던 '독도 폭파' 발언은 이세키 유지로 일본 아세아국장이 먼저 한 것으로 공식 확인됐다. 이세키 국장은 1962년 9월 3일 제6차 한일회담의 정치회담 예비절충에서 '사실상 독도는 무가치한 섬이다. 크기는 (도쿄 내) 히비야 공원 정도인데 폭파라도 해서 없애버리면 문제가 없어질 것'이라고 말했다. JP는 같은 해 11월 13일 오히라 마사요시[大平正芳] 일본 외상과의 회담 후 귀국길에 기자들에게 '농담으로 독도에서 금이 나오는 것도 아니고 갈매기 똥도 없으니 폭파해 버리자고 말한 일이 있다.'고 스스로 밝힌 것으로 확인됐다."

- 〈동아일보〉 2005년 8월 27일

✱자민련 총재 시절의 김종필 씨

　　한일회담 과정에서 독도를 폭파시키자는 발언이 하나의 화제가 되었으나 독도 문제를 제3국을 내세워 조정으로 해결하자는 이야기도 오고갔다. 회담 과정에서 김종필 씨가 "독도 문제는 제3국의 조정에 맡기자."고 발언한 사실이 2005년에 공개된 회담 자료에서 확인되었다. 이 부분은 한국 측이 일본 측의 집요한 독도 문제 제기에 밀린 꼴이 되었다고 해석할 수도 있기 때문에 상당히 민감한 문제다. 이 부분에 대한 일간지의 보도 내용은 다음과 같다.

"1962년 11월 13일 제2차 김종필·오히라 회담록에서 오히라 외상이 또다시 국제재판소 문제를 들고 나오자 김 부장은 제3국 조정에 맡기는 것이 어떻겠느냐는 뜻을 시사하는 발언을 했다. 이에 오히라 외상은 '생각해 볼 만한 안'이라며 제3국으로 미국을 지적하고 연구해 보겠다고 답했다. 이에 대해 당시 주일대사관은 '김 부장 발언은 일본의 강력

한 요구에 몸을 피하고 사실상 독도 문제를 미해결 상태로 유지하기 위
한 작전상의 대안으로 시사한 것'이라고 (정부에) 보고했다."

- 《조선일보》 2005년 8월 27일

"일본은 1962년 2월과 10월, 11월 잇달아 일본을 방문한 김종필 중앙정
보부장을 상대로 국제사법재판소 제소를 집요하게 요구했다. JP는 한국
민의 감정 격화 등을 이유로 이를 반대하다 11월 '제3국에 의한 조정'
을 타협안으로 제시했다. 이에 대해 당시 외교부 문서에는 '국제사법재
판소 제소'라는 일본의 강력한 요구를 피하고 독도를 미해결 상태로 유
지하기 위한 작전상의 대안'이라는 설명이 붙어 있다. 하지만 JP가 외교
적으로 잘못 대처한 것이 아니냐는 비판도 있다. 이 제안은 양국 모두
거부해 유야무야됐다."

- 《동아일보》 2005년 8월 27일

이어 11월 13일 제2차 김종필·오히라 회담에서도 오히라 외상이 국제
재판소 문제를 들고 나오자 김종필 부장은 "한국민의 감정을 격화시킬
뿐이다. 제3국 조정에 맡김이 어떻겠느냐."고 했다. 일본은 생각해 보
자고만 했지만 결국 받아들이지 않았다.

- 《서울신문》 2005년 8월 27일

앞에서 언급한 세 신문기사는 김종필 씨가 '작전상 독도 문제 제3국
조정안'을 제시했다는 내용이지만, 결과적으로 일본은 이 안을 거부한
것으로 보인다. 하지만 김종필 씨의 제3국 조정 발언은 마치 한국의 독
도 영유권을 부정한 것처럼 해석되는 부분이 있기 때문에, 한국 측의 실
수였다고 하지 않을 수 없다.

✴ 제2차 한일회담 당시
의 오히라 마사요시 외
상. 김종필 씨와 민나 한
국에 총 8억 달러의 경
제 원조를 약속한 인물.

독도 문제에 관한 한일의 태도

일본은 1953년에 이루어진 제2차 회담부터 독도 문제를 거론하기 시작했다. 하지만 기본조약 문서가 공개되면서, 일본이 본격적으로 독도 문제를 제기한 시점은 회담이 본격화된 1962년 이후라는 사실이 드러났다. 먼저 독도 문제에 관한 일본 측의 태도를 살펴보기 위해 문서 공개 직후의 언론 보도를 보면 다음과 같다.

고사카(小坂) 외상은 1962년 2월 22일 김종필 당시 중앙정보부장에게 "독도 문제를 국제사법재판소에 제소하고 한국 측이 응소하길 바란다."고 했다. 김 부장은 "하찮은 섬 문제를 일본이 심각하게 생각할 필요가 없다."고 거부했다. 고사카 외상은 같은 해 3월 12일 최덕신 외무장관에게도 "국제사법재판소와 같은 공정한 제3자에게 조정을 의뢰하자."고 했으나, 최덕신 외무장관은 "그렇게 하면 국민에 대한 책임을 면치 못하고 중대한 과오를 지적당할 것"이라며 거부했다.

- 〈조선일보〉 2005년 8월 27일

1962년 3월 12일, 고사카 외상은 최덕신 외무장관과의 회담에서 "국제사법재판소와 같은 공정한 제3자에게 조정을 의뢰하자."며 "현안이 해결되더라도 영토 문제가 해결되지 않으면 국교 정상화는 무의미한 것이다."라고까지 했다. 최 장관은 "그렇게 하면 국민에 대한 책임을 면치 못하고 중대한 과오를 지적당할 것"이라고 응수했다. (중략) 같은 해 10월 21일 오히라 외상은 김 부장과의 회담에서 '국제사법재판소'를 다시 제기했다. 김 부장은 "독도 문제는 회담 초부터 한일 회담과 관계없던 것을 일본 측에서 공연히 끄집어 낸 별개 문제이기 때문에 할 수 없다."고 밝혔다.

- 〈서울신문〉 2005년 8월 27일

최덕신 외무장관의 발언은 독도 문제를 국제사법재판소로 회부한다면 국민(한국 국민)들의 엄청난 반대에 직면하게 될 것이라는 뜻으로 반대했고, 김종필 씨는 독도 문제는 당초부터 기본조약의 논의사항이 아니었다고 반대했다. 결국 일본 측은 이런 한국 측의 태도를 받아들일 수밖에 없었다.

그러면 독도 문제에 대한 한국 측의 태도는 구체적으로 어땠을까? 한마디로 한국 측은 김종필 씨의 실수를 제외하면 시종일관 '독도는 한국의 고유 영토이기 때문에 협상의 대상이 아니다.' 라는 강경한 자세를 보였다. 그러면 기본조약 문서가 공개된 당시의 언론보도 내용을 살펴보자.

독도 문제는 13년간의 한일회담 내내 핵심 쟁점이었다. 일본은 처음부터 '독도는 일본 땅'이라는 주장을 펴면서 어떡하든 독도 문제를 회담 의제로 삼고자 했다. 반면 한국은 회담이 결렬되더라도 독도 문제는 양보할 수 없다는 입장을 명확히 했다. 일본은 1953년 4월 제2차 한일회담 어업분과위원회에서 '평화선'을 부정하기 위해 독도 영유권 주장을 들고 나왔다. 평화선은 이승만 대통령이 1952년 한국 연안수역 보호를 위해 선언한 해양주권선이다. 평화선 안에 독도가 포함돼 있음은 물론이다.

그러나 독도 문제는 의제가 아니라는 한국 입장이 워낙 강해 제대로 논의되지 못했다. 1962년 3월 고사카 젠타로[小坂善太郎] 일본 외상은 최덕신(崔德新) 외무장관을 만나 "일본이 국제사법재판소에 제소하면 한국이 응소하는 형식으로 이 문제를 처리하자."고 제안했다. 그러나 최 장관은 "독도는 역사적으로나 국제법상으로나 한국의 영토이므로 여기서 논의될 성질의 것이 아니다." 라고 일축했다.

- 《동아일보》 2005년 8월 27일

> 박정희 정부는 한일협정 서명을 코앞에 둔 65년 6월에 주일대사에게 긴
> 급 공문을 보내 "독도 문제에선 조금도 융통성을 허용하지 않는다."고
> 지시했다.
>
> - 《중앙일보》 2005년 8월 27일

위의 내용을 보면 회담과정에서 김종필 씨의 제3국 조정안이 나오기
는 했지만, 독도 영유권은 절대 양보할 수 없다는 것이 한국 측의 기본
입장이었다.

한일협정 최종 문서와 독도 문제

한일협정의 최종 문서에는 독도 문제가 어떤 식으로 기재되었을까?
여기서 살펴볼 중요한 문서는, 한일기본조약을 체결한 뒤에 한일간에
분쟁이 일어날 경우를 대비해 해결방법을 합의한 교환공문의정서다.
이 교환문서에 대한 언론보도는 다음과 같다.

> 일본은 회담 막바지인 1965년 분쟁처리에 대한 교환공문의정서에 독도
> 가 분쟁지역임을 명시하려 했으나, 우리 정부는 "독도는 한일 간 분쟁
> 대상일 수 없다."는 강경한 입장을 고수해 독도를 거론하지 않은 문안
> 이 확정됐다.
>
> - 《조선일보》 2005년 8월 27일

회담 막바지인 1965년 일본 측이 분쟁처리에 대한 교환공문의정서에
'독도'를 명문화하자고 요구했는데, 우리 측이 반발하자 사토 총리는

교환공문에서 독도라는 글자를 펜으로 긁어 삭제했다.

- 《서울신문》 2005년 8월 27일

✽ 사토 에이사쿠[佐藤榮作] 총리

위의 보도로 알 수 있듯이 '분쟁 처리에 관한 교환공문의정서'에서는 '독도'의 이름이 삭제되었다. 이것이 어떤 의미를 갖는지에 대해서는 많은 보도매체들이 이상할 정도로 침묵을 지켰다. 상당히 민감한 부분이기 때문이다. 그런데 이 의정서에 독도의 이름이 없다고 해서, 현재 독도 영유권에 아무 문제가 없다고 해석할 수 있을까?

교환공문의정서에는 조약을 체결한 뒤에 양국 간에 분쟁이 생길 경우 두 가지 방식으로 해결하는 것으로 정리되어 있다. 일단 양국 간 외교루트를 통해 의논해서 해결하고, 외교루트로 해결이 어려울 경우에는 조정으로 해결한다는 것이다. 이때 '조정'이란 제3국을 중재자로 내세워 문제를 해결하는 것인데, 이 조정이라는 해결책에는 국제사법재판소를 통한 해결이 포함되어 있지 않다. 그러므로 독도 문제를 국제사법재판소에서 해결하자는 일본 측 요구는 한일기본조약이 체결됨에 따라 사실상 소멸된 것이다.

그런데 한국인들은 독도 문제가 국제사법재판소로 가면 한국이 이길 수 있을까 하고 불필요한 걱정을 한다. 마치 일본 정부가 지금도 여전히 한국 정부에게 독도 문제를 국제사법재판소에 회부해 해결하자고 요구하고 있는 것처럼 생각하고 있다. 하지만 그것은 착각에 불과하다. 일본 정부는 1965년에 한일기본조약을 체결한 뒤에 독도 문제를 국제사법재판소에 회부하자는 제안을 한국에 정식으로 한 적이 한 번도 없다. 그런 제안을 하면 한일기본조약 위반 소지가 있기 때문이다. 상황이 이런데도 한국인들 가운데 상당수는 일본의 학자들이나 시민들의

주장을 일본 정부의 주장으로 착각해, 국제사법재판소 이야기를 꺼내며 염려한다.

한국이 독도 문제를 국제사법재판소에 스스로 회부하는 것은 한국의 독도 영유권 논리와 맞지 않는다. 한국의 논리는 독도는 한국의 고유 영토이므로 그 어떤 논란의 소지도 없다는 것이다. 그럼에도 불구하고 한국이 일본의 독도 쟁점화 전략에 휘말려, 한국의 논리로 따지면 전혀 논쟁거리가 되지 않는 '일본과의 독도 분쟁'을 해결해 달라고 국제사법재판소에 요청한다면, 독도가 한국의 고유 영토가 아닐 수도 있다는 입장을 취하는 셈이다. 그것은 역사적 사실과도 맞지 않고 국제법상으로도 잘못된 판단이다.

✱ 한일협정이 독도 문제까지 모두 합의에 이르렀다는 1965년 6월 22일자
《아사히신문》 석간 기사

일본은 한일기본조약 체결 당시 사실상 독도를 포기했다고 봐야 한다. 그러므로 한일기본조약을 체결한 뒤에, 일본은 그때까지 매년 한국 정부에 보냈던 항의서, 즉 '한국이 독도를 불법으로 점거하고 있다.'는 내용의 항의서를 몇 년 동안 보내지 않았고, 한국이 독도 주권을 강화하는 발언을 해도 어떤 항의도 하지 않았다. 그런데 1970년에 접어들어 일본은 다시 한국의 독도 영유에 대해 항의하기 시작했는데, 처음에 그런 태도를 보인 것은 일본 여당이 국회에서 야권의 공세에 밀린 결과였다.

일본 국회 내의 독도 논쟁

1965년 6월 22일, 한일 양국 정권은 우여곡절 끝에 '한일기본조약'을 비롯한 '한일협정'을 조인했다. 하지만 일본 정부는 '한일협정'을 비준하는 과정에서 야당들의 격렬한 반대에 부딪혔다. 야당들은 일본 정부가 독도를 사실상 포기해 한국에 넘겨 준 것이 아닌가 하는 점을 문제 삼았다. 그것을 단적으로 보여 주는 질의응답은 1965년 8월 4일의 중의원 예산위원회에서 있었다. 당시 여야 간의 논쟁을 촉발시킨 사회당 노하라 가쿠(野原覺) 국회의원과 시이나 외무대신(외상)의 질의응답을 살펴보자.

*노하라 위원 : 외무성이 출판하는 《세계의 움직임》No.161, 8월호인데, 이 책은 정보문화국이 펴내고 있습니다. 이 책에는 이렇게 쓰여 있습니다. '우리 국민이 큰 관심을 갖고 있는 다케시마(독도) 문제나 그 외에 양국 간의 분쟁은 외교 경로를 통해서 해결하는 것으로 했고, 그것으로 해결되지 않으면 양국 합의라는 수속을 거쳐 조정으로 해결하는 것으로 했다.' 이대로입니까?

*시이나 국무대신(외무대신) : 그렇습니다.

*노하라 위원 : 그렇다면 지금 외무대신의 답변으로 미루어 보면, 아마 분쟁을 해결하기 위해 교환공문으로 처리한다는 것을 말씀하셨다고 생각합니다. 이것은 한국 측도 양해하고 있습니까?

*시이나 국무대신 : 이 교환공문의 세세한 부분에 대해서 양쪽이 완전히 합의한 상태입니다.

*노하라 위원 : 다시 한 번 질의합니다만, 다케시마(독도) 문제, 독도라고
해도 좋은데, 하여튼 다케시마(독도) 문제와 관련해, 분쟁이 일어날 경우
교환공문으로 해결하기로 한국 측이 의사표시를 했습니까? 그렇다면
어떤 식으로 의사표시를 했나요? 말씀해 주세요.

(중략)

시이나 국무대신 : (한국 측이) 양해했다고 우리는 이해하고 있습니다.

*노하라 위원 : (중략) 그 근거를 제시해 주세요. 어디서 이동원(李東元 : 당
시 한국 외무장관)이 양해했다고 했는지, 아니면 한국 측이 (독도 문제도) 교
환공문으로 해결한다고 양해한 근거를 제시해 주시기 바랍니다.

*시이나 국무대신 : 외교교섭은 다방면에 걸쳐 매우 복잡하게 전개되고
있습니다. 결국 양자의 합의가 이 문안에 응축되어 있다고 이해하시면
좋겠습니다.

(중략)

*노하라 위원 : 6월 22일에 조약을 정식으로 조인한 뒤, 6월 24일에 이동
원 외무부장관은 다음과 같이 말했습니다. 모든 신문이 보도한 내용이
에요. "독도 문제에 대해서는 절충할 의향이 없다. 이것은 독도가 분쟁
처리 교환공문으로 처리되지 않는다는 것을 의미한다." 이 내용은 당신
도 틀림없이 신문에서 봤을 겁니다. 당신이 말하는 내용과 이동원 외무
부장관이 말하는 내용이 다른 게 아닌가요? 어떻게 된 겁니까? 이것은.

(野原〈覺〉委員 : 外務省から出ております「世界の動き」ナンバー 161、8月号、これは
情報文化局から出しておる。これによりますと、こう書いてある。「わが国民が大きな
関心をもつ竹島問題その他の両国間の紛争は、外交経路を通じて解決するものとし、
それができなければ両国合意の手続きにしたがい調停で解決することとした。」このと
おりですか。

椎名国務大臣：さようでございます。

野原(覚)委員：そういたしますと、いま外務大臣の御答弁は、これはおそらく紛争の解決に関する交換公文で処理されるということをいま申されたと思う。このことは韓国側も了解をしておるのですか。

椎名国務大臣：この交換公文の一字一句について、両方において完全に合意しておる次第であります。

野原(覚)委員：もう一度お尋ねしますが、竹島問題は、-独島でもよろしい、これはいずれにしても竹島の問題、この紛争は紛争の解決に関する交換公文で処理されることを了解すると韓国側がどういう形で意思表示をしました、どういう形で。お述べ願いたい。

(중략)

椎名国務大臣：了解しておるとわれわれは了解しております。

野原(覚)委員：(중략) その根拠になるものを出してください。どこで李東元が了解したと言ったのか。それとも、あなたが、韓国側はこの交換公文でいくんだと了解された根拠になるものをお示し願いたい。

椎名国務大臣：外交交渉はきわめて複雑に多岐に及んでおります。結局両者の合意がこの文言に凝縮された、かように御了承を願います。

(중략)

野原(覚)委員：六月二十二日に条約の正式調印がございまして、六月二十四日に李東元外務部長官はこう言っておるのです。すべての新聞が報道しておる。竹島問題については折衝する意向はない、竹島は紛争処理の交換公文では処理されないことを意味する、処理されない、紛争の解決に関する交換公文では処理されないと、あなたも新聞で読んだに違いない。これは言っておる。あなたの言うことと李東元外務大臣の言うことは違うじゃありませんか。どうなっているんだ、これは。）

諸協定에 秘密없다

李外務, 歸國 첫 會見

노하라 국회의원이 상당히 흥분하면서 질문하고 있다. 그는 한일 간에 교환된 '기본관계에 관한 조약부속 교환공문'에 독도 문제가 해당되는지를 묻고 있는데, 시이나 외상은 그것을 증명하는 문서가 없다고 말하고 있다. 그러면서도 시이나 외상은 독도 문제도 분쟁 시 교환공문으로 해결하도록 한 규정에 해당된다는 답변을 되풀이하고 있다.

이동원 장관은 1965년 6월 24일 《동아일보》와 다음과 같이 인터뷰했다.

佐藤首相と集団保障話合う

李韓国外務部長官の帰国談

【ソウル=小畑特派員二十四日発】日韓協定本調印の任を果した韓国の李東元（イ・ドンウォン）外務部長官は二十四日午後零時五十五分、ノースウエスト機で帰国した。この日金浦空港に沿道には、およそ千人の警官隊が厳重な警備線をしき、特に空港内には一般乗客らターミナルから締出し、滑走路周辺も警官、憲兵が警備した。出迎え陣は政府閣僚、与党幹部、外交使節団、それに記者団だけ。タラップを降りた李長官はタラップ下に寄せられた車に取巻かれ、前後十数台の警備車に取巻かれ、フルスピードで青瓦台へ。途中野党議員六、七人が待伏せバ声を浴びせタマゴを投げつけたほか、沿道はなんらの紛争もなかった。

青瓦台で朴（パク）大統領に本調印の報告をしたあとの記者会見の李長官は、珍しく興奮した態度だった。

会見の内容次の通り。

一、本調印は国家権益を最大限に保障したもので、国と国民に対してはずかしくない。その善悪は歴史が、審判してくれるだろう。発表以外に秘密の取決めはない。

一、国会批准は協定自体がりっぱなものだから、政治的な見地よりも国家的な立場から協調してほしい。批准後、佐藤首相を勧招請したが、朴大統領の日本訪問を公式に応合ったことはない。また軍事的な同盟の話はなかったが、アジア集団安全保障について話合った。

一、竹島問題は両国の合意がない理由をうたった部分は竹島問題に関してではない。

✚ 이동원 외무장관의 인터뷰를 실은 1965년 6월 25일자 《아사히신문》 기사

질문 : 독도 문제를 앞으로 제3국의 중재 또는 국제사법재판소로 넘기기로 했다는 보도가 있는데.

이동원 외무장관 : 독도 문제에 대한 정부의 태도는 시종일관하다. 명백히 외상회담의 의제로도 하지 않았으며 앞으로 어떻게 하겠다는 묵계도 없다. 발표된 이외의 비밀은 이번 조약 또는 협정에 하나도 없다.

(이동원 외무장관은) 사토 수상과 집단보장을 논의했다. 이 한국외무부장관 귀국 담화. (중략) 회견 내용은 다음과 같다.

ㅡ. 본 조인은 국가 권익을 최대한 보장한 것으로 나라와 국민에 대해 부끄럽지 않다. 그 선악은 역사가 심판해 줄 것이다. 발표 외에 밀약은 없다.

ㅡ. 독도 문제는 양국의 합의가 없는 한 절충할 의향이 없다. 공동성명 속의 평화적인 분쟁 처리를 강조한 부분은 독도 문제에 관해서 한 말이 아니다.

ㅡ. 국회 비준은 협정 자체가 훌륭한 것이므로 정치적 견지보다 국가적 입장에서 협조해 주었으면 싶다. 비준 후 사토 수상의 방한을 요청했으나 박 대통령의 일본 방문을 공식으로 의논한 적은 없다. 그리고 군사적인 동맹의 이야기는 없었으나 아시아집단안전보장에 대해 이야기를 나누었다.

그리고 교환공문에 독도 문제가 포함되지 않았다는 사실이 한국의 백서에도 공개되었지만, 일본 정부는 이에 대해 침묵했다. 노하라 국회의원과 시이나 외상의 질의응답을 통해 그 이유를 확인해 보자.

*노하라 위원 : (중략) 조약, 협정의 어디에도 다케시마(독도)라는 글자가 나와 있지 않습니다. 그리고 그것에 대해 질문하면, 외무대신은 분쟁 해결에 관한 교환공문으로 처리된다고 답변하지만 이동원 외무부장관은 그런 게 없다는 담화문을 냈습니다. (중략) 시이나 외무대신이 말하듯이 다케시마(독도) 문제가 분쟁 해결에 관한 교환공문으로 처리된다고 일본이 주장하면서, 외교교섭이건 양국 합의에 의한 조정이건 뭔가 시작하려고 해도, 한국이 받아들이지 않으면 어떻게 할 겁니까? 한국이 (일본 측과의 협상을) 받아들일 거라는 확실한 보장이 있습니까? 한국은 조약, 협정의 어디에도 다케시마(독도)는 없다고 말하고 있습니다. 그리고 (분쟁) 해결에 관한 교환공문은 다케시마(독도)를 가리키고 있다고는 어디에도

쓰여 있지 않습니다. 당신(시이나 외상)에게 여러 가지 질문을 했지만, 이동원 외무부장관이 당신에게 단언했다는 이야기조차 당신은 확인해 주지 않고 있어요. (중략) 논의를 발전시키기 위해 지금부터 중요한 문서를 읽어 보겠습니다. 3월 19일자로 발표된 '한일 회담 백서'입니다. 이것은 박정희 대통령 명의로 된 한국 정부의 대 국민 공식발표문입니다.

'일본 측은 (중략) 독도의 귀속 문제도 어떤 해결을 보아야 하기 때문에 회담의 현안 가운데 하나로 포함시키지 않으면 안 된다고 주장했지만, 한국 측은 (독도는) 분명히 우리(한국) 영토이므로 회담의 현안으로 채택할 수 없음을 명백히 했다.'

이에 대한 일본 측의 반론은 없습니다. 그 다음, 기본 관계의 'G.결론'에서 다시 다케시마(독도)를 거론하고 있습니다. '독도 문제에 대해 일본 측은 이것을 기본관계 조약에 규정해 해결한다는 태도를 취했지만, 한국 측은 이 섬이 한국의 고유 영토이므로 이것을 한일회담 현안 가운데 하나로 취급할 수 없다는 입장이어서 제외하기로 했다.' 반복하지만 '제외하기로 했다'고 나와 있다니까요. 이 백서는 한국 정부의 공식문서입니다. 당신은 이 백서도 부인합니까? 한국 측은 단순한 담화가 아니라 대 국민 공식발표문을 통해 독도 문제를 회담의 현안에서 제외하기로 했다고 하잖아요. 다시 말해서 다케시마(독도) 문제는 조약, 협정의 어디에도 나타나 있지 않잖아요.

*시이나 국무대신 : 한국의 내정 문제이므로 비판을 피하고 싶습니다만, 적어도 방금 한일 간의 현안 관련 문언은 이미 모든 논의를 다한 끝에 도달한 결론입니다. 이것은 하늘에 맹세코 잘못이 없기 때문에 아무쪼록 승낙해 주시길 바랍니다.

*노하라 위원 : 하늘에 맹세코 실수가 없다고 해도 저쪽 편은 백서를 내

고 독도 문제는 제외되었다고 말했으며, 한국 외무부장관은 그런 것(독도가 교환공문에 포함되었다는 것)은 절대로 없다고 말합니다. 그런 말이 나오면 (이쪽의 주장은) 어떤 것도 보장 받을 수 없습니다. 그러니까 당신이 이것을 외교 교섭으로 해결하려고 일본에서 거론해도 상대방은 받아들이지 않을 겁니다. 그것을 받아들이게 하는 어떤 근거를 확보하지 않으면 안 되잖아요. 일본이 불리하게 되잖아요. 이렇게 되면 일본 영토를 포기한 것이 아닌가 생각될 정도네요. (후략)

[野原(覚)委員：(중략) 条約、協定のどこにも竹島の文字が出ていない。そしてお尋ねすると、それは紛争の解決に関する交換公文で処理される、こう日本の外務大臣は答弁するんだが、李外務部長官は、そういうことはないと談話を出しておる。(중략) 椎名外務大臣が言うように、紛争の解決に関する交換公文で竹島の問題が処理されると日本が主張をして、そうして外交交渉なり両国の合意による調停なりを始めようと主張しても、韓国が応じなかったらどうするのか。韓国を応じさせる、どこに何の保障があるのか。韓国は、条約、協定のどこにも竹島はないと、こう言っておる。それから解決の交換公文は竹島を指すとはどこにもいっていない。いろいろあなたにお尋ねをしてみると、李長官が必ずしもあなたに断言したということすらあなたは言わぬじゃないか。(중략)　私は議論を発展させるために、これから重要な文書を読み上げます。「韓日会談白書」三月十九日に発表しておる。これは朴正煕の責任で韓国の政府の公式の国民に対する発表です。「日本側は独島」日本では竹島と呼ぶとカッコをして、「独島の帰属問題もなんらかの解決をみなければならないために、会談の懸案の一つとして入れねばならないことを主張したが、韓国側は、明らかにわが領土であるから、会談の懸案として取り上げることはできないことを明白にした。」会談の懸案といって取り上げることはできないということを明白にした。これに対する日本側の反論はない。その次、これは白書の基本関係の「G、結論」というところに、また竹島を持ち出しておる。「独島問題においては日本側はこれを基本関係条約に規定して解決するとの態度をとったが、韓国側はこの島が韓国固有の領土であるためこれが韓日会談懸案の一つとしては取り扱えない立場から除外することにした。」「除外することにした。」ですよ。この白書は韓国政府の公式文書だ。あ

なたはこの白書をも否認しますが単なる談話じゃないのだ、韓国側は除外することにしたと言っておるじゃないか。そうして、竹島の問題は条約、協定のどこにもないじゃないか。

椎名国務大臣：韓国内の内政の問題でありますから、私は批判するのは避けたいと思いますが、少なくとも先ほどの日韓間の懸案の解決云々の文言は、これはもうあらゆる論議を尽くしてこの文言に到達した結論でございます。これは天に誓って間違いございませんから、どうぞそれを御了承願います。

野原(覺)委員：天に誓って間違いはないといっても、向こうは白書を出して、これは除外だと言い、韓国の外務部長官は、そういうことは絶対にない、こう言っておる。そう言われてみれば何も保障はない。だからして、あなたが、これは外交交渉でやろうじゃないかと日本から持ち出されても、相手は応じないのですよ。それを応じさせる何からの根拠というものを持たなければならぬじゃないか。日本は不利になるじゃないか。日本の領土というものは放棄じゃないか、これならば。(후략)]

　이와 같이 노하라 국회의원은, 한국 정부가 백서를 출간해 독도는 한국의 고유 영토이므로, 독도 문제는 한일 두 나라가 분쟁 해결에 관한 교환공문으로 처리할 대상에 들어가 있지 않다고 공식적으로 선언했다고 밝혔다. 노하라 국회의원은 이런 한국을 대상으로 일본이 독도 영유권 문제를 제기할 근거가 있는가 하고 질의하자, 시이나 외상은 아무 근거도 제시하지 못했다. 다만 독도 문제가 교환공문으로 처리할 대상에 포함되어 있으니 믿어 달라는 식의 답변을 되풀이했을 뿐이다.

　그 뒤 이 문제는 일본에서 여야 간 뜨거운 감자가 되었다. 일본 정부는 독도 문세가 교환공문의 대상이 된다는 입장을 내세워, 독도 문제를 평화적으로 해결하겠다는 입장을 굳혔다. 그런데 교환공문에는 양국의 분쟁에 관해서는 외교 루트로 해결하고, 그렇게 해도 풀리지 않는 문제에 대해서는 조정을 통해 해결한다고 명시되어 있다. 하지만 1965년 10월 16일에 열린 중의원 본회의에서, 시이나 외상은 야당들의 질문 공세에 밀려 경우에 따라서는 국제사법재판소에 제소하는 방법도 있다고 발언했다. 이런 발언은 한일 간의 합의를 명백히 위반한 것이다.

시이나 국무대신 : 대답하겠습니다. (중략) 다케시마(독도) 분쟁에 대해서는 이번 분쟁 해결에 관한 교환공문에 정부가 이미 분명히 밝힌 대로 평화적인 해결의 길을 열었습니다. 즉 이 분쟁에 대해서는 특별한 합의가 없는 한 외교상의 경로를 통해 해결하되, 만약에 그렇게 할 수 없는 경우에는 양국의 합의에 의해 조정하는 방법을 택한다는 것입니다. 미리 예상할 수는 없습니다만, 머지않아 이 조약이 발효되어 양국의 국교가 정상화됨으로써 여러 가지 교류가 이루어지면 대립적인 관계가 점점 온화해질 테니, 우호가 성립된 다음에 이 문제를 제기하여 합의에 이르는 노력을 하고 싶습니다. 물론 조정에 따른다고 되어 있지만, 조정에 따르는 것만으로 한정한 것은 아닙니다. 그렇기 때문에 만약 그것도 여러 가지 장애가 있는 경우에는, 또 처음으로 돌아가 국제사법재판소라든가 혹은 국제 중재의 방법을 택한다든가 여러 가지 방법이 있습니다. 하지만 어쨌든 근본적인 문제는 양쪽의 기분과 형편이 어떠냐의 문제이니, 별로 분위기가 성숙되기 전에 해결 방법을 채택한다는 것은 오히려 문제를 악화시키는 계기가 된다고 생각되므로 이 문제는 신중히 접근하고 싶습니다.

(椎名国務大臣 : お答えいたします。(중략) 竹島紛争につきましては、今回の紛争解決に関する交換公文によって、政府がかねて明らかにした方針のとおり、平和的解決の道を開いたものであります。すなわち、この紛争問題に対しては、別段の合意がない限り、外

交上の經路を通じて解決する、もしこれができない場合には、両国の合意によって、調停の方法による、こういうのであります。これは今日から予想ができませんけれども、いずれにしましても、この条約が有効に成立して、両国の国交が正常化して、いろいろの交流が行なわれますれば、とげとげしい関係がだんだんなごやかになる、友好裏においてこの問題を提起して、合意に達する努力をしたいと考えております。もちろん、調停によると書いてあるけれども、調停によるということに限ったわけじゃないので、もしそれもいろいろな障害があるという場合には、また初めに返って、国際司法裁判所であるとか、あるいは国際仲裁の方法によるとか、いろいろな問題があるのでありますが、いずれにしましても、根本は両方の腹ぐあいの問題である、あまり雰囲気が熟成しない前にこれを取り上げるということは、かえって問題をこじらすゆえんであると私は考えるので、これは慎重に運びたいと考えております。)

이와 같이 시이나 외상은 교환공문에 명기되지 않은 사항, 즉 이른바 독도 문제를 국제사법재판소에 회부하겠다는 말을 꺼냈다. 하지만 그렇게 하면 한일기본조약 자체를 부정하는 행위가 되므로, 일본 정부는 1965년 이후 한 번도 국제사법재판소에서 독도 문제를 해결하자고 한국에 제의한 적이 없다. 즉 조약상, 국제사법재판소에 독도 문제를 회부한다는 선택지는 존재하지 않기 때문이다.

그런데 당시의 사토 에이사쿠[佐藤榮作] 총리는 교환공문으로 독도 문제를 해결하는 데 한일 간에 합의가 없었음을 시사하는 발언을 했다. 즉 독도 문제가 교환공문으로 처리할 대상에 포함되어 있다는 것은 일본의 주장에 불과하다는 뉘앙스의 답변을 한 것이다. 그것은 1965년 8월 4일에 열린 중의원 예산위원회에서, 노하라 국회의원과 시이나 외상 사이에 벌어진 질의응답 가운데 나온 발언이었다.

사토 내각총리대신 : (전략) 그런데 지금 거론되고 있는 분쟁 처리 규정은 양국 간에 정말로 합의에 이른 사항입니다. 그리고 그때 이 다케시마(독도) 문제에 대해 한국 측의 주장이 매우 명백하게 밝혀졌습니다. 우리 쪽의 주장은 지금 말씀 드리지 않고 있습니다. 그래서 시이나 군(시이나 외상)은 몇 번이나 우리나라(일본) 외무대신의 말을 신뢰해 달라, 분쟁 해결의 방법은 이에 따르게 되어 있다고 했습니다. 그래서 질의하겠습니다만, 제가 질문한다는 것도 이상한 일이지만, 이렇게 (한일 간의) 의견이 다르다는 것 자체가, 혹은 다른 게 아닌지 의심되는 것 자체가 분쟁으로 볼 수 있지 않을까 하는 것입니다.

이런 상황이 과연 분쟁이 아니라고 말할 수 있는지, 아니면 분쟁이라고 해야 할지 명확하지 않다는 점에서 문제가 있다고 생각합니다. 지금 저는 분쟁은 이런 방법으로 해결된다고 말씀 드리고 있습니다. 이것은 시이나 군(시이나 외상)도 매우 확실히 말하고 있습니다. 지금까지 특정한 나라가 기회가 있을 때마다 자국의 의견을 주장하는 것은 당연한 일입니다. 저는 그 주장을 그대로 인정한다면 분쟁은 없어진다고 생각합니다. 그런 점이 아닐까요?(이게 바로 분쟁 해결 방법이 아닐까요?) 그러니까 지금 질문하셨습니다만, 양국 간의 분쟁 처리 방법은 이런 식으로 처리하되, 이에 대한 심의는 여러분에게 받는 것입니다. (후략)

[佐藤内閣総理大臣 : (전략) そこで、いまの紛争の処理の規定というもの、これは両国間においてほんとうに合意に達した事項であります。そうして、その際にこの竹島問題というものについて韓国側の言い分が非常に明白になっておる。わがほうの言い分はただいま申しておらない。そうして椎名君は盛んに、わが国の外務大臣の言い分を信頼してくれ、そうして紛争解決の方法はこれによるのだ、こういうことを実は言っておる。それで、ただいま私からお尋ねするのもおかしなことですが、こういうように意見が違うということ自身、あるいは違っておるのじゃないか、かように思われることがやはり紛争と言える事柄になるのじゃないか。これがはたして紛争でないのだ、こういうことが言えるのか、いやそれは紛争なんだと言えるのか、そこらに問題があるように思

うのでありまして、ただいまの話を聞いておりまして、紛争解決はこういう方法による
のだ、かように言っておる。これは椎名君も非常にはっきりしておるのでございます。
そうして、いままでの片一方の国の主張、それはあらゆる機会にその主張を述べるこ
と、これは當然のことであります。その主張をそのまま承認したら、そこに紛争はない
ということになる、こういうふうに私は考えるのですが、そういう点ではないでしょ
うか。だから、したがいまして、ただいまちょうどお尋ねがございますが、この両国間
の紛両国処理の方法はこれでやるのだ、そういうことは、その御審議は皆さまからいた
だくわけであります。(後略)]

이런 사토 총리의 발언은 무슨 말인지 이해하기 어렵다. 한 나라의
총리가 이렇게 애매모호하게 이야기할 수밖에 없다는 것 자체가 독도
문제는 일본에게 불리하게 결정되었다는 것을 의미한다.

사토 총리의 발언을 정리해 보면 다음과 같다.

첫째, 독도에 대한 한국 측 주장은 명백하지만 일본의 주장에 대해서
는 지금 말씀 드리지 않고 있다.(이해가 안 되는 발언이다. 시이나 외상은 독도는 일본
영토라고 반복해서 언급했지만, 사토 총리는 일본의 주장을 지금 말씀 드리지 않고 있다고 했다.)
둘째, 한일 간에 의견이 다른 것은 물론이고, 다르다고 의심하는 것
도 분쟁이라 할 수 있다.
셋째, 한 나라가 자국의 주장을 인정받게 되면 분쟁이 없어지기 때문
에, 기회가 있을 때마다 자국의 주장을 말해야 한다.
넷째, 한일 양국의 분쟁 처리는 교환공문으로 한다. 이것은 국회에서
심의해야 한다.

'(한일 간의) 의견이 다르다는 것 자체가, 혹은 다른 게 아닌지 의심되는
것 자체가 분쟁으로 볼 수 있지 않을까' 하고 발언한 사토 총리의 주장

은 매우 중요하다. 그것은 한국 측은 독도에 관해 아무 문제가 없다는 입장인 반면, 일본은 문제가 있다는 입장이라는 뜻이고 이에 대한 합의는 없었다는 것을 의미한다. 이런 경우 어떻게 해석해야 할까? 이에 대해서는 사토 총리의 발언에 이어서 나온 노하라 국회의원과 시이나 외상의 질의응답에서 답을 얻을 수 있다.

*노하라 위원 : 그런데 총리가 말씀하신 것도 나는 이해할 수 없습니다. 무슨 말을 하고 있는지 모르겠습니다. 외무대신, 이것은 중요한 일입니다. 거기 앉아 주세요. 당신에게 중요한 점이니까 확인해 보겠습니다. 합의 회의록은 없습니까? 이 교환공문에 관한 합의회의록은?

*시이나 국무대신 : 없습니다. 없습니다.

*노하라 위원 : 합의회의록이 없다면 근거가 되는 것은 아무것도 없습니다. 왕복서한도 없습니다. 아무것도 없습니다. 공문서는 아무것도 없습니다. 공문서가 없다면 근거가 없는 겁니다. 지금 총리대신이 분쟁이라고 말씀하셨지만, 일본은 분쟁이라고 보고 이 교환공문을 근거로 꺼낸다고 해도 저쪽은 분쟁이 아니라고 보는 겁니다. 다케시마(독도)는 (교환공문의 대상에서) 제외되었다고 주장할 겁니다. (후략)

[野原(覚)委員：そこで、総理の申されておることも私にはわからないのだ。何を言っているのかわからない。外務大臣、これは重要なことです。そこへすわってください。私は、あなたに大事な点だから確認しておきましょう。合意議事録はございませんか、この交換公文に関する合意議事録は。

椎名国務大臣：ございません。ありません。

野原(覚)委員：合意議事録がなければ根拠になるものは何一つないのです。往復書簡も

ないのです。何にもない。公文書は何にもない。公文書が何にもなければ根拠はない。いま総理大臣が紛争紛争といわれますけれども、日本は紛争だと称してこの交換公文を持ち出す。ところが、向こうは紛争でないというのだ。竹島は除外だ、こう言っておるのです。(後略)]

시이나 외상은 교환공문에 관한 회의록이 없다고 말했다. 이게 사실이라면 노하라 국회의원이 발언했듯이, 독도 문제는 한국의 주장대로 진행될 것이므로 일본은 한일협정을 맺으면서 사실상 독도를 포기한 것으로 간주된다. 그런데 과연 그랬을까?

공개된 교환공문 회의록의 독도

시이나 외상은 교환공문에 관한 합의회의록은 없다고 주장했는데, 2008년 일본 정부가 공개한 한일기본조약과 한일협정비밀문서에는 교환공문에 관한 '회의록'이 포함되어 있었다. 이 회의록은 1962년부터 조인식 당일인 1965년 6월 22일에 이르기까지의 교환공문 작성 과정을 담고 있다.

그러면 이 회의록에서 교환공문이 독도 문제를 어떻게 다루기로 했는지 비밀문서 취급이 해제된 문서를 통해 보다 상세히 알아보기로 하자. 앞으로 나올 내용은 일본 정부가 공개한 한일기본조약 및 한일협정 타결 당시의 독도 관련 문서를 참고한 것이다.

(1) 일본의 독도 문제 국제사법재판소 회부 제안과 포기

1962년 9월 3일에 열린 예비교섭에서 일본 측 대표 이세키 국장은 "한일국교정상화와 동시에(혹은 정상화 후 즉시) 다케시마(독도) 문제를 국제사법재판소에 제소할 것을 한국 측이 약속해 주시면 된다."고 말했다.

그 이유로 그는 "일본 국회에서 항상 문제가 되고 있기 때문에 한일 간의 조약을 심의할 때 다케시마(독도) 문제도 다 마무리되었다고 설명할 수 있어야 한다."는 점을 들었다.

이에 한국 측은 "독도 문제는 한일회담의 현안이 아니기 때문에 현안이 마무리되고 국교가 성립된 뒤에 취급한다."고 국제사법재판소 회부 관련 이야기를 피했다.

같은 해 11월 12일에 열린 김종필 부장과의 회담에서 오히라(大平) 외상은, "국교 정상화가 이루어진 뒤에 본 건(독도 문제)을 국제사법재판소에 제소할 예정이니, 이에 응하겠다는 것을 제발 약속해 달라."고 간절히 요청했다. 그러면서 그는 "국제사법재판소에 제소하면 판결까지 보통 2년 내외가 걸리므로 그 기간 중에 양측의 국민감정이 자극받을 수 있으니 양해해 달라."고 덧붙였다. 여기까지의 내용은 문서 15-208, 15-209, 15-210에 나온다.

이에 대해 김종필 부장은 "제3국의 조정에 맡겼으면 좋겠다. 제3국이 한일관계를 고려하면서 조정의 타이밍 및 내용을 탄력적으로 배려할 수 있을 것"이라고 주장했다. 이에 일본 측은 김종필 부장의 주장을 수용하여 국제사법재판소와 조정을 절충한 초안을 내놓았다고 회의록에는 기록되어 있지만, 어떤 제안이었는지에 대해서는 문서 15-212처럼 일본 정부가 먹칠하여 은폐했다.

일본 측은 절충안으로 해결되지 않으면 본 건을 국제사법재판소에 회부하자고 제안했지만, 같은 해 12월 21일 한국 측은 문서 15-213과 같이 "제3국에 의한 거중조정(居中調停, mediation) 외에는 적당한 방법을 생각할 수 없다."고 주장하면서, 독도 문제를 국제사법재판소에 회부하는 것을 거듭 반대했다. 여기서 '거중조정'이란 '제3국이 분쟁 당사국 사이에 서서 평화적 해결을 도모하는 것'을 뜻하지만 구속력은 없다.

그 뒤 1965년 3월 24일, 사토 총리는 이동원 외무부장관과 회담을 갖고, "다케시마(독도) 문제는 현재 결론이 나지 않아도 '어떤 방향으로 진

8. 紛争解決の交換公文案の妥結

(1) 解決方式の模索

　　1962年 9月 3日 ～ 予備交渉で、伊関アジ

ア局長 から「日韓国交正常化と同時に（ま

たは正常化後ただちに）竹島問題を国際

司法裁判所に 提訴することを 韓国側が

約束してくれればよい。 日本の国会でいつも

問題になっている以上、日韓間の関係条約

審議の際、竹島問題の話もついていると

説明できる必要がある」と述べたが、これに

対し、裴大使は「竹島問題は 日韓会談 の

GA-6

裁案ではないから、裁案が片付き国交が
正常化してから取上げることことを接した。

その年11月12日の第2回大平外務大臣・金
鍾泌部長会談で、日本側から示した書き物の
中で「『国交正常化後に本件の国際司法裁判
所への提訴に応ずる』ということだけは ぜひ予約
してほしい（提訴および応訴）は国交正常化後に扱
いたい」。なお、仮に今後、この種裁判
の先例（注参照）でも明らかなとおり、提訴
から判決まで少なくとも2年内外はかかるの
で、竹島に関する判決が下るのも国交正常化
後相当期間経過してからとなるわけであり、
差し当り双方の国民感情を刺戟するおそれは

GA-6

※ 문서 15-209

ないという事実を了解せられたい。」と述べた。

（注）領土問題に関する国際司法裁判所（ICJ）
の判決に要する期間について

（イ）マンキエ・エクレオ諸島事件（英仏間）
（両国間特別合意書作成 1950年12月29日）
特別合意書によるICJ付託　1951年12月6日
口頭弁論開始　1953年9月17日
判決　1953年11月17日
付託より判決に至る期間：1年11か月

（ロ）ベルギー・オランダ間領土紛争事件
（両国間特別合意書作成 1957年3月7日）
特別合意書によるICJ付託　1957年11月27日
口頭弁論開始　1959年4月27日
判決　1959年6月20日
付託より判決に至る期間：1年7か月

GA-6

※ 문서 15-210

場合には、② 本問題を 国際司法裁判所に

付託することにする。その提案を行なった。②

には、12月21日に、韓国側は 予備交渉

第20回会合で、「第三国による仲裁

(mediation) という方法も考える

ということ」という主張をした。

1963年8月12日、大平外務大臣の 国会

で「竹島問題の解決が 国交正常化の前提

とは考えない」との 国際司法裁判所に

提訴し 云々して2～3年はかからないが、少

くとも解決方式だけは 今後から問題が起る

外務省

GA-6

ことに対し、金部長は「第三国(米国を

全般に ...... いうことであった) の調停に

......ということ。韓国が 韓国関係

を考慮し、調停の タイミング・内容

を努力的に 限界 ...... という

その後、日本側は 12月中旬に 韓国側に

提示した書類の 両国の支援を新展した

...... 本問題が解決しない

外務省

GA-5

행시킬 것인가' 하는 점을 분명히 하면 된다."고 제안했다. 사토 총리가 이렇게 제안한 것으로 볼 때, 그가 독도 문제를 국제사법재판소로 가져가겠다는 의지를 어느 정도 접은 것으로 판단된다. 독도 문제를 국제사법재판소에 회부한다는 일본 측 주장은 이 시점부터 조금씩 약해지기 시작했다.

이어서 사토 총리는 "어업 문제, 재일 한국인의 법적 지위, 청구권 문제 등 3가지 안건의 초안문이 결정될 시점에 정치적 관점에서 독도 문제 해결을 목표로 모든 것을 일괄 조인하고 싶다."고 말했다. 여기서 사토 총리가 독도 문제를 정치적으로 해결하자고 주장하는 이유는, 서로의 사정을 고려해 양보를 통해 해결하자는 뜻으로 풀이된다.

그 뒤 1965년 4월 3일, 사토 총리가 말한 3가지 안건이 합의에 도달해 가조인(假調印)이 이루어졌다.(문서 15-214, 15-215) 이제 독도 문제만 남은 것이다.

그 뒤 1965년 4월 13일, 수석대표회담이 이루어졌고 그 자리에서 김동조 한국 대표(당시 주일 한국대사)는 "앞으로 최대의 난관은 독도 문제다. 일본 측의 국제사법재판소 회부 제안은 물론 '거중조정' 조차 한국에서는 받아들여지지 않고 있다."고 일본 측에 주장했고, 6월 5일부터 4일간 개최된 어업회담 때도 김동조 대표는 "독도 문제의 금기사항 가운데 하나는 독도(다케시마)라는 명칭을 조약에 기재하는 일, 또 하나는 국제사법재판소 회부를 명기하는 일"이라고 말했다. 이에 대해 일본 외무성의 아토미야(後宮) 아시아국장이 '한일교섭에 관한 약간의 회상(回想)' 이라는 글에서 한일 간의 독도 문제 교섭 과정을 썼다고 나와 있지만, 이 부분의 문서에도 먹칠이 되어 있어서 그 내용을 알 수 없다. 아무래도 일본 정부가 은폐하고 싶은 내용이 있는 모양이다. 그리고 같은 해 6월 15일, 조인식을 일주일 앞두고 브라운스 주한 미국대사와 박정희 대통령이 회담했을 때, 두 사람이 나눈 독도 문제에 관한 대화문서에도 일본

15-214

ないようにしておきたい」（参議院外務委員会）と述べていた。なお、63年1月9日大野伴睦自民党副総裁が「竹島日韓共有論」を述べ（「朝日」1月10日）て論議をよび11日に韓国政府李厚洛公報室長はこれを否定する談話を行なった。

その後、日韓会談の諸問題の解決が進展し、1965年3月、日韓外相会談で漁業・請求権・在日韓国人の法的地位問題の協議が煮詰りつつあった段階で、3月24日、佐藤総理は李外務部長官との会談

GA-5 外務省

＊문서 15-214

15-215

で「竹島問題は、現在きまらないとしてもいかなる方向にもって行くかさえはっきりすればよいと考える」と述べ、同日椎名外務大臣は李外務部長官に「3案件（注：漁業・法的地位・請求権問題）の条文が固まったころ政治的見地に立って竹島問題解決の目途をつけ、その上ですべてのものを一括調印したい」と述べ、4月3日合意事項にイニシアル後、佐藤総理は李東元外務部長官に「日韓間に話の残されたのは、竹島問題だけであり、これは国交正常化前

GA-6 外務省

＊문서 15-215

先方（金東祚）は後任アジア局長を来訪して
「竹島についての金大使の意見は本国の
空気の無知にもとづく甘いもので　この二つの
タブーでも不十分で、もっと楽しいのに
なる」と述べており、また

6月17、18日ごろ
返してくる。ところが、

先方（金東祚）在独米国大使及び朴大…

6月15日フランス在独米国大使及び朴大

に解決の図を心がけについて話し合った。その
後　4月13日　首席代表　金東祚、金東祚
代表は「今後の権大基風は竹島問題で
あり、日本側の国際司法裁判所付託には
もちろん、金鍾泌案の居中調停する韓国
…6月
…竹島問題の
島根県漁業者金東祚氏に…中物島局長
アジア局長に対し「竹島問題のタブー」は～～～18
竹島の守りを系約に出すこと…は国際
司法裁判所である」と述べ…について
後任アジア局長「日韓交渉に関する基本国

정부는 먹칠을 하여 읽을 수 없는 상태로 공개했다. 이런 내용은 문서 15-216, 15-217, 15-218에서 확인할 수 있다. 일본 정부는 독도 문제에 관해 자국에 불리한 내용은 모두 먹칠하는 식으로 은폐해, 역사의 진실을 숨기려 하고 있다는 것을 다시 확인할 수 있다.

여기까지 확실히 확인된 부분은, 일본이 독도 문제를 국제사법재판소에 회부한다는 주장을 완전히 포기했다는 점이다. 일본이 제시한 교환공문의 첫 번째 초안이 그것을 분명히 드러내고 있다.

次頁不開示

✤ 문서 15-218

(2) 일본, 독도 명칭을 교환공문 초안에서 삭제

일본 측은 조인식을 5일 앞둔 6월 17일에 '조약 해결에 관한 의정서(안)'를 김동조 대사에게 제시했다. 이 '의정서(안)' 제1조에는 독도(다케시마) 명칭이 분명히 기재되어 있었고, 독도 문제에 대한 첫 번째 해결 방법으로 '외교상의 경로'를 제시했다.

> **[제1조]**
> 양 체결국 간의 모든 분쟁은 본일 서명된 모든 조약 및 협정에 대한 해석 또는 실시에 관한 분쟁 및 다케시마(독도)에 대한 주권 분쟁을 포함하여, 먼저 외교상의 경로를 통해 해결을 기도하기로 한다. (밑줄은 필자)

그리고 제2조에는 외교적으로 해결하지 못할 경우를 대비해 중재(仲裁)에 의한 방법을 제시했다. 중재란 구속력을 갖는 해결 방법이다. 제3국이 중재위원장 1명을 내고 당사국들이 1명씩 중재위원을 내어 총 3명으로 중재위원회를 구성해 조사한 뒤에 다수결로 결론을 낸다. 하지만

裁委員会に決定のため付託されるものとする。

2 仲裁委員会は、両締約国の政府が紛争契約に際に付託に際して締結することのある仲裁合意をおいて別段の合意の行なった場合か、国際法の原則及び適用のある条約規定に従っての、付託された紛争について決定を下すものとする。

第3条

1 仲裁委員会は、三人の仲裁委員をもって構成される。

2 各締約国の政府は、いずれか一方の締約国の政府が他方の締約国の政府から紛争の仲裁の付託を要請する公文を受領した日から30日の期間内に、各一人の仲裁委員を指名するものとする。

3 第3の仲裁委員は、2の規定に従って指名された2人の仲裁委員が2に定める期間の後の30日の期間内に合意により行なう選定に基づいて、又は同期間内にその2人の仲裁委

（印 6月17日）

日本国と大韓民国との間の紛争解決に関する議定書（案）

日本国及び大韓民国は、

両国間のすべての紛争が、国際連合憲章の原則に従い、平和的手段によって国際の平和及び安全並びに正義を危くしないように解決されるべきことを希望して、

次のとおり協定した。

第1条

両締約国の間のすべての紛争は、本日署名されたすべての条約及び議定書の解釈又は実施に関するすべての紛争及び竹島に対する主権に関する紛争を含めて、まず外交上の経路を通じて解決を図るものとする。

第2条

1 第1条の規定に従って解決することができなかった紛争は、他の平和的方法による解決が両締約国の政府の間において合意されない限り、第3条の規定に差ついて構成される仲

김동조 대사는 독도의 명칭을 거론하는 일과 구속력이 있는 중재위원회를 거론하고 있다고 하여 일본 측 초안(문서 15-221, 15-222)에 반대했다.

일본 측의 초안을 거부한 한국 측은, 자국의 교환공문 초안을 일본 측에 서한으로 전달했다. 이 한국 측 교환공문의 주요 부분은 다음과 같다.

> 양국 정부는 별도로 규정이 있는 경우를 제외하고, 양국 간의 분쟁이며 외교상의 경로를 통해 해결할 수 없는 문제는 양국 정부가 합의하는 제3국에 의한 조정에 의해 그 해결을 도모하기로 한다.(문서 15-226, 밑줄은 필자)

＊문서 15-226

이때 한국이 작성한 교환공문안에 가까운 문안이 최종안이 되었다. 그 과정을 살펴보자.

6월 17일에는 일본 측이 중재위원회 구성을 명기한 초안을 제시했는데 한국 측이 그것을 거부했다. 그 다음에 한국 측이 분쟁 해결 방법으로 '중재'가 아닌 구속력이 없는 '조정'을 핵심으로 내세운 초안을 일본 측에 제시했다. 일본 측은 한국 측 제안을 검토하기 시작했다. 조인식을 앞두고 일본 측은 한국 측에 상당한 '양보'를 하더라도 한일협정 전체를 타결하고 싶다는 자세를 보이기 시작했다.

한일협정 조인식 하루 전인 6월 21일에 이동원 장관과 시이나 일본 외상이 한일외상회담을 가졌다. 이때 이동원 장관은 <u>박정희 대통령은 독도 문제를 한일회담의 의제에 포함시키지 말라고 지시하셨다. 그리고 본 건은 한국 정부의 안정과 운명이 걸린 중대한 문제이므로 만약 한국 측이 수락할 수 있는 해결책이 나오지 않는다면 한일회담을 중지해도 좋다고까지 말씀하셨다.</u>"고 일본 측을 압박했다.(밑줄은 필자) 이런 박정희 대통령(당시)의 결심은 일본 측으로 하여금 더욱 양보하게 하는 계기가 되었다.

이에 시이나 외상은 "일본 측은 다케시마(독도)를 포함하는 일괄 해결이 지상 명령"이라고 말했다. 즉 한국 측이 회담 중지까지 거론하고 있는데 일본 측은 한일회담으로 한일협정이 타결되지 않으면 안 된다고 주장한 것이다. 일본 측이 상황 상 '약자'의 입장, 즉 양보하지 않으면 안 되는 입장에 서게 된 것이다.

그런데 그 다음에 나온 이동원 장관의 말은 주목할 만하다. 그는 "<u>일본 측으로서도 섬 자체가 가치 있는 것은 아닐 테니 어쨌든 서로 국회에서 설명할 수 있는 방식을 찾자.</u>"고 말한 것이다.(문서 15-236, 밑줄은 필자) 이에 일본 측은 이의를 제기하지 않았다. 이런 이동원 장관의 발언은 독도라는 섬 자체에는 가치가 없음을 양국이 인정한 상태였다는 것을 시사하고 있다. 왜냐하면 당시에는 독도를 얻어도 작은 섬 독도와 독도

(5) 日韓外相会談（第1回）

　　6月21日、椎名・李第1回会談における
竹島問題についての論議は同会談記録に下記の
とおり記述されている。

　「日本側より、竹島問題解決に関する日本
側最終案（別添）を提示した。長官より、朴
大統領は竹島問題を日韓会談の議題外とする
ように指示されるとともに、本件は韓国政府
の安定と運命にかかわる重大問題であり、も
し韓国側として受諾しうる解決策がないなら
ば日韓会談を中止してもよいとまでいわれて
いると述べた。これに対し、大臣より、日本
側としては、竹島を含む一括解決は至上命令
であると述べた。次に、長官より、日本側と
しても島自体の価値に実利があるわけではな
いのだろうから、何とかお互いに国会に説明
できる方式を見出したい、いずれにしても竹
島』問題として特記することは絶対に困ると

GA-6

外務省

주변의 수역 12해리까지만 권리를 주장할 수 있었기 때문에, 양국 대표는 객관적 견지에서 독도 자체의 경제적 · 산업적 가치가 없다는 데 암묵적 합의 혹은 구두 합의에 도달해 있었다고 볼 수 있기 때문이다. 시이나 외상은 독도 문제란 "일본 측에 있어서도 국민 감정의 문제"라고 주장했다. 즉 독도 문제는 실리의 문제라기보다 국민 감정의 문제이므로, 일본도 한국과 마찬가지로 독도 문제가 국민이 납득할 만한 형태로 타결되지 못하면 자민당 정부 자체가 궁지에 몰린다는 뜻이었다.

이에 이동원 장관은 "아무튼 독도 명칭을 특기하는 것만은 절대로 안된다."고 강조했고, 결국 일본 정부는 독도 명칭을 교환공문에서 삭제하기에 이르렀다. 이것이 일본 정부의 첫 번째 큰 양보였다.

독도 문제에 대한 양국의 관심사는, 자국의 국회에서 독도 문제가 자국에게 유리하게 마무리되었다고 설명하는 초안을 만드는 것이었다. 다만 양국 간의 차이는 한국은 회담을 중지할 수 있지만, 일본에게 있어서 회담 중지란 있을 수 없는 일이었다.

한국에서는 당시 야당들과 학생들이 날마다 한일회담 반대시위를 벌이고 있었기 때문에, 한일회담이 결렬되어도 야당과 국민들이 오히려 환영하는 상황이었다. 하지만 일본 정부는 독도 문제와 평화선 문제를 확실히 해결해야 한다고 야당들과 국민들의 압박을 받고 있는 상황이었기 때문에, 회담의 결렬은 정권 붕괴로 이어질 수도 있었다. 그러므로 한국이 일본보다 훨씬 유리한 입장에 서 있었다. 그런 뜻에서 교환공문 초안 작성 과정은 결국 한국이 주도하게 된 것이다.

⑶ 일본, 해결책으로 제안했던 '중재' 포기

일본 측은 6월 21일 밤에 회의를 했다. 한국 측이 '중재'를 해결 방법으로 명기하는 것을 절대 받아들일 수 없을 뿐만 아니라, '장래에 생길 분쟁'이라는 문구를 삽입해 분쟁의 범위를 한정하자고 요구한 것을 확인했다. 그런데 일본 측은 '장래에 생길 분쟁'이라는 식의 문안은 도저

外務省

面談し、この争いは経緯同翌日の幅名。李参談
ますとり上げられなく、なとこの夜、課長の
電話連絡による条約局長の、疲惫の場合は
とえ「甲裂」という字が調停だ。「調停」だて
止まって、たなかった日曜関に「生
こる」紛争という誤を用名
に強く反対である旨の意思表示があった。

この長について、廣崎条約句長よ
り速信がつけられている。この関聴長に
ついては、次のとおり記している。

「生ずるともあら方を過んできたメモに
調停まであるもら方を入れるより仲裁から
済んてあるからこと次のことである。」

※ 문서 15-240

GA-5

---

(2) 牛場審議官・金大使会談

後宮アジア局長「日韓交渉に関する若干
の回想」には、次のようにある。

「12日後、金大使、後宮アジア局長と牛場
審議官、アジア局長との席で再び仲裁に関し
話合った。先方は「仲裁」に絶対に反
対で、「調停」が精々であるとのことで、日
韓両国に現存する紛争について、日韓両政府
間で解決する方式についての「紛争解決手続
を規定したる文章の挿入を提案してきた。
を除外しうる意味深長の案を提案してきた。
これはおそらくは到底のみえないことであ
り、少なくとも甲立的な交渉案としての「日韓
間の紛争とすべきことであるとの主旋した」が
先方は日韓間に「生ずる」紛争という誤解を

外務省

※ 문서 15-239

GA-6

히 받아들일 수 없는 것으로 결론을 내린다.

후지사키[藤崎] 조약국장은 만약에 '중재'가 삭제되어 '조정'이 해결 방법으로 명기되었다고 해도, 한일 간에 '생길' 분쟁이라는 표현을 사용하는 데는 강하게 반대했다. 하지만 이 부분의 기록에도 먹칠한 부분이 있어서, 일본 측은 자신들에게 불리한 부분을 계속 은폐하고 있는 듯하다.

교환공문에 관한 제2차 한일외상회담은 조인식 당일인 6월 22일 오전에 열렸다. 한국 측은 전날처럼 교환공문의 문안을 '양국 간에 생길 분쟁'으로 하여 문안에서 '중재'를 삭제해 달라고 요청했다. 그때 일본 측이 다른 대안을 제시하자, 한국 측은 "양국 간에 생길 분쟁"이라는 문안을 일본이 받아들인다면 '중재'는 남겨도 된다는 뉘앙스의 발언을 했다. 이에 일본 측은 '생길'을 뺀 '양국 간의 분쟁'이라는 표현 외에는 생각할 수 없다고 하면서도, 이 경우에는 '중재'를 삭제하여 '조정'만을 제시하는 것도 어쩔 수 없다고 말했다.

일본은 이런 내용을 잠정적 결론으로 하여 '생길'이라는 표현을 삽입할지는 최종적으로 사토 총리에게 맡기기로 했다.(문서 15-245) 이 시점에서 일본 측은 '중재'라는 문구를 교환공문에서 삭제하여 '조정'만을 해결 방법으로 명기하는 방향으로 선회했다.

(4) 교환공문 문안 타결

조인식 당일인 6월 22일 오후 4시 15분부터 20분간, 사토 총리와 이동원 장관의 교환공문에 관한 최종 회의가 열렸다. 이때 기록된 회의록의 중요 부분을 번역하면 다음과 같다.

交換公文の文言を『両国間に生ずる紛争』とし
同文言中から『仲裁』を削ってほしいと強く主
張するところがあつた。これに対し、日本側よ
り後者に属し『仲裁』を削る代案として『両国
が合意する手続に従つて』という案を示したが、
韓国側よりこれは『調停又は仲裁』という原案
よりもつと悪い（秘密に『仲裁』の約束がある
かと疑わしい）と述べ、さらに『両国間に生ず
る紛争』という文言をのめば『仲裁』は残して
もよいようなニュアンスの発言があつた。これ
に対し、日本側は『生ずる』をぬいた『両国間
の紛争』という表現以外は考えられないとして、
この場合は『仲裁』を落して『調停』のみとす
ることもやむをえないと述べた。

　結局、この最後の考え方を tentative の結論
として、ともかくこの問題を総理レベルまでも
ちあげることとなつた。しかしこの総理への持
ち上げは金大使によれば韓国内の国内政治を考
慮してのショーであり、この試案のとおり決つ
てもしかたない旨ヒントした。」

① 이때 (일본 외무성) 사무당국은 조인용 교환공문으로 '양국 간에 생길 분쟁'으로 기재된 것과 '양국 간의 분쟁'으로만 되어 있는 초안 두 가지를 준비해 놓고 있었다.

② 이동원 장관이 (중략) "현재까지의 일본 측 제안은 원안에 비해 상당히 양보해 주신 것이지만, 이에 더해 '두 나라 간에 생길 분쟁'이라는 식으로 '생길'을 삽입해 주십시오. 지금까지 외무성 사무당국과의 교섭으로 이 점을 빼고 다 타결했기 때문에, 이제 총리께서 마지막으로 결단하셔서 '생길'을 넣어줬으면 한다."고 간절히 요청했다.

③ 사토 총리는 "다케시마(독도) 문제는 일본 측에 있어서도 큰 문제인데, 지금까지의 일본 측 초안이 자신의 예상을 뛰어넘어서 (많은) 양보를 했기 때문에, 자신으로서는 불만이지만 대국적 견지에서 그것을 승인하기로 한 게 사실이다. 그러므로 더 이상의 양보는 불가능하다."라고 말씀하시면서 자리를 함께 한 아토미야 아시아국장에게 의견을 물으셨다.

④ 아토미야 국장은 "'생길'이라는 말을 삽입하면 (분쟁의 범위가) 장래의 분쟁에만 한정되게 되므로 다케시마(독도) 문제를 제외했다는 것이 분명해져 버리기 때문에 일본 측으로서는 곤란합니다. 이미 양국 간의 분쟁으로 다케시마(독도)를 명시적으로 언급하지 않는 형태로 한다는 것으로 양보했으니, 현재 남겨진 문제도 포함된다는 해석이 가능한 안을 (한국 측이) 받아주셔야 합니다. 이 안은 사실 오늘 아침의 외상회담에서 30분이나 휴게시간을 쓰면서 작성했고 외무대신이 최종안으로 제시하신 것이므로 이런 점들을 고려하셔서 총리로서의 정치적 결단을 하시기 바랍니다."라고 말했다.

이 인용문에는 중요한 내용들이 포함되어 있다. 먼저 일본 외무성이 한국 측에 상당히 양보하여 교환공문에 다케시마(독도)라는 명칭을 명시하지 않았다는 것을 확인했다. 그리고 일본 외무성 사무국이 '양국 간의 분쟁'이라는 문구가 들어 있는 초안과 '양국 간에 생길 분쟁'이라는 문구로 작성된 두 가지 초안을 준비해 총리의 결단을 기다렸다는 사실이 확인되었다.

이렇게 두 가지 초안을 준비한 배경을 생각할 때, 일본 외무성은 사토 총리가 '양국 간에 생길 분쟁'이라는 문구로 되어 있는 초안을 선택할 가능성도 고려하여 대비해 놓았다는 뜻이다. 사토 총리가 '양국 간에 생길 분쟁'이라는 문안을 받아들일 경우, 사실상 일본이 독도를 완전히 포기했다고 인정하는 셈이 된다. 하지만 한국 측이 줄곧 요구해 온 내용이라 양보를 해도 일괄타결하지 않으면 안 되는 입장인 일본으로서는 만약의 사태에 대비하고 있었던 것이다.

독도 문제에 대해서는 차후에 논의한다는 문서가 따로 없는 한, 독도 문제를 제외시킨 교환공문은 독도를 사실상 한국 영토로 인정했다는 뜻으로 해석될 수 있다.

일본 외무성이 독도를 포기하게 될 초안까지 준비했다는 것은, 결국 한일협정 과정에서 최악의 경우 이른바 '가치가 없는 섬인 독도'를 일본이 본질적으로는 포기해도 된다는 마음이 있었기 때문이다. 물론 일본 국회에서는 명분을 내세울 수 있어야 했기 때문에, 아토미야 국장은 '양국 간의 분쟁'이라는 문구를 사용하는 초안을 채택하도록 사토 총리를 설득했다. 계속 이어진 회의록의 상세한 내용은 다음과 같다.

後の英断で「生ずる」を入れて欲しいと懇請
した。

佐藤総理から、竹島問題は日本側にとって
も大問題であり、いままでの日本側の案です
ら自分の予想をこえた譲歩であるので、自分
としては不満であるが、大局的見地からこれ
を承認することにした実情を述べて、これ以上
の譲歩は不可能であると、同席の後宮
アジア局長に意見を徴して欲した。同局長は
「生ずる」をも書くと将来の紛争のことにも限ら
れ竹島問題は特に日本側に明示的に両国間
の紛争として日本側として困らし、現存の竹島
の紛争として明示的に竹島を言及しない形に
まで譲歩しているのだから、きらに案を呑んで欲しい。
この案がきらに緩解もある。

李長官は、今朝の外相会談において30
分間も休憩をとって、外務大臣が最
終案として提示されたものであるから、かか
る点を御考慮の上、総理としての政治的解決

※ 문서 15-247

---

(8) 佐藤総理・李外務部長官 会談

6月22日 午後4時15分から20分間 行なわれ
た 佐藤総理・李東元長官 会談（李東元外務部長官との）
（竹島問題の部分について次のとおり記さ
れている。

このとき某事務当局としては、調印
用の交換公文として「両国間に生ずる紛争
であるものと「両国間の紛争」とある2案を準
備していた。

「李長官から、竹島問題に言及して、これ
についての日本側の立場も理解するが、韓
国としては特別の国内事情もあって、これは
ダイナマイトのようなものなので、韓国の野党や
大衆は日本の野党と比較にならぬ程激的
であるから、竹島問題は慎重に取り扱
っていらると御建議願いたい。これまでの
日本側提案は原案に比し踏み込んで譲歩しての
ものであるが、なお「二国間に生ずる紛争」
というように生ずるを挿入して欲しい。
これまで外務省事務当局間との交渉での一点
が未だ妥結していないので、この際総理の最

※ 문서 15-246

대한민국 독도

독도

306

이에 대해 총리가 "일본 측 초안은 아슬아슬한 선까지 양보한 내용"이라고 하면서 수락을 재촉했더니, 이(동원) 장관은 "그렇다면 어쩔 수 없습니다. 일본 측 최종안을 수용하기로 하겠지만 한 가지 부탁이 있습니다."라고 말했다. "한국 측 대표단이 (한국) 귀국 후에 본 건에 대해 (양국이) 양해한 점은 다케시마(독도)가 포함되어 있지 않다는 것이라는 취지로 이야기할 때가 있더라도, 일본 측은 공식적으로는 즉각 반론을 제기하지 않았으면 좋겠습니다.(우리의 생명이 걸려 있습니다.) 물론 훗날 일본 국회에서 (교환공문이) 다케시마(독도)를 포함한다는 취지로 답변을 하지 말아야 한다는 뜻은 아닙니다."라고 말했다. 이에 대해 총리는 "잘 알았다."고 답했다.(문서 15-248)

15-248

定を仰ぎたい旨述べた。それをうけて総理から、日本案はギリギリの線であると述べて受諾方強く促したところ、李長官も、それでは仕方ない、日本側の最終案を呑むこととしたいが、一つお願いがあると前置きして、韓国側代表団が帰国後本件了解には竹島が含まれてないとの趣旨を言明することがあっても日本側からは公式には直ちに反論を行なわないで欲しい（われわれの命に係わる）、尤も、日本で後日国会で竹島を含む旨の答弁を差控えることまでお願いするつもりはないと述べた。これに対し、総理は了承する旨答えられた。

* 문서 15-248

이 문서에서 보는 대로, 이동원 장관은 결국 '양국의 분쟁'이라는 문구가 들어간 초안을 수용하게 되었다. 그리고 동시에 사토 총리에게, 한국에 돌아간 뒤에 "교환공문에는 독도가 포함되어 있지 않다."고 공표해도 즉각 반론을 제기하지 말아 달라고 요청한 것을 알 수 있다. 앞에서 언급한 일본 국회에서 벌어진 독도 문제에 대한 여야 공방을 보면, 여당인 자민당은 이런 한국 측의 요청을 잘 따라 준 것으로 보인다.

일본 측은 국내용으로 교환공문에 독도 문제가 포함되었다고 주장할 수 있는 입장이 되었고, 한국 측은 교환공문에 독도 문제는 포함되지 않았다고 발표할 수 있는 입장이 된 셈이다. 마지막에 결정된 교환공문은 《아사히신문》이 1965년 6월 23일자에 다음과 같이 보고했다.

[한일 양국 간 분쟁의 평화적 처리에 관한 교환공문]

〈한국 측 서한〉
본 장관은 양국 정부 대표 간에 도달된 다음의 양해사항을 확인하게 되어 영광입니다.
양국 정부는 별도 합의가 있는 경우를 제외하고 양국 간의 분쟁은 우선 외교상의 경로를 통해 해결하는 것으로 하고, 이것으로 해결 못한 경우에는 양국 정부가 합의하는 절차에 따른 조정에 의해 해결을 도모하기로 한다.
본 장관은 더욱이 각하가 상기 양해사항을 일본국 정부를 대신하여 확인하시기를 바라게 되어 영광입니다.

〈일본 측 서한〉
본 대신은 금일부로 각하의 다음 서한을 수령한 것을 확인하게 되어 영광입니다.

(한국 측 서한 : 생략)

본 대신은 더욱이 상기의 양해사항을 일본국 정부를 대신하여 확인하게 되어 영광입니다.(밑줄은 필자)

⑸ 일본, 사실상의 독도 포기

지금까지 논의해 온 내용을 정리해 보면 다음과 같다. 교환공문에서 독도 문제는 제외되었다고 한국 측이 주장하고 있고, 일본 측은 교환공문에는 독도 문제가 포함된다고 주장한다. 그것은 양국이 알아서 자국의 국회에서 설명할 수 있도록 합의한 결과였다. 그러므로 일본은 1965년 6월 22일 시점에 한국의 독도에 대한 실질적 지배를 인정한 셈이다.

그리고 교환공문에는 분쟁 해결 방법으로 외교상의 경로를 통한 방법을 시도하고, 그것으로 해결되지 않으면 양국이 합의한 절차에 따른 '조정'으로 해결하기로 합의했다. 하지만 조정에 의한 해결에는 현실성이 없다. 왜냐하면 한국 측이 독도를 자국의 고유 영토로 주장하여, 원래의 주장대로 독도 문제란 존재하지 않는다고 조정 절차를 정할 회의 등을 거부할 수 있기 때문이다.

결국 일본 측이 교환공문에 독도 문제

＊《아사히신문》에 게재된 교환공문

가 포함되어 있다고 주장하면서 해결 방법을 찾겠다고 한국 측에 제의해도 '조정'이 성립되기 어렵다. 그러므로 현실적으로는 외교상의 경로를 통하는 방법밖에 없다. 일본 측은 이런 상황에 처할 것이라는 사실을 한일협정 조인 당시에 잘 알고 있었을 것이다. 그러니 일본이 독도를 사실상 포기한 것이라는 이야기가 나오지 않을 수 없다.

그리고 외교상의 경로를 통한 해결 방법이란, 지금까지 독도 문제가 일어날 때마다 시도해 온 방법에 불과하다. 만약 교환공문에 독도 문제를 포함시킨다고 해도 일본에게는 유리하지 않다. 독도 문제와 관련된 협상이 일본에게 불리하게 끝난 것을 눈치 챈 《아사히신문》은, 1965년 6월 22일자 기사로 독도 문제에 대해 다음과 같이 보도했다.

어려운 "분쟁 해결"
- 다케시마(독도) 문제, 마감에 쫓겨 양보

[해설] 한일교섭에서 마지막까지 남은 다케시마(독도) 문제가 정식 조인 전 아슬아슬하게 겨우 타결되었는데, 이것은 스스로 마감시간을 정해 놓고 그것에 맞춰 무리한 양보를 하지 않을 수 없게 된 전형적 예라고 할 수 있다.
미리 정한 정식 조인일인 22일이 되기까지 4일간은 관계자들이 거의 수면 시간도 없을 정도였다. 외무성 사무당국조차 "이런 교섭은 전대미문"이라고 할 정도로 정성을 다한 모양이었다. 그만큼 제한시간이 우선시되어 그것에 맞추기 위해 일본 측이 상당히 무리를 한 면이 많다.
다케시마(독도)는 그 예다. 일본 측은 그동안 '여러 현안 일괄 해결'이라는 기본적 입장에 서서 국제사법재판소에 제소할 것을 주장했지만, 한국 측이 전면적으로 반대했기 때문에 제3국 알선, 조정으로 태도를 바꿔 더욱 그것을 완화하여 '그 전 단계로 외교교섭을 둔다.'는 데까지 양보했다.

하지만 한국 측은 다케시마(독도)는 한국의 영토이므로 귀속문제는 한일교섭의 대상이 될 수 없다는 강한 태도로 일관했다. 이 때문에 일본 측은 양국의 합의문에 '다케시마(독도)'라는 글자를 넣는 것은 물론, 경위도로 섬의 위치를 명시하는 것마저 단념했다. 게다가 '다케시마(독도)'라는 단어를 제외시켜 '양국간의 미해결 현안'이라는 일반적인 표현으로 양보해, 다케시마(독도) 문제에 한정된 형태로 합의하는 것조차 못했다.

결국 합의를 본 것은 '양국 간의 일반 분쟁에 있어서 그 해결 방법이 별도로 정해진 것 외에는, 분쟁 처리에 관한 원칙에 따라 해결한다.'는 일반적 분쟁 처리라는 결정이다. 정부가 그동안 국회답변으로 되풀이한 '다케시마(독도) 문제에 대한 해결 전망을 확실히 한다'는 내용과는 상당히 동떨어진 결과가 되었다.

이것으로는 한국 측이 다케시마(독도)는 한국 영토라는 태도를 견지하는 한, 실제로 분쟁을 해결할 수 있는 전망은 극히 적다고 하지 않을 수 없다.(후략)

《아사히신문》은, 양국이 정식 조인식을 6월 22일로 정해 놓고 교환공문에 대한 회의를 진행했기 때문에 무리가 있었고, 결과적으로 일본 측이 한국 측에게 많은 양보를 할 수밖에 없었다고 보도했다. 일본의 양보 때문에 한국 측이 독도를 한국 영토로 주장하는 한 실제로 분쟁을 해결할 수 있는 전망, 즉 독도를 일본 영토로 만들 수 있는 가능성은 매우 적다고 이 신문은 실망을 감추지 못하고 있다.

일본의 대표신문이 지면을 통해 실망감을 직접 털어놓았을 정도다. 그만큼 독도는 한국 영토로 인정받은 것이나 마찬가지였다. 한국이 지배하고 있는 독도에 대해 혹시 분쟁이 일어난다면 외교상의 경로로, 혹

은 조정으로 문제를 해결한다는 교환공문 내용을 놓고 볼 때 일본이 독도 영유권을 포기했다고 판단할 수밖에 없다.

⑹ 결론

일본이 독도 문제에 대해 많이 양보한 것은 《아사히신문》도 인정했다. 그런데 '양보했다'는 말을 국제법적으로 말하면 '포기했다'는 말과 동일하다. 그러면 일본은 구체적으로 무엇을 포기했고 어떤 문제를 낳았는가?

첫째, 일본은 당초의 목표였던 한일협정 타결과 동시에 독도 문제까지 해결한다는 방침을 포기했고, '독도는 한국의 고유 영토이므로 독도 문제란 존재하지 않는다.'고 강조한 한국 측의 주장을 결과적으로 수용한 셈이 되었다.

둘째, 일본은 독도가 섬 자체로는 가치가 없다고 인정했다. 그러므로 실제로 독도를 한국에게서 탈취하는 것보다 야당과 국민들을 납득시킬 수 있는 방향으로 사태를 수습하려고 했다. 그러므로 실제로는 독도 영유권을 포기한 결과를 낳았다.

셋째, 일본은 '분쟁 해결을 위한 교환공문'에 독도 명칭을 명시하는 것을 포기했다. 그리고 교환공문이 말하는 '양국의 분쟁'에 독도 문제가 포함되는지에 대해서는 결국

✦ 1965년 6월 22일자 《아사히신문》 기사

양국의 주장과 해석의 차이로 남을 수밖에 없게 되었다.

넷째, 일본은 분쟁 해결 방법으로 '국제사법재판소'에 회부하는 것을 교환공문에서 삭제해 그 방법을 완전히 포기했다. 그러므로 현재 한국이나 일본에서 '국제사법재판소'를 거론하는 것 자체가 독도 문제를 왜곡시키고 있다고 할 수밖에 없다.

다섯째, 일본은 분쟁 해결 방법으로 구속력이 있는 '중재' 방법을 포기했고 구속력이 약한 '조정' 방법을 수용했다. 이것으로 이른바 독도 문제에 대한 해결 방법은 외교상의 경로를 통한 해결 외에는 없으며, 이 방법은 현재까지 해 온 방법에 불과하다.

여섯째, 일본은 한국 측 대표단이 '교환공문의 대상에서 독도는 제외되었다'고 한국에서 공표하는 데 대한 반론 제기를 상당히 오랫동안 포기했다. 그것이 한국 측 요청에 따른 것이었다 해도, 그런 요청을 수용했다는 것 자체가 국제법상 독도를 포기했다고 해석할 수 있는 대목이다.

일곱째, 일본은 교환공문 초안 작성 과정에 관한 공문서 가운데 몇 군데에 먹칠을 하여 기록 자체를 은폐하고 있다. 이 부분들은 독도 문제와 관련해 일본에게 불리한 내용이 담겼으리라 추측할 수 있는 부분으로, 먹칠한 부분이 공개되면 일본이 독도를 포기했다는 증거가 더욱 확실하게 나올 것이다.

이런 사실들은 만약 일본이 독도 영유권을 주장한다 해도, 그 주장을 관철시킬 수 있는 수단을 모두 잃어버렸음을 시사하고 있다. 결국 일본은 1965년 시점에 가치 없는 섬으로 생각한 독도를 실제 일본 영토로 만들 생각이 별로 없었고, 한국 측 요구를 거의 다 수용하면서까지 구속력이 약한 교환공문을 일본 국내용으로 작성한 것이다. 그러므로 이동원 장관은 한국 국회에서 여야 국회의원들에게 다음과 같이 독도 문제를 설명했다.

(전략) 이번에 우리도 분쟁해결에 관한 문서를 교환했으나 이것에는 독도를 포함시키지 않았고, 한일회담에 관한 모든 현안문제에 대해 만약에 분쟁이 발생한 경우의 해결 방법을 제시한 것이다. 만약에 일본인이 사토 정권이 아니라 다른 정권이 되어 독도 문제를 거론해 문제를 일으킬 때에는, 이번의 교환공문으로 어떤 결과가 될 것인가 국민들이 걱정할 것이라 생각한다. 이번의 교환공문에 의하면, 양국 정부가 합의하지 않으면 모든 문제는 '해결'할 수 없다. 절차가 전혀 없는 것이 아니지만 '조정'에 의한다고 하였으며, '해결한다'고 법적으로 규정하지 않고 '도모한다'고 되어 있다. 독도 문제는 분쟁 해결에 관한 교환공문과 관계가 없지만, 만약에 관계가 있을 것이라고 걱정한다고 해도 독도는 영원히 우리(한국)의 것으로 영유권을 행사할 수 있게 모든 법적 여건을 갖추고 있다.

- 1965년 8월 10일에 열린 한국 국회 특별위원회, 문서 15-253

이동원 장관은 훗날 사토 정권이 아닌 다른 일본 정권이, 교환공문에 독도 문제가 포함된다고 하여 일본의 독도 영유권을 다시 주장한다고 해도, 양국 정부가 합의하지 않는 한 조정 절차는 시작되지 않는다고 지적했다. 그리고 교환공문은 문제가 일어났을 때 그것을 '해결한다'고 명기하지 않았고 해결을 '도모한다'고만 했기 때문에, 독도는 영원히 한국땅으로 영유권을 행사할 수 있는 법적 조건을 다 갖췄으므로 걱정할 필요가 없다고 설명했다.

그러므로 현재 일본은 한일협정 체결 당시 한일 간에 합의했던 양보(포기)사항들을 알면서도, 그것을 대폭 어기면서 독도 도발에 나서고 있는 것이다. 일본은 한일협정 시에 완전히 포기했던 국제사법재판소 회부 방식을 마치 지금도 유효한 것처럼 국제적 분위기를 조성하고 있다. 또한 당시에는 가치가 없다고 하여 포기한 독도였지만, 배타적 경제수

「いかなる時, いかなる国を問わず, どんな友好国家間で締結された条約であっても, ときには紛争を発生するものであり, 国際外交慣例上, ある重要な条約を締結する際に, 紛争解決に関する講究策が交換文書で交換される例が多い. 今般われわれも紛争解決に関する文書を交換したが, これは独島を含んでおらず, 日韓会談に関するすべての懸案問題について, もし紛争が発生した場合の解決方法を示したものである. もしも日本人が, 万一佐藤政権でなく別の政権になり, 独島問題に難くせをつけ問題になったとき, この交換公文によってどんな結果になることかという心配を国民はいだくことと思う. この交換公文によれば, 両国政府が合意しなければすべての問題が解決されない. 手続がないのではないか. 『調停』によるとしてあり, 『解決する』と法的に規定せず, 『図る』となっている. 独島問題は紛争解決に関する交換公文と関係がないが, もしこれと関係があろうと心配しても, 独島は永遠にわれわれのものとして領有権を行使できるようにすべての法的与件を満えている.」（~~椎名長官~~ 8月10日特別委員会）

なお. 紛争解決に関する交換公文には

その効力の発生 日 についての 何らの 規定を

設けて いない が、 その公布の際に 発効日

つた。 これについて 日本側は

を告示する必要があ 基本関係

GA-6

外務省

✛ 문서 15-250

역 200해리가 세계적 추세가 되자 '가치 있는 섬, 독도'로 마음대로 주장을 바꿔 새로운 독도 도발을 시작하고 있다.

그리고 한 가지 중요한 문제를 지적하지 않을 수 없다. 1965년 당시, 어업 문제와 독도 문제는 각각 어업협정과 교환공문으로 마무리되었다. 그러므로 1999년 1월에 어업협정이 '신 어업협정'으로 개정되었지만, 그 신 어업협정은 그때까지의 어업협정을 대신하는 것이지 교환공문까지 부정한 것은 아니다.

구 어업협정 때는 독도 주변이 '공해'로 되어 있었고, 한국이 독도와 주변 12해리까지 영토와 영해로 관리했다. 신 어업협정으로 독도 주변은 공동관리수역(중간수역)이 되었지만, 독도와 그 주변 12해리까지는 영토와 영해로 한국이 관리하고 있다. 이런 면에서 한국의 독도 지배는 신 어업협정 체결 뒤에도 변함이 없다.

하지만 일본은 2006년 4월에 일방적으로 독도 영해 12해리에 순시선을 보내겠다고 성명을 내고, 독도 영해 침범이라는 도발까지 감행하려고 움직였다. 그때는 결국 한일 양국이 외교상의 경로를 통해 문제를 해결했다. 이처럼 문제발생 시 외교상의 경로밖에 방법이 없는 것이다.

그러면 일본이 독도 영해를 침범하겠다고 선언한 뒤에 실제로 침범했다면 어떻게 될까? 그런 일본의 행동은 외교상의 경로와 조정에 의해 문제를 해결한다는 한일협정의 교환공문을 스스로 파기하는 조약 위반 행위가 된다. 그러므로 일본이 독도 영해를 침범할 가능성이 크지는 않을 것이다. 그러나 혹시 일본이 독도 영해를 침범할 경우 일본이 한일협정을 파기했기 때문에 교환공문의 규정이 효력을 상실하여 전쟁상태가 된다. 그때는 UN안보리 이사회가 소집되어 일본의 침공과 전쟁 상황에 대한 처리를 논의하게 될 것이다. 이런 상태가 일본이 포기한 '국제사법재판소'로 가는 마지막 길인 것이다. 하지만 이런 상황은 미국이 한일 양국에게 막대한 영향력을 행사하는 한 쉽게 일어나지 못할 것이다.

결론적으로 한국 정부는, 현재 일본의 독도 도발이 1965년에 타결된 '한일협정'에 위배되는 조약 위반 소지가 있다는 사실을 지적함으로써, 1965년 당시의 역사적 사실을 국제법적 논리로 해석하여 일본 정부의 독도 영유권 주장의 부당성을 세계에 알려야 할 것이다.

1965년 한일협정 이후의 독도 문제

(1) 일본 정부의 태도 변화

한일기본조약이 체결되었을 때, 특히 일본에게 독도는 그리 가치가 있는 섬이 아니었다. 앞에서 언급했듯이, 당시는 아직 배타적 경제수역 200해리가 세계적 추세가 아니었기 때문에, 독도는 12해리(반경 약 22킬로미터)만을 영해로 확보한 작은 섬에 불과했다. 독도가 그렇게 작은 수역밖에 차지하지 못했기 때문에, 어장이나 해저자원 등을 생각할 때 독도는 있어도 없어도 큰 차이가 없는 작은 섬일 뿐이었다. 그 결과 일본은 1965년 한일협정 체결 과정에서 독도 문제를 사실상 포기했다고 할 만큼 한국에게 많이 양보했다.

이 책 8장에서 언급했듯이, 일본 정부는 한국 정부의 주장을 받아들여 '분쟁 해결을 위한 교환공문'에서 독도 명칭을 삭제했고, 외교적 해결이 어려운 문제를 해결하는 방법으로 '국제사법재판소' 회부는 물론이고 '중재위원회'를 통한 구속력이 강한 해결 방안까지 모두 포기했다.

대
한
민
국
독
도

•

318

결국 일본 측은 한국 측 의견을 받아들여 '외교상의 경로를 통한 해결'과 '양국 정부가 합의하는 절차에 따라 조정'을 통해 분쟁을 해결하기로 결정한 것이다.

여기서 우리가 생각해야 하는 것은, 1965년 이후에 다시 독도 영유권을 강하게 주장하는 일본 정권이 나타날 경우, 실제로 1965년의 교환공문으로 한국 측의 입장을 충분히 지킬 수 있을까 하는 점이다. 아울러 이 문제를 생각하기 전에 1965년 이후, 언제부터, 그리고 어떤 이유로 일본이 다시 독도 영유권을 주장하기 시작했는지를 알아보기로 하자.

(2) 새로운 독도 문제의 시작

1965년 이후 비교적 조용했던 독도 문제에 다시 불이 붙은 것은 1977년이었다. 1977년이 되자 어업 문제의 세계적 추세가 바뀌기 시작했기 때문이었다. 당시 세계 각국이 나름대로 배타적 경제수역 200해리를 선언하면서 자국의 국내법으로 200해리법을 잇따라 제정하기 시작했다. 일본도 1977년에 국내법으로 200해리법을 제정해 새로운 해양질서에 대한 준비에 속도를 가하고 있었다.

✱ 후쿠다 타케오[福田赳夫] 전 일본 수상

1977년에 접어들어 일본의 후쿠다[福田赳夫] 내각은 "다케시마(독도)는 일본 영토이며 한국이 불법으로 다케시마(독도)를 점거하고 있다."고 몇 차례 망언을 했다. 세계적으로 200해리가 주류를 형성하면서, 일본은 1965년의 한일협정으로 사실상 포기했던 독도 문제를 다시 거론하기 시작한 것이다. 왜냐하면 독도를 일본 영토의 기점으로 내세울 수 있다면, 독도부터 200해리가 일본의 배타적 경제수역이 되기 때문이다. 물론 독도와 울릉도 사이에는 50해리 정도밖에 없기 때문에, 실제로 일본은 울릉도와 독도의 중간에 선을 긋는다는 야심을 1977년부터 갖기 시작했다.

독도가 한국 영토로서 한국 측의 기점이 되면 일본의 오키섬과 독도

사이에 선을 그어야 한다. 그렇게 되면 동해에서 일본 어선들의 활동 범위가 매우 좁아지기 때문에, 일본은 독도 영유권을 다시 주장하기 시작한 것이다.

1994년 UN총회에서 다수 국가들의 찬성으로 배타적 경제수역을 200해리로 하는 안이 통과됨에 따라, 이제 세계는 본격적인 200해리 시대로 돌입했다. 이때쯤 독도가 일본 영토라는 일본 측 망언이 더욱 본격화되었다.

* 한일 공동관리수역(중간수역)

그런데 1994년 이후에 일본이 제기한 독도 영유권 주장은 일회용으로 그친 망언이 아니었다. 일본은 200해리의 기점으로 독도를 내세우기 위해, 독도가 일본 영토라는 망언을 계획적으로 되풀이하기 시작한 것이다.

결과적으로 1965년 6월에 한일 두 나라가 맺은 어업협정이 1998년 1월에 일본에 의해 파기되었고, 한일 양국은 새로운 어업협정을 맺기 위한 준비에 들어갔다. 그 결과 1999년 1월에 한일 간에 이른바 '신 어업협정'이 체결되었다. 문제는 이때 독도가 중간수역, 즉 공동관리수역에 들어가 버린 것이다.

'신 어업협정'의 체결 과정을 보면 일본 측이 독도를 일본 영토로 주장하면서 일본 측 200해리의 기점으로 삼아 울릉도와 독도 중간에 선을 긋고 그것을 한일 간 배타적 경제수역의 경계선으로 하자고 한국 측에 요구했다. 일본은 어디까지나 독도는 일본 영토라는 입장이었다. 이에 한국 측은 독도가 한국 영토라는 것은 틀림없지만, 독도를 암초로 간주해 서로 배타적 경제수역의 기점으로 내세우지 말자고 제의했다. 암초는 배타적 경제수역의 기점으로 삼을 수 없다는 것이 해양법에 명기되어 있기 때문이다.

한국 측은 해양법상 암초로 간주되는 섬은 기점으로 내세울 수 없다는 이론을 적용해, 울릉도와 일본 오키 섬 사이에 경계선을 긋자고 요구했다. 그렇게 해도 독도는 한국 측 수역으로 들어온다는 계산이 있었기 때문이다.

그런데 일본은 한국 측 제안을 거부했다. 한국 측은 자국의 제안을 일본이 거부하리라고는 예측하지 못했다. 서로 독도 영유권은 문제 삼지 말고 배타적 경제수역만을 정한다는 입장에서, 한국 측은 일본 측이 그 제안을 받아들일 거라고 생각했기 때문이다.

＊오키노토리섬

하지만 일본은 독도가 한국 측 수역으로 넘어가는 것을 끝까지 거부했다. 아무래도 독도가 한국 측 수역으로 들어가면, 일본 정부는 야권이나 국민들의 반발을 피하기 어렵다고 생각했을 것이다.

그리고 독도를 암초로 간주하게 되면 일본은 또 하나의 문제에 직면하게 된다. 그것은 일본열도 남쪽 멀리 떨어져 있고 크기가 2~3미터밖에 안 되는 오키노토리섬을 일본이 배타적 경제수역의 기점으로 내세우고 있기 때문이다. 일본은 그 섬에 콘크리트 모자를 씌워 크기를 인공적으로 키우면서 그 섬부터 200해리를 자국의 배타적 경제수역으로 선언했다. 그러므로 오키노토리섬보다 훨씬 큰 독도를 암초로 간주한다면 오키노토리 섬도 암초로 간주할 수밖에 없기 때문에, 일본은 한국의 제의를 받아들일 수 없었던 것이다.

그 결과 다른 기준에 의해 선이 그어졌고, 중간수역(공동관리수역)이 형성되었다. 한국에서는 이에 대한 항의와 반대운동이 시작되었고, 김대중 정부가 독도를 일본에 팔아넘겼다고 비난하면서 정부를 법원에 고발한 사람들까지 나타났다. 이 소송은 헌법재판소까지 갔다. 2009년 봄에 이에 대한 선고가 내려졌는데, '신 어업협정'은 어디까지나 어업협정이므로 독도 영유권 문제와 관계가 없다는 정부 입장을 지지하는 판결이었다. 하지만 헌법재판소는 판결문에 각종 주를 달아 정부 측에도 주의를 환기시켰다.

(3) 시마네현의 '다케시마의 날' 제정과 2008년의 위기

* 2005년 3월 '다케시마의 날' 법안, 시마네현 의회 통과

2005년 3월, 일본 시마네현은 1905년 2월 22일에 시마네현 고시 40호를 통해 독도를 시마네현 관할 하에 강제로 편입시킨 지 100주년이라며, 매년 2월 22일을 '다케시마의 날'로 제정하기로 현(縣) 의회에서 법안을 통과시켰다. 이에 한국 전체가 반발하면서 독도 문제는 새로운 국면을 맞게 되었다.

* 매년 2월 22일 열리는 '다케시마의 날' 행사

그 뒤 한국 정부는 독도 수호를 강화했고, 노무현 대통령 시절에는 독도 문제 등 동북아의 현안에 대응하기 위해 교육부 산하에 '동북아역사재단'을 탄생시켰다.

2006년 4월에는 이 책 8장에서 언급한 것처럼 일본이 독도 수역을 침범하려고 시도했지만, 외교상의 경로로 문제를 해결한 바 있다. 또 2008년 7월에는 일본 정부가 중학교 사회과 교재 '신 학습 지도요령' 해설서에 '독도는 일본 영토'라는 취지의 글을 기재함으로써 한일관계가 급격히 냉각되었다.

같은 해 7월에는 세계적으로 권위가 있는 '미국 지명위원회'가 1954년 이후 독도의 주권국가를 '한국'으로 인정해 온 내용을 갑자기 바꿔, 독도의 주권국가를 '미지정'으로 변경해 한국 국민을 경악하게 했다. 이 사태는 부시 미국 대통령(당시)이 방한하기 직전에 일어난 일이었기 때문에, 부시가 한국 정부의 요청을 수용해 원상복구해 주었다.

The geographic names in this database are provided for the guidance of and use by the Federal Government and for the information of the general public. The names, variants, and associated data may not reflect the views of the United States Government on the sovereignty over geographic features.

Name (Type)	Geopolitical Entity Name (Code)	First-Order Administrative Division Name (Code)	Latitude, Longitude DMS (DD)	MGRS	Feature Designation (Code)	Display Location Using
Liancourt Rocks (Approved - N) Chuk-to (Variant - V) Dog-do (Variant - V) Dog-Do (Variant - V) Dogdo Island (Variant - V) Hornet Islands (Variant - V) Take-shima (Variant - V) Take Sima (Variant - V) Tŏk-do (Variant - V) Tok to (Variant - V)	South Korea (KS)	South Korea (general) (KS00)	37° 15' 00" N, 131° 52' 00" E (37.25, 131.866667)	52SGO05425626456	islands (ISLS)	Google Maps MapQuest

* 미국 지명위원회 사이트 독도 페이지. 남한이 독도를 지배함을 인정하고 있음.

하지만 이 사태에는 일본의 로비가 있었다는 것이 알려졌고, 이에 놀란 한국 정부는 동북아역사재단에 새로 '독도연구소'를 개설했다. 그리고 외교부 웹사이트에 '독도에 대한 대한민국의 기본 입장'이라는 웹페이지와 팸플릿을 새로 만들어 12개국어로 세계를 향해 전파하기 시작했다. 한국 정부가 독도에 대한 한국 측 입장을 정리해 공식사이트에 올린 것은 처음 있는 일이었다.

하지만 '독도에 대한 대한민국의 기본 입장'은, 제3자가 볼 때 일본 정부 측 독도 견해에 비해 미흡한 부분이 한두 가지가 아니다. 한일 간의 독도 논쟁을 종식시키려면, 최소한 논리와 자료는 완벽히 준비되어 있어야 한다. 그렇지 않고 어설픈 견해를 만들어 사이트에 올려 놓으면 일본 측 주장과 비교되어 오히려 역효과가 난다. 한국 측 주장이 표면적으로도 미흡하면 제3자는 양쪽을 비교한 뒤에 일본 측 논리를 지지할 가능성이 높다. 국제법적으로 보면 일본 측 주장을 하나씩 반박해 놓지 않으면, 일본 측 주장을 '묵인'했다는 결과를 낳을 수 있기 때문에 상당히 위험하다.

이명박대통령의 독도 방문 후의 한일 간 독도 논쟁

1. 이명박 대통령의 독도 방문에 대한 일본 측 대응

일본 정부 문부과학성은 2008년 7월 이후 일본의 중·고등학교 학습지도 요령이나 초중고의 사회과 교과서에 독도를 일본 영토로 기재하는 경향이 강화되었다. 그런 가운데 2012년 8월 10일 이명박 대통령이 한국 대통령으로는 사상 처음으로 독도를 직접 방문했다. 그후 일본 정부는 즉각 독도를 국제사법재판소로 공동제소할 것을 한국정부에 제의했다. 동아일보는 2012년 8월 13일 지면을 통해 일본 측 반응을 보도했는데 국제사법재판소 행을 주장한 부분은 다음과 같다.

일본 정부가 이명박 대통령의 독도 방문에 대응해 꺼낼 수 있는 카드를 총동원하고 있다. (중략) 겐바 고이치로(玄葉光一郞) 외상은 이 대통령의 국정 슬로건인 '글로벌 코리아'를 비꼬아 한국이 국제사법재판소(ICJ) 행에 동의해야 한다고 압박했다. 그는 "일본 정부가 일한관계 전체에 미칠 영향을 배려해 왔지만 이제 그런 배려가 불필요해졌다"며 "(한국은) 글로벌 코리아를 표방하는 만큼 ICJ 제소에 당연히 응해야 한다"고 말했다. 마에하라 세이지(前原誠司) 민주당 정책조사회장도 "한국이 자신 있게 자기 국토라고 생각한다면 ICJ에 나가서 확실히 주장하면 될 일"이라고 말했다.(후략) (MB 독도 방문 이후 / 日, 독도 분쟁지역화 겨냥 총공세

- 서를 외교도 중단 검토 《동아일보》 2012년 8월 13일

이런 보도와 같이 일본정부는 1965년 6월 22일 결정된 '분쟁을 해결하기 위한 교환공문'에 대해선 당초 언급조차 하지 않았다. 오로지 독도문제를 국제사법재판소에 공동으로 제소할 것을 한국에 제안한다는 의견을 내놓았을 뿐이었다. 그러나 8월 17일 일본정부는 국제사법재판소에 공동제소 하는 일본 측 제안을 한국 정부가 거부할 경우 '65년 교환공문'에 의한 조정 절차를 밟겠고 공표했고 그것도 받아들여지지 않을 경우 국제사법재판소에 단독 제소하겠다고 발표했다. 그 내용은 다음과 같이 보도되었다.

이명박 대통령의 독도 방문으로 촉발된 한일 양국 간 외교 갈등이 위험 수위로 치닫고 있다. 일본 정부가 독도 문제의 국제사법재판소(ICJ) 제소를 한국에 제안하면서 이를 거부할 경우 1965년 한일 청구권 협정과 교환각서에 따른 조정 절차를 밟기로 했기 때문이다. 후지무라 오사무 일본 관방장관은 17일 오전 기자회견에서 이날 아침 내각회의에서 독도 문제와 관련 한국 정부에 국제사법재판소 제소를 제안하기로 했다고

밝혔다.

이어 겐바 고이치로 일본 외무상은 17일 오전 신각수 주일 한국대사를 외무성으로 불러 독도문제를 국제사법재판소에 제소하자고 공식 제안했다. (중략) 겐바 외무상은 또 "1965년의 교환 공문에 따라 조정에 들어가겠다"고 말했다. 1965년의 교환 공문은 한일 양국이 국교정상화 과정에서 교환한 분쟁해결 각서를 의미한다.

양국은 당시 각서에서 '양국 간 분쟁은 우선 외교상의 경로를 통해 해결하고 안 될 경우 양국 정부가 합의하는 절차에 따라 조정에 의하여 해결을 도모한다'고 규정했다. (중략)·

외교부 당국자는 "독도에 대해서는 영유권 분쟁이 없다는 것이 정부 입장"이라면서 "독도 영유권은 주권 문제이므로 절대로 분쟁 대상이 아니고 (일본의 제안에) 응할 이유가 없다"고 밝혔다(후략).

- 《이 투 데 이》 2012년 8월 17일 ICJ 제소·국제중재위 회부·통화스와프 축소
…한일 갈등 위험 수위 넘나?

이런 보도를 보면 일본 정부는 먼저 국제사법재판소 공동 제소를 한국 측에 제의하여 그것이 안 될 경우에는 '65년 교환공문'의 조정 방식으로 독도문제를 해결하자고 한국 측에 제의한다는 입장을 내세운 것을 알 수 있다. 그리고 조정 방식마저도 한국 측이 거부할 경우 단독으로 국제사법재판소에 독도 문제를 제소하겠다는 입장인 것도 밝혔다. 여기에 '65년 교환공문'이 독도분제 해결방안으로 1965년 이후 처음으로 일본정부가 직접적으로 거론한 셈이 되었다. 그런데 왜 일본정부는 먼저 '교환공문'에 대해 말하지 않고 국제사법재판소행을 제의한 것일까? 여기에는 교환공문에 대한 법적 해석 문제가 걸려 있다.

2. 교환공문의 실행 순서

1965년 6월 22일 한일 양국 전권(全權)이 서명한 '한일 양국 간의 분쟁 해결을 위한 교환공문'은 다음과 같은 문구로 정해졌다.

> 양국정부는 별단의 합의가 있는 경우를 제외하고 양국 간의 분쟁은 우선 외교상의 경로를 통해 해결하기로 하고 이것으로 해결 못한 경우에는 양국 정부가 합의하는 절차에 따라 조정에 의해 해결을 도모하기로 한다.
>
> - 《아사히신문》 1965년 6월 23일[1]

위 교환공문의 내용을 분석하면 다음 ①~④와 같은 순서로 진행된다는 것을 알 수 있다.

① 별단의 합의가 있는 경우에는 이에 따라야 한다.
② ①의 경우를 제외하고 우선 외교상의 경로를 통해 해결하기로 한다.
③ ②로 해결 못한 경우 양국 정부는 조정에 합의하여 절차를 결정한다.
④ 조정으로 해결을 도모한다.

그럼 위 ①에서 말하는 '별단의 합의' 란 무엇인가? 총합적인 의미로 '별단의 합의' 란 조정 이외의 해결 방안에 대한 합의로 해석된다. 2012년 8월 이명박 대통령이 독도를 방문한 다음에 일본 정부가 한국 정부에 대해 '국제사법재판소 공동제소' 를 제안한 것은 바로 '교환공문' 에 명기되어 있는 '별단의 합의' 를 만들기 위한 행위로 해석할 수 있다.

그러면 2012년 8월에는 ②의 '외교상의 경로' 로 해결을 하려고 했는가? 양국 정부는 이 방법을 택하지 않았다. 그러나 특히 1965년 한일협정 조인 이후 한일 양국은 사실상 외교상의 경로를 통해 독도 문제를 그때그때 차원에서 해결해 왔다고 할 수 있다. 1990년대까지는 한일 양국 간에 문제가 생길 경우 양국 간 대화채널이 가동되었다. 바로 외교상의

---

1 <일본어 원문> 両国政府は別段の同意がある場合を除くほか、両国間の紛争はまず外交上の経路を通じて解決するものとし、これにより、解決することができなかった場合は、両国政府が合意する手続きにしたがい、調停によって、解決を図るものとする。

경로가 있었다. 그러나 2000년대 이후 한일 간 외교 대화 채널 자체가 거의 사라졌기 때문에 2012년의 독도 사태에 있어서 양국이 그런 채널을 가동시키지 못한 상태였다. 다음 단계로 조정으로 들어갈 경우 ③의 순서를 통과해야 하지만 한국정부 자체가 조정에 대해 합의하지 않아 결국 조정 자체가 무산되었다.

3. 일본 내 여야의 의견 차이와 한일 간의 의견 차이

1965년 10월 2일, 요미우리신문의 칼럼에 당시의 사회당 서기장 나리타 토모미(成田知巳)가 기고한 글 속에 독도 문제에 대한 양국 정부의 입장 차이가 다음과 같이 선명하게 서술되어 있다.

> (전략) 다케시마(=독도)의 문제에 있어서 일본 정부는 아직 분쟁 중이므로 〈분쟁의 평화적 처리에 관한 교환공문〉을 작성했다고 하고 한국 정부는 '독도는 어디까지나 한국 영토이므로 앞으로도 교섭할 필요가 없다'고 한다.(중략) 조약이라는 것은 국가 간의 계약이므로 양 당사자 간의 '합의'가 최대의 원칙이다. 이렇게 어긋난다면 그것은 합의가 성립되어 있지 않아서 조약이라 할 수 없다. (후략)[2]

위 인용문의 취지는 1965년 한일협정에서는 '한일 양국이 독도 문제 처리에 대한 근본적 합의를 하지 않았다'는데 있다. 일본은 독도를 분쟁지역으로 주장하지만 한국은 독도를 분쟁지역으로 보지 않기 때문이다. 이 점의 합의가 전혀 없기 때문에 일본 정부가 '교환공문'으로 독도

---

2 <일본어 원문> (전략) 竹島の問題では、日本政府はまた紛争中のものでそのために「紛争の平和的処理に関する交換公文」をつくったのだといい、韓国政府は独島(竹島のこと)はあくまで韓国領土であり、今後とも交渉する必要はない、といっている。(중략) 条約というものは国家間の契約であり、両当事国間の"合意"が最大の原則である。このように食い違うとすればそれは合意が成立しておらず条約ということはできない。

문제는 평화적으로 해결된다고 해도 신빙성이 없다는 것이 사회당 전체의 견해였던 것이다.

당시 중도적 입장을 견지한 민사당(民社黨)도 독도 문제가 교환공문으로 해결할 수 있는지 진상을 규명할 필요가 있다고 다음과 같이 신문 칼럼에 기고했다.

> (전략) 알다시피 다케시마(독도)의 경제적 가치는 극히 낮다. 그러나 그것으로 국권의 기본에 관련되는 이 문제를 경시한다면 절대로 용서받지 못할 것이다. 정부는 이 문제의 처리에 대해 '분쟁 처리에 관한 교환공문'으로 해결의 전망이 확정되었다고 하지만 한국 측의 국회 답변과도 관련해 진정으로 교환공문에 의해 [독도 문제가] 해결될지 진상규명이 필요하다.
> — 1965년 10월 23일 자 《요미우리신문》[3]

1965년 한일협정 조인 이후의 독도 문제에 대한 일본 야당 측 입장은 교환공문에서 독도가 제외되었다는 한국 측 주장을 반박할 수 있는 증명서 등이 존재하지 않기 때문에 교환공문으로 독도 문제를 해결할 수 없고 일본 정부는 사실상 독도를 포기한 것과 마찬가지라는 데 있다. 한편 일본 정부 측 입장은 독도 문제란 양국 간에 객관적으로 존재하는 분쟁사항이므로 한국의 주장은 설립되지 않으며 독도 문제는 '분쟁을 해결하기 위한 교환공문'으로 해결할 수 있다는 입장이었다. 이런 일본 야당과 일본 정부의 1965년 당시의 의견 차이는 한일 간의 의견 차이와 매우 유사하다는 점이 주목할 만하다.

---

3 (전략) 周知のように竹島の経済的価値は極めて薄い。しかしそのことをもって国権の基本にふれるこの問題を軽視することは絶対に許されない。政府はこの問題の処理について、紛争処理に関する交換公文で解決のメドが確定したと言っているが、韓国側の国会答弁等とも関連し、真に交換公文によって解決されるか否か、真相の究明を必要とする。

독도 문제 해결 방안

1. 일본의 독도 영유 논리

이명박 대통령의 독도 방문을 계기로 일본정부는 2012년 8월 24일 소위 '영토국회'를 열어 독도와 센카쿠열도 문제를 집중적으로 다루었다. 이 때 일본의 노다 요시히코(野田佳彦) 총리(당시)가 독도가 일본 영토인 이유에 대해 다음과 같이 3가지를 들어 설명했다.

(전략) ① 에도시대(1603~1867) 초기에는 에도 막부의 허가를 받아 일본어민들이 독도를 이용하기 시작했으므로 일본은 늦어도 17세기 중반에 독도영유권을 확립시켰습니다. ② 그 후 일본은 1905년의 각료회의 결정에 의해 독도를 시마네현에 편입해 영유 의지를 재확인했다. 한국 측은 일본보다 먼저 독도를 실효지배 했다고 주장하지만 근거로 내세운 문헌의 기술은 애매모호하여 그것을 사실로 증명할 만한 명백한 증거가 없습니다.

③ 2차 대전 이후 샌프란시스코 평화조약의 기초 과정에서도 한국은 일본이 독도를 포기할 것을 요구했지만 미국은 이 요청을 거부했습니다. 이런 경위가 있었음에도 불구하고 한국은 불법적인 이승만평화선을 일방적으로 설정하여 힘으로 불법점거를 시작한 것입니다. (후략)[4]

노다 총리는 ① 일본이 17세기 말에 독도에 대한 영유권을 확립시켰

---

4 <일본어 원문> (전략) 江戸時代の初期には幕府の免許を受けて竹島が利用されており、遅くとも17世紀半ばには我が国は領有権を確立していました。その後、1905年の閣議決定により竹島を島根県に編入し、領有の意思を再確認しました。韓国側は我が国よりも前に竹島を実効支配していたと主張していますが、根拠とされている文献の記述はあいまいで、裏づけとなる明確な証拠はありません。戦後、サンフランシスコ平和条約の起草の過程においても韓国は日本による竹島の放棄を求めましたが、米国はこの要請を拒否しています。こうした経緯があったにも関わらず、戦後、韓国は不法な李承晩ラインを一方的に設定し、力をもって不法占拠を開始したのです。（後略）。<首相官邸サイト> 平成24年野田内閣総理大臣記者会見、http://www.kantei.go.jp/jp/noda/statement/2012/24kaiken.html（2013. 5. 10 검색）

다, ② 1905년 일본은 정식으로 독도를 시마네현에 편입시켰다, ③ 샌프란시스코 조약 기초 과정에서 한국은 일본 측이 독도를 포기할 것을 요구했으나 미국이 이를 거부했다, 이런 3가지 이유로 독도는 일본영토가 되었다고 주장한 것이다. 그러면서 노다 총리는 다음과 같이 한국 정부를 압박했다.

"한국 측에도 반론이 있겠지만 자국이 생각하는 정의를 일방적으로 호소하기만 하면 입장이 다른 두 나라 사이에서 건설적인 논의가 진전되지 않습니다. 국제사회의 법과 정의에 비추어 국제사법재판소의 법정에서 논의하여 결말을 보는 것이 왕도일 것입니다.[5]"

여기서 노다 총리는 두 나라 사이에 의견 대립이 있다는 점을 강조하고 그러므로 국제사법재판소에서 어느 쪽의 입장이 옳은지 결말을 보자는 식으로 주장했다. 바로 이런 논리, 즉 독도 문제에는 의견 대립이 있다, 한국이 분쟁이 없다고 말하지만 일본은 독도 문제는 분쟁이라는 입장이니 국제사법재판소로 가서 해결하자는 논법이다.

일본은 이렇게 주장하면서 자기모순에 빠져 있다. 왜냐하면 국제사법재판소로 가기 위해서는 독도 문제가 분쟁이라는 합의가 있어야 한다. 그런데 한국에서는 독도가 분쟁 지역이 아니라고 말하고 일본에서는 분쟁 지역이라고 주장한다. 이렇듯 양국의 입장이 다르다. 서로의 의견이 다른 것이야말로 분쟁이라는 식의 1965년의 사토 총리의 모순된 논법을 그대로 노다 총리가 사용했다. 이 같은 일본의 모순된 논리를 한국 정부는 정확히 지적해야 한다.

---

5 <일본어 원문> (전략) 韓国側にも言い分はあるでしょうが、自国の考える正義を一方的に訴えるだけでは、立場が異なる2つの国の間で建設的な議論は進みません。国際社会の法と正義に照らして、国際司法裁判所の法廷で議論を戦わせ、決着をつけるのが王道であるはずです。(후략).

2. 일본의 독도 영유 논리 – 비판과 반박

그리고 일본이 주장하는 3가지 독도 영유 논리가 대단히 왜곡되고 잘못된 주장이라는 점도 계속해서 국제사회에 알려야 한다. 그래야만이 일본의 독도 영유 논리가 성립되지 않기 때문에 독도는 분쟁 지역이 아니며 독도 문제란 존재하지 않는다고 국제사회가 인정해 독도문제는 사실상 종료될 것으로 사려 된다. 일본이 주장한 독도 영유 논리 3가지에 대해서는 아래에 간략히 반박 내용을 서술한다.

① 일본이 17세기 중반에 독도에 대한 영유권을 확립시켰다는 일본 측 주장은 성립되지 않는다. 진실은 17세기 말에 일본이 독도를 조선땅이라고 인정해 자신들의 주장을 거두었다. 그것을 증명하는 자료는 1696년의 돗토리번 보고서[6], 1870년 외무성의 '조선국교제시말내탐서'[7], 리고 1877년 '태정관 지령문'[8]이다.

② 1905년의 일본에 의한 독도 시마네현 편입은 일본이 1904년 2월[9] 이후 한국을 침략하는 과정에서 일어난 것이기 때문에 무효다. 1900년 한국은 독도를 석도(石島)라는 명칭으로 당시의 울도군 관할 하의 섬으

---

6 17세기에 약 70년 간 울릉도와 독도를 왕래한 돗토리번은 이 문서를 통해 송도(= 독도)는 돗토리번의 소속이 아니며 일본의 어떤 지방에도 소속되어 있지 않다고 에도막부에 보고해 일본의 독도영유사실을 부인했다.

7 이 문서 속에서 일본 외무성은 〈죽도(울릉도)와 송도(독도)가 조선의 부속이 된 전말〉이라는 항목을 만들었다. 바로 독도는 조선부속이라고 공문서로 자백한 것이다.

8 소위 '태정관 지령문'이란 두 가지 있다. 내무성의 〈공문록〉에 수록된 문서와 〈태정류전〉에 수록된 문서다. 〈공문록〉의 문서는 내무성이 작성해 태정관으로 제출한 문서이고 〈태정류전〉 속의 문서는 태정관이 내무성에 하달한 문서다. 이 두 문서 속에서 울릉도와 독도는 17세기말에 일본과 관계가 없는 섬이 되었다, 고 명기되어 있고 일본영토에서 제외된 두 섬이 정확히 울릉도와 독도라는 것을 알 수 있는 부도 '기죽도약도'가 삽입되어 있다.

9 1904년 2월 일본군은 러일전쟁을 개시함과 동시에 1개 사단이 서울을 점령하여 그 군대는 1910년까지 한국에 주둔해 사실상 한국을 침략해 나갔다.

로 선포했고 그 이전에도 세금 정책[10]으로 독도를 실효적으로 지배했기 때문에 일본 측 '무주지 선점론'은 성립되지 않는다. 특히 일본이 사용한 '무주지 선점론'은 제국주의국가들이 식민지를 확보하기 위해 만든 침략적 국제법이므로 이런 관점에서 바라봐야 하는 부분이 존재한다.

③ 샌프란시스코 기초 과정에서 미국이 한국으로 '러스크 서한'을 보내 '독도는 1905년 이래 시마네현 오키섬 관할 하에 있다'고 지적하면서 샌프란시스코 평화 조약의 한국 영토 조항 속에 독도를 기재하는 것을 거부했다.

그러나 본서에서도 말한 바와 같이 미국의 입장은 한국에게만 비밀리에 통보되었고 연합국 회의를 거치지 않았기 때문에 미국만의 견해에 불과하므로 샌프란시스코 평화 조약의 결론이 될 수 없다. 그러므로 1946년 SCAPIN 제677호가 정한 한국 영토 독도에 대한 결정이 변경되지 않았다. 한국이 1952년 4월의 샌프란시스코 평화 조약 발효로 독립한 것이 아니라 유엔 감시 하에서 총선을 실시해 1948년 8월 15일 독립했고 일본·미국을 포함한 많은 나라가 한국의 독립을 그때 승인했다. 이후 한국이 독도에 대해 주권을 행사해 왔기 때문에 이승만평화선을 선포했을 때 연합국들은 한국의 독도 영유에 대해 묵인했다. 즉 독도는 샌프란시스코 평화조약 상 한국 영토로 승인받은 것이다.

한국 정부가 이와 같은 내용을 독도 문제가 일어날 때마다 대외적으로 계속 발신한다면 일본 측 독도 논리가 성립되지 않는다는 점이 세계

---

10 1899년의 부산 일본영사관 보고서에는 울릉도감과 울릉도 재류 일본인들 사이에 조약이 있었고 일본으로 물건을 수출할 때마다 수출세를 징수했다고 나와 있고 1902년의 기록에는 전복을 채취하러 일본인들이 독도까지 갔다는 기록이 남아있다. 즉 독도에서 딴 전복을 울릉도에서 일본으로 수출할 때도 일본인들은 수출세를 냈다. 이런 세금 정책은 독도 실효 지배의 증거가 된다.

적으로 확산되는데 도움이 될 것으로 전망된다.

한국과 일본의 독도 홍보 현황에 대한 고찰

1. 일본 정부의 독도 정책을 통한 홍보 전략

2012년 12월 아베 내각이 들어선 이후 일본 정부는 독도 홍보에 힘을 쏟기 시작했다. 그러므로 우선 아베 정권 하에서 일본의 독도 홍보가 어떻게 진행되었는지 살펴보기로 한다.

1) 아베 총재의 '다케시마의 날' 정부 행사 승격 공약과 그 실천

아베 신조가 총리가 되기 한 달쯤 전인 2012년 11월 21일 자민당 총재자격으로 그는 독도 영유권 주장 강화 차원에서 시마네 현이 조례로 정한 '다케시마(독도의 일본명)의 날'을 정부 행사로 승격시키겠다고 공약했다.[11]

이에 대해 한국 정부는 다음날 11월 22일 일본 자민당의 '극우공약' 발표에 대해 상당한 우려를 표했다. 외교부 관계자는 "아베 총재가 예상대로 독도 영유권 주장 등의 공약을 발표한 것은 매우 유감이며, 아베 총재가 총리가 된다면 매우 걱정스러운 상황이 펼쳐질 수도 있다"고 말했다.[12]

아베 총재가 일본의 독도 영유권을 강조한 것은 독도가 일본 영토라는 일본 국내용 홍보로 볼 수 있다. 그 후 아베 신조는 2012년 12월 26일

---

11 http://news1.kr/articles/?905429, 뉴스1, 2012. 11. 22.
12 ttp://www.munhwa.com/news/view.html?no=2012112201070932032002, 문화일보, 2012. 11. 22.

일본 총리로 임명되었다. 이에 앞서 12월 19일 한국에서는 박근혜 후보가 대선에서 승리하여 제18대 한국 대통령이 되었다.

일본 정부는 2013년 2월 22일 양국 새 정상이 결정된 후 처음으로 '다케시마의 날'을 맞이하게 되었다. 그런데 2월 25일이 박근혜 전 대통령 취임식이 거행되므로 일본 정부는 '다케시마의 날'을 정부 행사로 격상시키기를 보류한다고 성명을 냈다. 그러나 아베 내각이 22일 행사에 차관급 정부 대표인 시마지리 아이코 내각부 정무관을 참석시킴으로써 사실상 '다케시마의 날'을 정부 행사로 격상시켰다.[13]

이후 시마네현의 다케시마의 날 행사에 일본 정부는 줄곧 정부의 차관급 인사를 파견해 오고 있다.

그뿐만이 아니라 아베 내각은 2013년 2월초 총리 직속의 내각관방에 독도 문제를 다루는 '**영토·주권대책 기획조정실**'을 설치하여 독도와 센카쿠열도, 북방4개섬 문제를 하나로 묶어서 홍보한다고 성명을 냈다. 매년 파견되는 차관급 인사들은 행사장 인사말에서 "다케시마는 두말할 것도 없이 일본 고유의 영토"라고 주장하고 있다. 일본정부는 한국 정부의 엄중한 경고에도 불구하고 고위급 정부대표를 시마네현에 파견하는 조치에 대해 "**다케시마는 100% 일본 영토인 만큼 이를 알리는 것은 정부가 당연히 할 일**"이라는 입장을 내놓고 있다. 아베 내각은 한·일 관계의 중요성을 고려해서 각료가 아닌 정무관을 파견한 것이라고 '배려'라는 얘기까지 꺼내고 있다.[14]

아베 정권은 매년 22일 시마네현 주최로 열리는 '다케시마의 날' 기념식에 연속적으로 중앙 정부 차관급 인사를 사실상 '다케시마의 날'

---

13 http://news. khan.co.kr/kh_news/khan_art_view.html?artid= 201302222107555&code =990101,경향신문, 2013. 2. 22.
14 앞의 신문 기사.

을 국가 행사로 정착시켰다.

2) 아베 정권이 실시한 독도 여론조사

일본 정부 내각부 산하 '영토 주권 대책 기획조정실'이 2013년 6월 20일부터 11일 간 성인 3,000명(응답 1,784명)을 대상으로 실시한 여론조사 결과를 8월 1일 발표했다. 일본 정부가 주도한 독도에 관한 여론조사는 이때 처음이라는 점에서 주목받았다.

조사 결과에 따르면 "다케시마(竹島=독도)를 알고 있다"고 답한 사람이 94.5%에 달했다. 독도를 안다고 답한 사람에게 독도에 대해 알고 있는 내용을 복수 응답으로 표시하도록 했더니 '한국이 경비대원을 상주시키는 등 불법 점거를 계속하고 있다'가 63%, '시마네(島根) 현에 속한다'가 62%, '역사적으로도 국제법상으로도 일본 고유의 영토다'가 61%였다고 내각부는 밝혔다. 이번 조사에서는 또 '다케시마에 대해 관심이 있다'와 '굳이 말하자면 관심이 있다'는 답이 71%에 이르렀다.[15]

이 여론조사 결과가 말해주듯 한국 정부의 조용한 외교와 대비되는 일본 정부의 '떠들썩한' 독도 정책이 일본 국내에서 성과를 거두고 있다는 점이다.[16]

바로 이런 아베 정권의 독도 시책이 그대로 홍보 역할을 해내고 있다. 한국 정부는 이에 8월 2일 외교부 대변인 명의의 규탄 성명을 발표했다. 또 후나코시 다케히로 주한 일본대사관 정무공사를 불러 항의하고 재발 방지를 촉구했다.

그런데 일본 정부의 야마모토 다이치 내각부 특명담당상은 "60%이면 안 된다. 영토주권에 대한 문제 의식이 충분히 침투되어 있지 않다

---

15 http://news.mk.co.kr/newsRead.php?year=2013&no=664518, 매경뉴스, 2013. 8. 2.

16 http://news.kukinews.com/article/view.asp?page=1&gCode= kmi&arcid= 0007428931&cp =nv, 국민일보, 2013. 8. 2.

는 것이 판명되었다"고 발언하고 독도가 일본 영토라는 홍보 강화를 언급했다.[17] 이런 여론조사와 그 결과 발표, 그리고 더욱 독도 홍보를 강화한다는 언급으로 이어진 아베 정권의 독도 시책은 정부 주도라는 면에서 일본 측 독도영유권에 대한 홍보효과가 컸다.

3) 독도·다케시마 유튜브(YouTube)를 통한 한일 간 홍보 경쟁

2013년 10월 16일 아베 정권이 일본의 독도영유권 주장을 담은 동영상을 만들어 인터넷에 퍼뜨렸다. 이에 대해 한국 정부는 "즉각 삭제하라"는 논평을 내고 강력 항의했다.[18]

일본 외무성은 '다케시마(竹島)에 관한 동영상'이라는 일본어 제목으로 1분 27초짜리 동영상(http://www.youtube.com/watch?v=TXg-NGVKuWI)을 2013년 10월 16일 유튜브에 올린 것으로 드러났다. "여러분, 다케시마를 아십니까"라는 내레이션으로 시작하는 동영상은 일본 측에 유리한 문서만을 증거처럼 보여주며 일본 영유권을 주장했다. 일본은 "17세기에 일본이 독도 영유권을 확립하고 이를 1905년 각료 회의 결정을 통해 재확인했다"고 강조했고 1951년 패전국 일본이 전승국들로 구성된 연합국과 체결한 샌프란시스코 평화조약에서 일본이 포기한 섬에 독도가 들어 있지 않았던 점 등을 부각시켰다.[19]

외교부는 이날 논평을 내고 "독도 영유권 훼손을 기도하려는 데 대해 일본 정부에 강력히 항의한다. 영상을 즉각 삭제할 것을 엄중히 요구한

---

17 산케이신문. 2013. 8. 2. 원문: 山本一太領土問題担当相は２日の記者会見で、内閣府が発表した島根県·竹島に関する特別世論調査で「日本固有の領土である」と答えた人が６０.７％だったことに関し「６割ではいけない。領土主権に関する問題意識が十分に浸透していないことが判明した」と述べ、啓発活動に努める考えを示し

18 http://news.donga.com/3/all/ 20131024/58421398/1, 동아일보, 2013. 10. 24.

19 앞의 신문기사.

다"고 말했다. 외교부는 주한 일본대사관 총괄공사를 외교부 청사로 불러 항의했고 한국 정부의 유감과 항의를 담은 외교 문서를 전달했다. 그러나 일본 외무성은 23일 한국 정부의 강한 항의에도 인터넷과 동영상을 활용한 독도 영유권 홍보를 계속하겠다고 밝혔다.[20]

한국 외교부는 일본이 이와 같이 독도 동영상을 선보이기 전에 12분 23초 분량의 한국의 독도 동영상을 이미 공개해 있었다. 그런데 이것이 저작권의 문제가 있었다. 이후 일본이 1분 27초 분량의 독도 동영상을 11개 국어로 홍보하고 있고 한국은 새로 제작된 4분 분량의 독도 동영상을 12개 국어로 홍보하고 있다.[21]

4) 일본의 교과서, 외교청서, 방위백서 등을 통한 독도영유권 홍보

아베 정권이 들어선 이후 일본 정부는 고등학교와 초등학교의 교과서 검정에서 독도가 일본 영토라는 기술이나 지도에 독도를 일본 영토로 표시한 사회과 교과서를 많이 통과시켰다. "한국이 독도를 불법으로 점령해 있다" 등 악의적인 표현이 늘어나는 추세다.

그리고 매년 일본 정부가 출간하는 외교청서(外交靑書)와 방위백서에도 독도를 일본의 고유 영토로 규정해 독도 영유 주장을 강화해 나가고 있다.

5) 아베신조의 목표 – 독도 ICJ 단독 제소 발언

아베 총리는 2014년 1월 30일 독도 영유권 문제를 국제사법재판소(ICJ)에 단독 제소하는 방안을 검토 중이라고 했다. 2012년 8월 이명박 전 대통령이 독도를 방문한 직후 노다 요시히코(野田佳彦) 당시 일본 총리

---

20 앞의 신문기사.
21 http://www.ytn.co.kr/_ln/0101_201410241405430337, YTN, 2014. 10. 24.

도 ICJ 단독 제소 입장을 밝힌 적이 있다. 그러다 한일 관계 악화를 우려한 미국의 만류로 접은 바 있었다. 그런데 아베 총리가 1년 반 만에 또다시 단독 제소 방안을 거론한 건 양국은 물론 미국까지 가세해 쌓아온 외교적 성과를 일시에 무너뜨리려는 것과 다름없다.[22]

아베 정권은 이런 식으로 한국의 동의가 없으면 성립되지 않는 ICJ 행을 거론함으로 마치 ICJ에서의 재판이 정당한데 한국이 억지로 거부하고 있다는 인상을 일본 국민에게 심어놓으려고 하고 있다.

결론

샌프란시스코 평화조약 상 독도는 한국 영토로 결론이 났다. 미국의 견해는 합의가 없는 미국만의 견해라는 것은 샌프란시스코 평화조약의 미국 측 책임자였던 덜레스도 인정한 사실이다. 한국이 독도를 지배하고 있고 이에 반대하는 나라는 일본밖에 없다. 그러므로 한국과 일본은 한일 국교 정상화 때 한일회담에서 독도 문제를 토의한 바 있다. 그러나 이때도 독도가 한국 영토라는 데서 법적으로 한 발짝도 움직이지 않았다.

1965년 6월 22일 한일협정에 대한 한일 양국의 조인이 끝난 이후, 일본정부는 일본국회에서 독도 문제가 '분쟁을 해결하기 위한 교환공문'으로 평화적으로 해결된다고 되풀이해서 강조했다. 그러나 한국 측은 독도는 한국의 고유 영토이므로 독도 문제는 한일회담에서 제외되었으며 '교환공문'에는 독도가 포함되지 않았다는 성명을 냈다.

이에 한일 협정을 국회에서 심의하는 과정에서 일본 야당들의 공세가 시작되었다. 야당 의원들은 '교환공문'에는 그 문서 내용에 의해 독도

---

22 http://sunday.joins.com/article/view.asp?aid=32919, 중앙선데이, 2014. 2. 2.

문제를 해결하겠다는 '합의'가 없다고 주장하여 일본 정부는 독도를 사실상 포기했다고 비난을 퍼부었다. 이에 일본 정부는 "독도 문제가 교환공문으로 해결된다고 한국 측과 완전히 합의한 상태"라고 주장했다. 그러나 질문 공세가 이어지자 당시의 사토 총리가 "한일 간의 의견이 일치하지 않는다는 것, 즉 독도 문제가 분쟁인지 여부에 대해 의견 일치가 없다는 것 자체가 바로 분쟁"이라는 비이성적인 논리를 내세웠다.

일본 정부는 독도 문제가 분쟁이라는 것이 객관적인 사실이기 때문에 '별단의 합의'가 없는 한 '교환공문'이 말하는 조정에 의해 독도 문제는 해결되어야 한다는 공식 문서를 국회에 제출했다.

1965년 시점에서는 일본 정부는 국회에서 야당의 추궁을 피하기 위한 수단으로 국제사법재판소 공동제소에 대해서도 언급했으나 결국은 '교환공문'에 의한 조정을 유일한 독도 문제 해결 방식으로 재확인한 것이다.

이런 1965년의 논의를 배경으로 하여 2012년 8월 이명박 대통령이 독도를 방문한 후의 일본 정부의 독도 논리가 구축되었다. 국제사법재판소 공동 제소를 한국에 요구한 논리는 '교환공문' 속에 명기된 '별단의 합의'를 새로 만들기 위한 행동이었고 그것이 안 될 경우 '교환공문'에 명기된 조정으로 들어가겠다고 일본 정부는 강조했다. 물론 한국 정부는 두 가지 모두를 거부했다. 여기까지는 '교환공문'이 정한 법적 허용범위 내에서 일본정부의 행동이 이루어졌다고 해석된다.

그러나 일본 정부는 독도 문제를 국제사법재판소에 단독 제소하겠다고 통보해 왔다. 국제사법재판소 단독 제소란 '교환공문'의 범위를 벗어나는 행동이다. 조약에 규정되어 있지 않은 방법을 택하면 한일 관계가 회복불가능한 정도로 경색될 가능성이 있다. 그런데 이에 대한 일본 측 논리는 2013년 8월 24일 노다 총리(당시)의 기자회견에 잘 나타나 있다. 노다 총리는 "한일 두 나라 사이에 독도에 대한 이견이 있다. 한국이 일방적으로 자국의 정의를 주장하지 말고 독도문제에 대해 국제사법재판소에서 논의하자"는 식으로 한국을 압박했다.

이 노다 총리의 논법이 바로 1965년의 사토 총리의 논법과 같다. 즉 "두 나라 간에 의견 차이가 있다는 것이 분쟁"이라는 사토 총리의 논법을 형태를 달리하면서 되풀이하고 있는 것이 일본 정부의 논리다.

그런데 한국은 분쟁이 없다고 주장하고 일본은 객관적으로 보아 분쟁이 있다고 주장하기 때문에 두 나라에 의견 차이가 있어 바로 이런 것이 분쟁이니 국제사법재판소에서 논의하자라는 일본의 논리는 논리성 자체가 파탄나 있다. 교환공문의 조정이든 국제사법재판소에서의 사법 처리든 간에 한국이 독도가 분쟁지역임을 인정한 후에 의논이 가능한 것이기 때문에 분쟁의 유무로 대립되는 양국의 의견 차이를 분쟁으로 본다는 일본 정부의 논리는 궤변에 불과하다. 그러나 한국 정부는 독도가 분쟁 지역이 아니라고 못박기 위해 일본 측 독도 영유 논리에 대해서는 정확히 분석하여 비판과 극복을 요약해 항상 대외적으로 정확히 발신해 나가야 한다.

참고문헌

[단행본 및 보고서]

* 박병섭, 나이토 세이추 공저(호사카유지 옮김),『독도=다케시마 논쟁』, 보고사, 2007.
* 신용하 편,『독도 영유권 자료의 탐구3』, 독도학회, 2000.
* 이영철,『시민을 위한 사료 한국 근현대사』, 2002.
* 호사카유지,『우리 역사, 독도』, 책문, 2009.
* 다케시마 문제 연구회,『竹島問題に関する調査研究—最終報告書』, 일본 다케시마 문제 연구회, 2007.
* 시볼트 기념관,『シーボルトのみたニッポン』, 일본 나가사키 소재 시볼트 기념관, 2005.
* 秦新二,『文政11年のスパイ合戰-檢證・謎のシーボルト事件』, 文春文庫, 1996.
* 川上健三,『竹島の歷史地理學的研究』, 古今書院, 1966.
* 下條正男,『竹島は日韓どちらのものか』, 文藝春秋社, 2004.

[문서자료]

* 《동아일보》,《조선일보》,《서울신문》,《매일신문》,《아사히신문》 등
* 「독도 폭격연습장 해제를 약속한 미국 서한」(1953, 한국 외교통상부 소장)
* 『대한민국 정부의 독도에 대한 기본 입장』(2010, 외교통상부 공식 웹사이트에 게재된 자료)
* 『大韓帝國 勅令 第41號』(1900, 한국 국립중앙도서관 소장)
* 『大韓地誌』(1899, 현채〈대한제국학부〉, 한국 국립중앙도서관 소장)
* 『샌프란시스코 평화조약 관계 자료』(1949~1951, 국사편찬위원회, 미국NARA 소장 : 주로 이 책 6장에 나오는 문서들)
* 『미국 아이젠하워도서관 소장 귀국보고서』(1954, 일본 외무성 '다케시마 문제' 웹사이트에 게재된 자료)
* 『李明來報告書』(1906, 한국 독도박물관 소장)
* 『覺』(1696, 일본 돗토리 현립 박물관 소장)
* 『高宗退位計劃案』(1907, 일본 외무성 외교자료센터 소장)
* 『日本・朝鮮兩國通漁規則』(1899, 일본 외무성 외교자료센터 소장)
* 『日本水路誌』(1897・1907・1916, 일본 해군성 수로국, 울릉도 독도박물관 소장)
* 『日本海内竹島外一島地籍編纂方伺』(1877, 일본 국립공문서관 소장)
* 『日本海内竹島外一島ヲ版図外ト定ム』(1877, 일본 국립공문서관 소장)
* 『正祖實錄』,『高宗實錄』
* 『第1次韓日協約』(1904, 일본 외무성 외교자료센터 소장)

- 『第2次韓日協約(을사늑약)』(1905, 일본 외무성 외교자료센터 소장)
- 『第3次韓日協約(정미7조약)』(1907, 일본 외무성 외교자료센터 소장)
- 『朝鮮國交際始末內探書』(1870, 일본 외무성 외교자료센터 소장)
- 『朝鮮水路誌』(1894·1899·1907, 일본 해군성 수로국, 울릉도 독도박물관 소장)
- 『竹島問題を知るための10のポイント』(2010, 일본 외무성 '竹島問題' 사이트에 게재된 자료)
- 『国会議事錄』(1952~1965, 일본 국회의사록 검색 사이트 검색 인용자료 : 주로 이 책 7장과 8장에 나오는 일본어 원문이 게재된 인용문들)
- 『韓日議定書』(1904, 일본 외무성 외교자료센터 소장)
- 『寰瀛水路誌』(1883, 울릉도 독도박물관 소장)
- 『リャンコ島 島根縣編入閣議決定文書』(1905, 일본 국립공문서관 소장)
- 『A Letter of Allan Ligtner』(1952, 미국NARA 소장)
- 『A Letter of Dean Lusk』(1951, 일본 외무성 '竹島問題' 사이트에 게재된 자료)
- 『A Letter of L. Burmaster』(1953, 미국NARA 소장)
- 『Conflicting Korean-Japanese Claims to Dokdo Islands〈otherwise known Takeshima or Liancourt Rocks』(1954, 미국NARA 소장)
- 『Japanese-Korean Dispute over Liancourt Rocks(Takeshima or Tok-do)』(1952, 한국 국립중앙도서관 소장)
- 『Koreans on Liancourt Rocks』(1952, 한국 국립중앙도서관 소장)
- 『Possible Methods of Resolving Liancourt Rocks Dispute between Japan and the Republic of Korea』(1952, 미국NARA 소장)
- 『The Korean Government's Refutation of the Japanese Government's Views concerning Dokdo("Takeshima") dated July 13, 1953』(1953, 한국 국립중앙도서관 소장)

[지도자료]

- 「20万分の1 地圖作成地域一覽圖」(1894, 일본 육지 측량부, 개인 소장)
- 「改正日本興地路程全圖」(1779, 長久保赤水, 원본, 개인 소장)
- 「磯竹島略圖」(1877, 일본 국립공문서관 소장)
- 「大日本四神全圖」(1868, 橋本玉蘭齋, 복각본, 개인 소장)
- 「大日本沿海略圖」(1867, 勝海舟, 목각본, 개인 소장)
- 「大日本全圖」(1877, 일본 육군참모국, 원본, 개인 소장)
- 「北方圖」(1827년경, 最上德內, 복각본, 개인 소장)
- 「小谷伊兵衛より差出候竹嶋之繪圖(1696, 일본 돗토리 현립 박물관 소장)
- 「新撰朝鮮國全圖」(1894, 田中紹祥, 개인 소장)
- 「朝鮮國全圖」(1882, 鈴木敬作, 울릉도 독도박물관 소장)

찾아보기

Foreign Copyright:
Joonwon Lee
Address: 3F, 127, Yanghwa-ro, Mapo-gu, Seoul, Republic of Korea
3rd Floor
Telephone: 82-2-3142-4151
E-mail: jwlee@cyber.co.kr

대한민국 독도

2010. 9. 15. 초 판 1쇄 발행
2011. 6. 8. 초 판 2쇄 발행
2013. 4. 10. 초 판 3쇄 발행
2019. 3. 27. 개정 1판 1쇄 발행
2019. 8. 22. 개정 1판 2쇄 발행
2021. 6. 10. 개정 1판 3쇄 발행

지은이 | 호사카 유지, 세종대 독도종합연구소
펴낸이 | 이종춘
펴낸곳 | BM (주)도서출판 성안당
주소 | 04032 서울시 마포구 양화로 127 첨단빌딩 3층(출판기획 R&D 센터)
       | 10881 경기도 파주시 문발로 112 파주 출판 문화도시(제작 및 물류)
전화 | 02) 3142-0036
       | 031) 950-6300
팩스 | 031) 955-0510
등록 | 1973. 2. 1. 제406-2005-000046호
출판사 홈페이지 | www.cyber.co.kr
ISBN | 978-89-315-8283-3 (04900)
정가 | 19,000원

이 책을 만든 사람들
책임 | 최옥현
진행 | 조혜란
북 디자인 | 이기숙, 박원석
홍보 | 김계향, 유미나, 서세원
국제부 | 이선민, 조혜란, 김혜숙
마케팅 | 구본철, 차정욱, 나진호, 아동후, 강호묵
마케팅 지원 | 장상범, 박지연
제작 | 김유석